Inhaltsverzeichnis

Vorwort

Dieses Buch ist aus Vorlesungen entstanden, die ich seit vielen Jahren im Rahmen der Lehrer/innen-Ausbildung an der Universität München halte; eine frühere Fassung erschien 1983 unter dem Titel *Schüler und Lehrer im Schulalltag* ebenfalls im Beltz Verlag. Der jetzige Text ist völlig neu gestaltet und basiert vor allem auf zahlreichen aktuellen Ergebnissen der Schulforschung, die die oft problematische, belastende Situation der Schüler/innen thematisieren. Allerdings ist die inhaltliche Grundstruktur annähernd gleich geblieben, weil es sich hier wie damals um dieselbe, nämlich die sozialpsychologische Perspektive von Schule handelt. Auch im 21. Jahrhundert wird sich Schule wesentlich über *soziale Beziehungen* konstituieren: Die Schüler/innen werden zusammen mit meist Gleichaltrigen in Klassen, Kursen, Gruppen lernen und sich mit ihnen arrangieren müssen; sie werden auch weiterhin mit Erwachsenen zu tun haben, die ihnen etwas beibringen, ihre Leistungen beurteilen und ihr Verhalten kontrollieren.

Das Buch ist geschrieben für angehende, aber auch bereits berufstätige Lehrer/innen. Eigene Wahrnehmungen und Einschätzungen der Lehrer/innen in ihrer Berufsrolle sind ja zwangsläufig selektiv und manchmal, wenn es um die Situation der Schüler/innen geht, auch ein wenig zu positiv. Den Schulalltag aus *deren* Sicht besser zu verstehen – das ist die Hoffnung, die ich mit dem Text verbinde; ob sie sich erfüllt, können nur die Leser/innen entscheiden.

Johannes Bach danke ich für viele inhaltliche Anregungen und für die Erstellung der Grafiken.

Auch diese Ausgabe soll meinen Söhnen gewidmet sein, die das Buch als Erinnerung an ihre eigene, schon einige Jahre zurückliegende Schulzeit betrachten mögen.

München, im Dezember 1999   *Klaus Ulich*

Einleitung

Bevor ich den Aufbau des Buches erläutere, möchte ich mich mit einer grundsätzlichen Vorbemerkung vor allem an die studierenden Leser/innen wenden; deren konkrete Situation will ich kurz ansprechen und mit dem Thema des Buches in Verbindung bringen. Allen Studierenden ist gemeinsam, 13 oder mehr Jahre *als Schüler/innen* in der Schule verbracht zu haben und jetzt in der Hochschule weiterzulernen. Den meisten Leser/innen ist außerdem gemeinsam, dass sie eine berufliche Tätigkeit *als Lehrer/in* anstreben. Rein zeitlich gesehen, steht also das Studium zwischen der eigenen Schulzeit und dem künftigen Beruf. Diese zunächst recht triviale Tatsache lässt sich nun zu dem sozialpsychologisch bedeutsamen Thema weiterführen, wie die drei Bereiche bzw. Lebensphasen miteinander verklammert sind. Anders ausgedrückt: Hat die Hochschulausbildung auch *inhaltlich* mit den Schulerfahrungen und der späteren Tätigkeit zu tun? Ermöglicht das Studium eine Reflexion der früheren Erfahrungen und inwieweit bereitet es auf die spätere Berufstätigkeit vor?

In diesem Zusammenhang möchte ich kurz den *Anspruch* der erziehungswissenschaftlich-psychologischen Ausbildung angehender Lehrer/innen formulieren, zu der auch das Buch beitragen soll:

- Das Studium darf die *eigenen Schulerfahrungen* nicht ausblenden, sondern sollte sie aufgreifen und einbeziehen; vor allem müssen die Erfahrungen in Relation gesetzt werden zu den wissenschaftlichen Inhalten. Das Studium soll also zu einer wissenschaftlich fundierten Erfahrungsreflexion anregen.
- Die Hochschulausbildung soll auf den künftigen *Beruf vorbereiten*, d.h. die drei Hauptbereiche – Fachwissenschaft, Didaktik und Erziehungswissenschaft – müssen an der späteren beruflichen Praxis orientiert sein.

An der wirklichen Einlösung beider Forderungen hapert es noch ziemlich, wie die seit Jahren immer wieder und zu Recht – besonders durch die Betroffenen selbst – vorgebrachte *Kritik* an der universitären Ausbildung belegt (vgl. Ulich 1996b). Auch ein Buch wie dieses, so sei gleich eingeräumt, kann keine permanente Erfahrungsreflexion ermöglichen und keine absolute Praxisnähe garantieren. Immerhin versuche ich, mithilfe vieler Untersuchungsergebnisse möglichst konkrete Aussagen über wichtige schulische Erfahrungsfelder zu treffen und punktuelle Vorschläge zu ihrer Veränderung zu formulieren. Welche Felder dies im Einzelnen sein werden, will ich jetzt in einer knappen Übersicht zu den Hauptkapiteln zeigen.

Die Sozialpsychologie befasst sich allgemein mit dem Verhalten, Denken und Fühlen von Menschen in *sozialen Situationen*; sie untersucht vor allem die Bedingungen und Folgen *sozialer Beziehungen* zwischen Menschen. Sozialpsychologie betrachtet deswegen *auch die Schule* unter dem Gesichtspunkt der in ihr ablaufenden interpersonalen Prozesse und der darauf einwirkenden institutionellen Gegebenheiten; das Kapitel »Schule und Unterricht ...« (S. 35ff.) wird diese abstrakte Kurzfassung mit mehr Leben füllen (u.a. durch die ausführliche Schilderung einer schultypischen Situation). Zu den zentralen Themen einer Sozialpsychologie der Schule gehören daher zunächst

- die Beziehungen zwischen Schüler/innen innerhalb der Klasse (S. 49ff.) und
- die Lehrer/innen-Schüler/innen-Beziehungen (S. 76ff.).

Für angehende Lehrer/innen sind Kenntnisse über diese Bereiche deshalb sehr wichtig, weil sie im späteren Beruf wesentlichen Anteil an ihrer Gestaltung und an ihren Konsequenzen haben. Dies gilt auch für zwei weitere Felder der sozialpsychologischen Analyse von Schule, nämlich

- die Auseinandersetzung der Schüler/innen mit den Lerninhalten (S. 116ff.) und
- die Beurteilung der Schulleistung einschließlich ihrer psychosozialen Folgen für die Schüler/innen (S. 137ff).

In den Erfahrungen der Schüler/innen spielt selbstverständlich auch die *Familie* eine große Rolle; für die enge Verschränkung zwischen Schule und Familie seien exemplarisch genannt: das tägliche Pendeln der Schüler/innen zwischen zwei recht verschiedenen Lebenswelten, die Hausaufgaben sowie die Leistungserwartungen und -reaktionen der Eltern. Genau dies bleibt hier allerdings weitgehend ausgeklammert, weil ich dazu unter dem Titel *Schule als Familienproblem* (1993) ein anderes Buch geschrieben habe, das den Einfluss der Schule auf die Eltern-Kind-Beziehung sowie die Beziehungen der Eltern zur Schule und zu den Lehrern untersucht.

Mit dem gleich folgenden Kapitel werde ich anhand einiger Untersuchungsergebnisse zeigen, wie die Schüler/innen heute überhaupt Schule erfahren, wie sie sich in der Schule fühlen und wie sie die Schule einschätzen.

Zur aktuellen Schulsituation

Aktuelle Schulprobleme, insbesondere aus der Sicht der Schülerinnen und Schüler, stehen im Mittelpunkt dieses Kapitels. Dabei greife ich auf Ergebnisse mehrerer Untersuchungen zurück und bitte die Leser/innen, sich jeweils eigene Erklärungs- und Interpretationsmöglichkeiten zu überlegen.

Schulprobleme – Schülerprobleme

Ich beginne mit der Einschätzung einer Grundschulpädagogin zur Situation der heutigen schulischen Erziehung:

>»*Es ist gar keine Frage: Die Erziehungsansprüche an die Schule sind komplexer und diffiziler geworden, weil das Erziehungshandeln sich immer weniger an gleichen, allgemein vorausgesetzten Normen und kulturellen Mustern orientieren kann. Es muss deshalb immer stärker am einzelnen Kind und der jeweiligen spezifischen Situation ausgerichtet sein – ohne dass die gesamte Kindergruppe und auch die längerfristige gemeinsame Arbeit außer Acht gelassen werden dürften. Die Erziehungsarbeit ist für die LehrerInnen anspruchsvoller und anstrengender geworden. Diese Erziehungsleistungen, die die Schul- und Unterrichtstätigkeit enorm belasten, werden aber – so scheint es – von der Öffentlichkeit kaum wahrgenommen, geschweige denn honoriert.*
>*Erziehungsarbeit ist eine anspruchsvolle und gesellschaftlich notwendige Leistung. Dieses der Öffentlichkeit wieder stärker bewusst zu machen ist eine zunehmend wichtige bildungspolitische Aufgabe*«. (Fölling-Albers 1992, S. 12)

Auf der anderen Seite fühlen sich *immer mehr Lehrer/innen* immer weniger qualifiziert, mit den zunehmenden sozialen Problemen wie Arbeitslosigkeit, Drogenkonsum und Gewalt in einer pädagogisch verantwortlichen Weise umzugehen: Sie haben dies nicht gelernt oder konnten es nicht lernen, weil es manche Probleme zur Zeit ihrer Ausbildung noch kaum gab. Selbstverständlich kann in der Lehrer/innen-Ausbildung nicht ständig und rasch auf jede gesellschaftliche Veränderung reagiert werden; trotzdem stellt sich gerade heute die Frage, ob über der ausgeprägten Fach- und Wissenschaftsorientierung nicht jene *sozialen Kompetenzen* vernachlässigt werden, die für die Gestaltung der Beziehung zu Kindern und Jugendlichen notwendig sind. Gesellschaftliche Widersprüche und Krisenerscheinungen (so z.B. Arbeitslosigkeit, Umweltzerstörung, technologische Risiken, politisch-moralische Legitimationsdefizite) dürfen in der Lehrer/innen-Ausbildung eben deshalb nicht ausgeblendet werden, weil sie die Lebenssituation der Jugendlichen in entscheidendem Maß beeinflussen.

Schule und Lehrer/innen *allein* können z.B. Friedens- und Umwelterziehung und auch die Vermittlung sozialer Werte nicht leisten. Es ist zwar verständlich, wenn Lehrer/innen gerade heute oft auf schwierige Familienverhältnisse und negative Medieneinflüsse hinweisen, um viele Probleme mit den heutigen Schülerinnen und Schülern zu »erklären«, doch darf dies nicht dazu führen, die Schule und auch die Lehrer/innen ganz aus ihrer Verantwortung zu entlassen.

Der Pädagoge Hartmut von Hentig hat den breiten Auftrag der heutigen Schule mit den *Lebensproblemen* von Kindern und Jugendlichen verknüpft: »Wir müssen es mit den Lebensproblemen der Schüler aufnehmen, bevor wir ihre Lernprobleme lösen können.« (1993, S. 180) Nun haben sicher nicht alle Schüler/innen akute Probleme mit ihrem Leben und die Schule kann auch nicht unmittelbar in dieses eingreifen. Andererseits muss sich die Schule aber auf die *Tatsachen* einstellen,

- dass rund 150.000 Ausbildungsplätze für Jugendliche fehlen;
- dass etwa vier Millionen Menschen arbeitslos sind, folglich mehrere hunderttausend Schüler/innen von der Arbeitslosigkeit eines oder beider Elternteile mitbetroffen sind;
- dass fast eine Million Kinder und Jugendliche von der Sozialhilfe leben (das sind zehnmal mehr als vor dreißig Jahren).

Schulen können keine Ausbildungs- und Arbeitsplätze schaffen, aber sie müssen ihr Bestes tun, um die Jugendlichen auf eine Zukunft vorzubereiten, die unsicherer und risikoreicher geworden ist als früher. In der Jugendstudie der Deutschen Shell von 1997 nennt fast jeder zweite Befragte (12- bis 24-Jährige) die Arbeitslosigkeit als Hauptproblem heutiger Jugendlicher, »nur« ein gutes Viertel hingegen Schul- und Ausbildungsprobleme, die in der Altersgruppe der 12- bis 14-Jährigen mit 44% allerdings noch an der Spitze liegen (Münchmeier 1997, S. 278ff.).

Nach dieser einleitenden Skizze will ich die *Hauptschwierigkeiten*, die Schülerinnen und Schüler heute mit der Schule haben, schlaglichtartig schildern.

- Der Anstieg der Anzahl der Schüler/innen an den Gymnasien und der Abiturientenquote führt – in Verbindung mit den Numerus-clausus-Regelungen – zu einer Erhöhung des *Leistungs- und Konkurrenzdrucks* (besonders in der Kollegstufe).
- Von den Eltern wünschen heute 45% (1979: 37%) das Abitur als Schulabschluss für ihr(e) Kind(er); sie erwarten damit oft eine *höhere schulische Qualifikation* als die Schüler/innen selbst (IFS-Umfrage 1998).
- Im Vergleich der Schularten beurteilen Schüler/innen das Gymnasium (und die Realschule) eher *schlecht*; die Freude an der Schule nimmt während der Schulzeit kontinuierlich ab.
- *Negative Erfahrungen* machen Gymnasiasten vor allem mit den Lehrern und deren Erziehungsstil sowie mit den Noten und Zeugnissen.
- Die Bedeutung der Schule für das *Leben* wird von Gymnasiasten häufiger als von Real- und Hauptschülern bestritten; kritisiert wird insbesondere die Lebensfremdheit und mangelnde Aktualität der Lerninhalte.
- Bei der Beurteilung einzelner Aspekte des Schulklimas durch Gymnasiasten werden die Beziehungen zu den Mitschülern relativ gut bewertet. Eher *schlecht* schneiden hingegen ab:
  - der Anpassungsdruck durch Lehrer,
  - der Unterrichtsverlauf (Passivität der Schüler/innen) und
  - das Lernen an sich.

- Mitbestimmungsmöglichkeiten sehen die Schüler/innen prinzipiell gegeben, in wichtigen Bereichen jedoch durch Lehrerentscheidungen begrenzt.
- Im Umgang mit den Anforderungen und Belastungen der Schule zeigen die Schüler/innen ganz überwiegend leistungsbezogene und *anpassungsorientierte Verhaltensweisen*; Widerstand ist selten, innere Distanzierung jedoch ziemlich verbreitet (vgl. Eder 1987; Schlömerkemper 1992, S. 24).
- Die subjektiv größten *Belastungen* erfahren die Schüler/innen durch Leistungsforderungen, -beurteilungen und Prüfungen; Schulangst und Schulunlust, Unsicherheiten und Selbstzweifel sind gerade an Gymnasien weit verbreitet.

Ein Blick auf die Situation der *Grundschüler/innen* soll noch zeigen, welche Probleme Kinder mit der Schule haben; dazu bringe ich ein paar Ergebnisse aus der Untersuchung von Eder/Felhofer (1994, S. 209ff.): Etwas mehr als die Hälfte der Viertklässler geht gerne in die Schule, knapp die andere Hälfte nicht oder gar nicht gerne. Auf die Frage »Wie wohl fühlst du dich in der Schule?« antworten fast zwei Drittel mit »wohl« bzw. mit »sehr wohl«; noch höher ausgeprägt ist das Wohlfühlen im Kontakt mit den Mitschülern (92%) – ein Hinweis auf die positive Bedeutung der Gleichaltrigenbeziehungen. Auf der anderen Seite fühlen sich fast 30% der Kinder von der Schule *überfordert* und zu stark belastet. Für jedes zweite Kind ist die Leistungsbeurteilung und Benotung mit negativen Gefühlen besetzt: Nervosität, Bedrückung und Angst. Insgesamt berichten rund zwei Drittel, vor Prüfungen und schlechten Noten Angst zu haben; viel seltener geben die Kinder Angst vor dem Klassenlehrer und vor den Mitschülern an (ca. 18%).

Institutionell erzeugte Belastungen für Schüler/innen

Schule bedeutet für alle Kinder und Jugendlichen eine wichtige Arbeits- und auch Lebenswelt. Das Zur-Schule-Gehen(-Müssen) stellt eine soziale Tatsache mit einschneidenden Konsequenzen und *Belastungen* dar, die ich in fünf Punkten skizzieren will:

- Für alle 6- bis etwa 15-Jährigen führt die staatlich kontrollierte *Schulpflicht* zu einem mehrjährigen »Zwangsaufenthalt« in der Schule, der von reglementierten Anforderungen geprägt ist und entsprechende Anpassungsleistungen der Schüler/innen verlangt (Elbing 1993, S. 8f.). Auch die Zugehörigkeit zu einer *Klasse* wird administrativ entschieden.

- Für die alltägliche Arbeit der Schüler/innen bedeutet Schule, sich mit *vorgegebenen Lerninhalten* beschäftigen zu müssen, mit Inhalten, die sich kaum auf die eigene Lebenswelt beziehen sowie inhaltlich und zeitlich (Stundenplan) stark gegeneinander abgegrenzt sind.

- Schule bringt auch eine erhebliche *zeitliche Belastung* mit sich; sechs Stunden Unterricht am Vormittag, dazu oft noch zwei bis drei Stunden Hausaufgaben am Nachmittag bedeuten eine Beanspruchung, die die Arbeitswoche berufstätiger Erwachsener nicht selten übertrifft. Einen Beleg dafür liefert die repräsentative (österreichische) Schüler/innen-Befragung von Eder (1995, S. 89), der eine wöchentliche Belastung durch Unterricht und häusliche Lernarbeit von gut 42 Stunden (Hauptschüler und Unterstufe des Gymnasiums) bzw. von über 46 Stunden (gymnasiale Oberstufe) ermittelt (vgl. Projektgruppe Belastung 1998, S. 25f.).

- Weitere Belastungen entstehen im Verlauf der Schulzeit durch die oft abrupten, schulsystembedingten *Übergänge* und Übertrittsentscheidungen. Dies beginnt für viele Kinder mit (verständlichen) Anpassungsschwierigkeiten bereits beim Eintritt in die Schule. Es setzt sich fort durch die Ausleseentscheidungen am Ende der 4. und/oder 6. Klasse, die einen Wechsel von Schule, Klasse, Lehrern und Fächern nach sich ziehen. Die sozialen und psychischen *Folgen* des Übergangs lassen sich als *Sekundarstufenschock* bezeichnen, denn dieser Übergang beansprucht die Kinder sehr stark: In der neuen Schule nehmen Schulstress und Schulangst zu, die Lehrer/innen-Schüler/innen-Beziehung wird negativer erlebt (Eder u.a. 1995, S. 233f.; Tillmann u.a. 1984, S. 240ff.). Besonders belastend werden dann noch für viele Schüler/innen die *Abschlussprüfungen*, die ja über die weiteren Ausbildungs- und Berufschancen entscheiden.

● Einen zentralen Einfluss auf das Verhalten der Schüler/innen hat heute das *Leistungsprinzip*. »Schulisches Leben ist vorwiegend auf Leistung reduziert, Leistungsbewertungen dominieren den Schulalltag.« (Bründel/Hurrelmann 1996, S. 157) Quantitativ betrachtet überwiegen die Leistungssituationen gegenüber den Lernsituationen (Weinert 1998, S. 109f.; vgl. Schnabel 1998, S. 67f.). Die ständige *Beurteilung* der Leistungen kann Unsicherheit, Angst und Stress erzeugen, zumal wenn negative Urteile auf die ganze Person übertragen werden (z.B. »Du bist ein schlechter Schüler«). Tatsächlich ist das Leistungsprinzip in der Schule allgegenwärtig und Leistungsurteile lösen sehr intensive *Emotionen* bei den Schülerinnen und Schülern aus: Freude, Stolz, Angst, Mitgefühl, Neid, Trauer, Ärger (Fend 1997, S. 75). Verantwortlich dafür sind vor allem zwei Umstände:
– »Schulbesuch und Schulerfolg sind für fast jeden Heranwachsenden von *größter Wichtigkeit*. Seit in weiten gesellschaftlichen Bereichen der erreichte Schulabschluss über Berufsausbildung, Verdienst, Lebensstandard usw. entscheidet, werden künftige Lebenswege und Lebensmöglichkeiten aufgrund von Schulerfolg oder -misserfolg oft schon früh erschlossen oder versperrt.« (Wahl u.a. 1984, S. 197f.)
– »Das Wissen darüber hat das Bewusstsein vieler *Eltern* verändert und sie für alles sensibilisiert, was mit Schule, Schulerfolg und Schulversagen zusammenhängt. Sie vermitteln ihren Kindern (...), wie groß die Anforderungen sind, welche Lernanstrengungen und Leistungen sie erwarten und welche schlimmen Folgen es hat, im Unterricht zu versagen. Die *Leistungserwartungen der Eltern* werden im Laufe der Jahre oft ein bedeutsamer Teil des familiären und des schulischen Alltags. Die Kinder erleben immer wieder, was es heißt, diese Erwartungen zu erfüllen oder zu enttäuschen.« (Ebd.; vgl. Ulich 1993, S. 157ff.)

Dass der *Schulstress* keineswegs als Erfindung böswilliger Pädagogen und Psychologen gelten kann, wie es manche Schulpolitiker gerne darstellen, bestätigt sich in vielen Untersuchungen. Zwei Ergebnisse will ich kurz erwähnen. In Interviews mit 8- bis 18-jährigen Schülerinnen und Schülern aller Schularten ergibt sich ein Anteil von rund 75% der Schüler/innen, die schulischen Stress erfahren. Als Hauptgrund dafür nennen ältere Schüler/innen vor allem Leistungs- und Zeitdruck (Lohaus 1990, S. 76ff.; für die Grundschule vgl. Vauk 1999). Im Verlauf der Schulzeit steigt der Schulstress deutlich an, wobei die Intensität bei Schülerinnen stärker ausgeprägt ist als bei Schülern (Eder 1995, S. 49ff.; vgl. Projektgruppe Belastung 1998, S. 176f., und zur psychologischen Erklärung schulischer Belastungen Eder/Eder 1995, S. 226ff.).

Der Umgang mit der Schule steht mindestens neun Jahre lang im Mittelpunkt alltäglicher Anstrengungen der Schüler/innen, und dies hat nachhaltige *Folgen* (Fend 1997, S. XI):

- *Positive* Konsequenzen liegen in den Möglichkeiten, langfristige Ziele zu verfolgen, Aufgaben erfolgreich zu bewältigen und eigene Interessen kennen zu lernen.
- Eher *negative* Folgen treten bei jenen Schülerinnen und Schülern auf, die sich mit den Anforderungen und Angeboten der Schule wenig identifizieren können und kaum Bestätigungen durch gute Leistungen erhalten.

Wie Schule über die Jahre hinweg erlebt und bewältigt wird, das wirkt jedenfalls lange und intensiv nach – auch und gerade bei angehenden Lehrerinnen und Lehrern.

Die Bewertung und Bewältigung von Schule – wichtige Ergebnisse aus der Forschung

Als Folge der zuvor geschilderten Probleme und Belastungen entwickeln die Schüler/innen spezifische *Einstellungen* gegenüber der Schule, deren zentrale Komponenten einige Forschungsergebnisse veranschaulichen sollen. Die *affektive* Komponente lässt sich u.a. erfassen durch das Wohlfühlen in der Schule und durch die Schulangst, die wohl als die psychologisch bedeutsamste Emotion gelten kann und deshalb eigens erörtert wird. Als Ausschnitt aus den mit allen Einstellungen verbundenen *Handlungstendenzen* stelle ich eine

Untersuchung zu den Verhaltenstaktiken der Schüler/innen vor. Zunächst will ich die *evaluative* Komponente der Schuleinstellungen erläutern, die die Forschung meist als *Urteile über die Schule* erfasst.

Die bekannteste und umfassendste Untersuchung dazu stammt von einer Lüneburger Forschergruppe (Czerwenka u.a. 1990). In dieser Studie sollten Schüler/innen aus verschiedenen Ländern einem unbekannten Wesen von einem anderen Stern erklären, was eigentlich Schule bedeutet. Die Auswertung der so entstandenen Aufsätze erfolgte vor allem im Hinblick auf die *Bewertung* einzelner Aspekte von Schule. Die folgenden Resultate beziehen sich auf 1.200 deutsche Aufsätze aus allen Schularten von der 4. bis zur 13. Jahrgangsstufe. Ich gebe in zusammenfassender Form vier wesentliche Punkte wieder, bei denen lediglich die Tendenzen wichtig sind, nicht aber bestimmte Einzelwerte.

Bei den *Gesamturteilen über die Schule* (Abbildung 1) lassen sich recht klare schulart- und vermutlich auch altersspezifische Unterschiede ausmachen: Die meisten positiven und die wenigsten Negativurteile geben die Grundschüler/innen ab; in der Hauptschule überwiegen noch die positiven Einschätzungen, während im Gymnasium und erst recht in der Realschule negative Wertungen häufiger sind (etwa die Hälfte der Aufsätze ließ kein eindeutiges Votum der Schüler/innen erkennen).

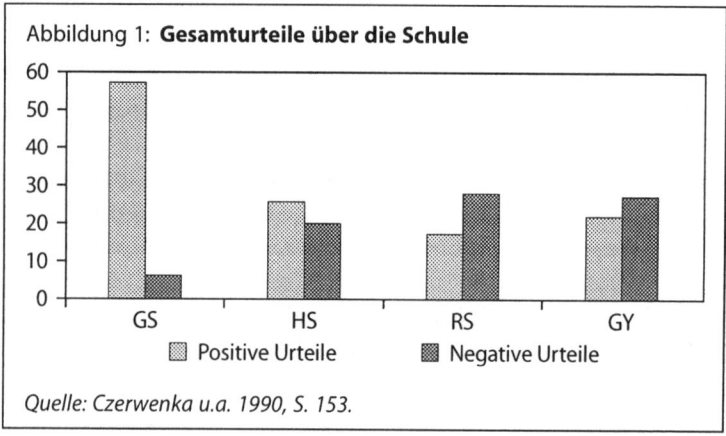

Abbildung 1: **Gesamturteile über die Schule**

Quelle: Czerwenka u.a. 1990, S. 153.

Bei der *Freude an der Schule* (Abbildung 2) überwiegt ab der achten Klasse stets die Zahl der Schüler/innen, denen die Schule *keine* Freude macht. Dahinter steckt sicher ein Alters-, vor allem Pubertätseffekt, aber in dieser Tendenz äußern sich *auch* die steigenden Leistungsforderungen der Schule sowie für die Hauptschüler/innen die nahende Abschlussprüfung.

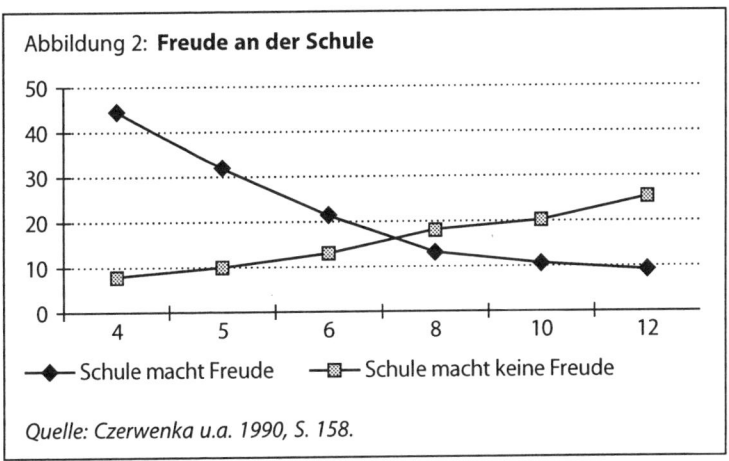

Abbildung 2: **Freude an der Schule**

Schule macht Freude

Schule macht keine Freude

Quelle: Czerwenka u.a. 1990, S. 158.

Ziemlich negativ fallen die *Urteile der Schüler/innen über ihre Lehrkräfte* aus (Abbildung 3, S. 20): Lediglich in der fünften Klasse halten sich positive und negative Einschätzungen noch die Waage, während bis zur elften Jahrgangsstufe ein stetiger Rückgang günstiger und eine entsprechende Zunahme ungünstiger Urteile zu verzeichnen ist. Diese Veränderung geht vor allem auf die kritische Haltung der Schüler/innen in Realschulen und Gymnasien zurück.

Auch die *Zensuren* beurteilen die Schüler/innen ganz überwiegend *negativ*, und zwar mit steigender Tendenz von der vierten bis zur elften Jahrgangsstufe: Der Anteil negativer Urteile wächst von 5% auf 55% an und geht zur 13. Klasse auf 35% zurück, während positive Urteile deutlich unter 10% bleiben. Wird nach der Schulart unterschieden (Abbildung 4, S. 20), so schneidet lediglich die Grundschule weniger schlecht ab, während die Schüler/innen in den Gymnasien und Realschulen wiederum an der Spitze stehen.

Abbildung 3: **Urteile über Lehrer**		
Klassenstufe	**Positive Urteile**	**Negative Urteile**
5	26%	26%
7	17%	42%
9	4%	57%
11	3%	65%
13	8%	49%
Quelle: Czerwenka u.a. 1990 (Tabellenband).		

Abbildung 4: **Negativurteile über Zensuren**	
Schulart	**Negative Urteile**
Grundschule	5%
Hauptschule	20%
Realschule	36%
Gymnasium	43%
Quelle: Czerwenka u.a. 1990, S. 112.	

Im Vergleich zu anderen Ländern fällt in den deutschen Aufsätzen die Bewertung einiger Aspekte von Schule wesentlich ungünstiger aus. Hartmut von Hentig kommentiert das treffend: »Die deutschen Schüler haben ein erheblich schlechteres Verhältnis zu ihrer Schule als die Schüler in Frankreich und in den USA. Ihre Abneigung steigert sich dramatisch mit der Zunahme ihres Alters und ihrer Urteilskraft. Die Schularten mit dem höchsten Ansehen werden am wenigsten geliebt.« (1993, S. 192)

In einer anderen Untersuchung (Holtappels 1987) geben Schüler/innen weiterführender Schulen (7. bis 9. Klasse) Auskunft über das *Schulklima* und ihre schulischen Belastungen. Einige Resultate sind in Abbildung 5 zusammengefasst.

Hier können wir klar erkennen, wo die Schüler/innen in erster Linie der Schuh drückt: die Ballung von Prüfungsarbeiten, die permanente Anstrengung, die Sinnlosigkeit vieler schulischer Regeln, das Auseinanderfallen von eigenen Interessen und fachbezogenen Lerninhalten. Umgekehrt enthalten diese Angaben zugleich klare Ansatzpunkte zur *Entlastung* der Schüler/innen.

Abbildung 5: **Schulklima im Urteil von Schülern**	
Die größten subjektiven Problembelastungen	**Antworten**
Zu viele Prüfungen zu einem Zeitpunkt vor den Zeugnissen	78% Ja
Man muss sich kaum anstrengen, um mitzukommen	79% Nein
Es bringt nichts, sich gegen sinnlose Regeln zu wehren	72% Ja
Wenn Lehrer Schüler kritisieren, wollen sie keine Gründe hören	70% Ja
Viele interessante Themen passen in kein Unterrichtsfach	65% Ja
Es macht nicht viel aus, dass man laufend Tests schreiben muss	62% Nein
Als Schüler hat man kaum Einfluss auf die entscheidenden Dinge	55% Ja
Quelle: Holtappels 1987, S. 86ff. (Auszug).	

Der Schluss liegt nahe, dass Lehrer/innen und Schüler/innen die schulische Situation *verschieden* wahrnehmen und beurteilen. In welchem Umfang dies tatsächlich der Fall ist, zeigt eine Hauptschul-Untersuchung (Saldern 1991). Schüler/innen und Lehrer/innen aus 49 Klassen sollten das Sozial- und Lernklima einschätzen, wobei drei wichtige Dimensionen berücksichtigt wurden: die Lehrer/innen-Schüler/innen-Beziehung, die Schüler/innen-Schüler/innen-Beziehung und Merkmale des Unterrichts. In Abbildung 6, S. 22, sind die Unterschiede bei der qualitativen Einschätzung dieser Dimensionen zu erkennen.

Abbildung 6: **Schulklima aus der Sicht von Lehrern und Schülern**		
Dimensionen des Klimas	**Einschätzung Lehrer/innen**	**Einschätzung Schüler/innen**
Lehrer/innen-Schüler/innen-Beziehung	positiver	negativer
Schüler/innen-Schüler/innen-Beziehung	etwas positiver	etwas negativer
Unterricht	viel positiver	viel negativer
Quelle: Saldern 1991.		

Offenkundig beurteilen die *Lehrer* das Sozialklima in der Klasse durchweg *günstiger* als die Schüler. Bei der Lehrer/innen-Schüler/innen-Beziehung erleben die Schüler stärker als die Lehrer Bevorzugungen und Benachteiligungen einzelner Schüler durch die Lehrer; anders ausgedrückt: Die Lehrer halten sich für gerechter, als es die Schüler wahrnehmen. In der Einschätzung der Schüler/innen-Schüler/innen-Beziehungen sind die Unterschiede mit einer Ausnahme relativ gering: Lehrer halten die *Zufriedenheit* der Schüler mit ihren Beziehungen untereinander für deutlich größer als die Schüler selbst. Umgekehrt wird das Konkurrenzverhalten zwischen den Schülern seitens der Lehrer eher unterschätzt. Am deutlichsten gehen die Einschätzungen beim *Unterrichtsklima* auseinander, das Lehrer erheblich besser bewerten. Sie halten den Leistungsdruck für geringer und ihre eigenen didaktischen Fähigkeiten für höher ausgeprägt als die Schüler. Unterrichtsbeteiligung und Anstrengungsbereitschaft sind aus der Lehrersicht größer als in der Schülerwahrnehmung. Viel häufiger, als die Lehrer annehmen, resignieren die Schüler, weil ihre Anstrengungen vom Lehrer nicht anerkannt werden.

Die Untersuchung liefert zumindest einen, sicher nicht hinreichenden Hinweis auf die Entstehung dieser Wahrnehmungsunterschiede: Eher *ängstliche* und wenig selbstbewusste Schüler liegen in ihren Einschätzungen am weitesten vom Lehrerurteil weg. Das bedeutet aber umgekehrt, dass Lehrer die Probleme eben dieser Schü-

ler nur sehr unscharf sehen. Ähnliche Tendenzen für die Grundschule berichten Eder und Felhofer (1994, S. 232ff.): Lehrer/innen
unterschätzen Angst und Überforderung der Schüler/innen und sie
überschätzen das Wohlbefinden der Kinder.

Nach allen bisherigen Ergebnissen kann es nicht sehr überra-
schen, wenn – abgesehen von der Grundschule – nur rund ein Drittel der Schüler/innen gerne in die Schule geht und sich dort *wohl
fühlt* (Kanders u.a. 1996b, S. 69). Glücklich, zufrieden und sicher
fühlen sich nach einer Hauptschulstudie gar nur zwei von zehn
Schülern (Elbing 1993, S. 43f.). Die Schule wird zwar nicht abgelehnt, erscheint aber als eine eher kalte Institution, die auf »rationa-
les Funktionieren und nachprüfbare Leistungen ausgerichtet« ist
(ebd., S. 45). Im Übrigen sinkt das Wohlfühlen in den weiterführenden Schulen mit *zunehmendem Alter* der Schüler/innen noch
weiter ab, wobei der deutlichste Rückgang zwischen 12 und 13 Jahren erfolgt (Fend 1990, S. 101f.): In dieser Altersphase lässt die Zuwendung der Lehrer/innen nach und die Lehrer/innen-Schüler/in-
nen-Beziehung wird distanzierter, kühler und leistungsbezogener.

Für die Grundschule haben Eder und Felhofer (1994, S. 234ff.)
genauer ermittelt, von welchen *Faktoren* das Wohlbefinden der
Kinder in der Schule abhängt. Das folgende Modell (Abbildung 7,
S. 24) stellt einzelne schulische Einflüsse auf Schulangst, Belastung
durch Noten und Gesamtbefinden schematisch dar. Auf Basis dieses Modells kommen die Verfasser u.a. zu folgenden Ergebnissen:

- Das *Gesamtbefinden* ist vor allem von den Erfahrungen mit den
  Lehrer/innen abhängig: Je besser die Qualität der Lehrer/innen-
  Schüler/innen-Beziehung und je weniger Strafen ein Kind erhält, desto wohler fühlt es sich.
- Die *Schulangst* fällt um so niedriger aus, je besser ein Kind in
  die Klasse integriert ist und je seltener es vom Lehrer bestraft
  wird.
- Die *Belastung durch die Benotung* hängt nur relativ schwach mit
  der Strafhäufigkeit und mit dem Normdruck zusammen. Vermutlich machen sich hier auch außerschulische, also vor allem
  familiäre Einflüsse bemerkbar (ebd., S. 238f.).

Abbildung 7: **Schulische Einflüsse auf das Erleben und Befinden von Kindern**

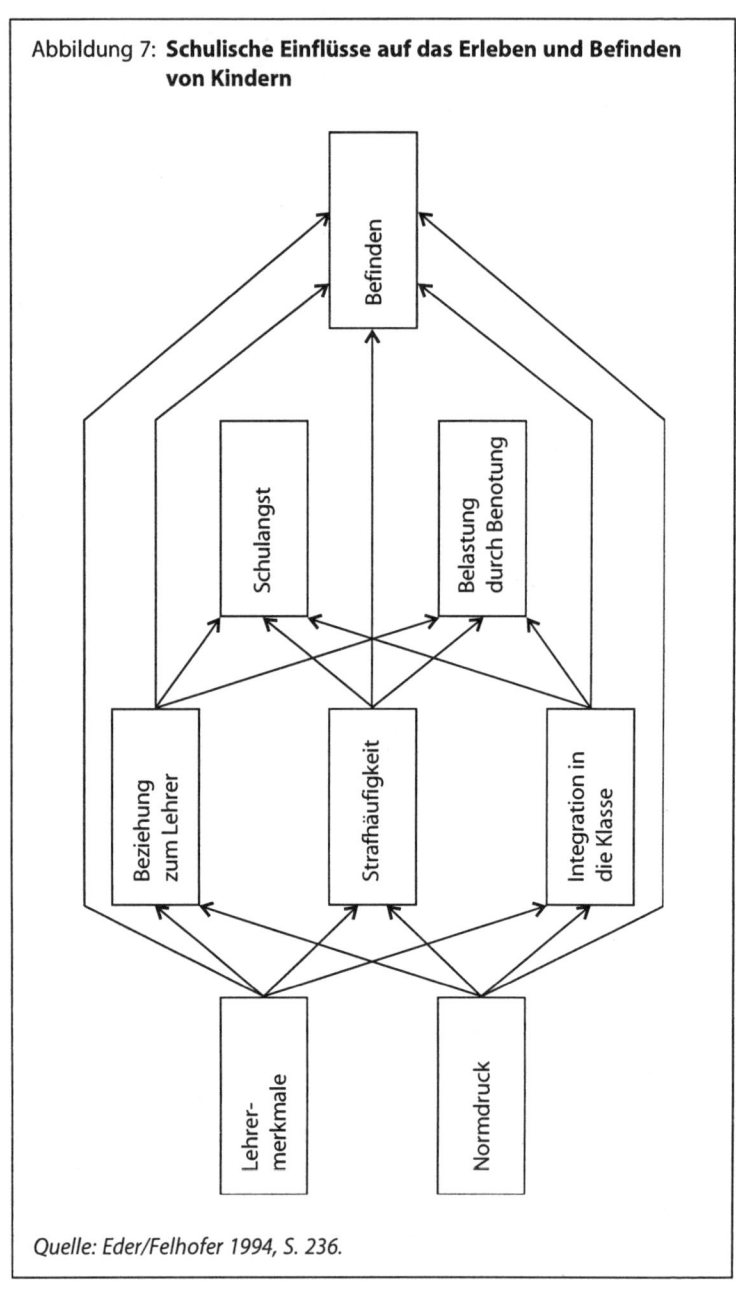

Quelle: Eder/Felhofer 1994, S. 236.

Jedenfalls belegen die Detailresultate eindeutig, dass für das schulische Befinden der Schüler/innen nicht in erster Linie das Elternhaus oder Persönlichkeitsmerkmale der Kinder verantwortlich sind, sondern ihre Erfahrungen *in der Schule selbst*, so eben vor allem die Beziehungen zu Lehrkräften und Mitschülern.

Am Beispiel einer weiteren Untersuchung möchte ich nun kurz klären, welche Verhaltensweisen die Schüler/innen zur *Bewältigung* von Schule einsetzen. Eder (1987) hat dazu 250 Schüler/innen aus acht Gymnasialklassen gefragt, welchen Rat sie jüngeren Geschwistern geben würden, um gut durch die Schule zu kommen. Unterstellt wird dabei, dass sich in den Ratschlägen das *eigene* Schulbewältigungsverhalten äußert. Die einzelnen *Taktiken* sind in der folgenden Abbildung 8 zusammengestellt (weil mehrere Verhaltensweisen genannt wurden, addieren sich die Prozentwerte auf über 300):

Abbildung 8: **Schülertaktiken zur Schulbewältigung**			
Mitarbeit und Lernen	94%	Integration	20%
Situationelle Anpassung	73%	Identifizierung	10%
Personelle Anpassung	38%	Widerstand	9%
Ingratiation	36%	Distanz, Rückzug	8%
Demonstratives Engagement	22%		
Quelle: Eder 1987, S. 106.			

Ingratiation (engl.) bedeutet etwa Einschmeicheln oder – in der Schülersprache – »Schleimen«. Zu den *häufigsten* Taktiken eine kurze inhaltliche Erläuterung (ebd.): Mitarbeit und Lernen bezieht sich auf regelmäßige Unterrichtsbeteiligung und Hausaufgabenanfertigung; situationelle Anpassung heißt, sich im Unterricht diszipliniert verhalten, nicht negativ aufzufallen; personelle Anpassung bedeutet das Wohlverhalten gegenüber Lehrern. Seine Ergebnisse kommentiert der Verfasser so: »Berücksichtigt man lediglich die Häufigkeit der einzelnen Vorschläge, würde eine ›durchschnittliche‹

Strategie der Schulbewältigung so lauten: Ständig mitarbeiten und lernen, sich den Lehrern gegenüber angemessen verhalten, sich nach Möglichkeit mit ihnen gutstellen und in keiner Situation negativ auffallen. Im Vordergrund steht die Erfüllung der Arbeitsanforderungen der Schule bzw. eines eher abstrakten Leistungsstandards; nicht was gelernt wird, ist wichtig, sondern dass viel und regelmäßig gelernt und im Unterricht ständig mitgearbeitet wird.« (Ebd., S. 105) In der Tat sind aufmüpfige Verhaltensweisen (Widerstand) sowie die Distanzierung von der Schule und von den Lehrern ziemlich selten (vgl. dazu auch Holtappels 1987, S. 253ff.).

Bei drei Taktiken ergeben sich deutliche *Unterschiede zwischen Schülerinnen und Schülern* (Abbildung 9; eigene Berechnung, K.U.):

Abbildung 9: **Schülertaktiken – geschlechtsspezifische Unterschiede**		
	Mädchen	**Jungen**
Situationelle Anpassung	80%	65%
Demonstratives Engagement	17%	27%
Integration	25%	15%

Schülerinnen verhalten sich also disziplinierter und sie tun mehr für die Integration der Klasse (Freundschaften) als Schüler, die ihrerseits häufiger Engagement demonstrieren, also auch aus taktischen Gründen positiv auffallen wollen.

Schulangst: Entstehung, Verbreitung und Reduktionsmöglichkeiten

Konzept und Entstehung

Schulangst stellt die psychologisch gravierendste Emotion dar, die Schüler/innen in der Auseinandersetzung mit der Schule entwickeln können. Schulangst resultiert primär aus dem Leistungs- und Konkurrenzprinzip, also aus der vergleichenden Bewertung von

Leistungen, und ist somit immer auch ein Ergebnis schulischer Erziehungs- und Anforderungsbedingungen. Für die meisten Schüler/innen bringt die Leistungsüberprüfung eine potenzielle *Bedrohung* ihres Selbstwertgefühls mit sich (Schnabel 1998, S. 4); dieser Aspekt ist auch in der folgendenen Definition zentral:

> »*Schulangst wird als eine relativ überdauernde Bereitschaft angesehen, schulische und hier vor allem Leistungssituationen als persönliche Bedrohung zu empfinden. Das zentrale Element für die Entstehung von Angst ist die subjektive Bewertung einer Situation als Bedrohung. Eine bestimmte objektive Belastung wird folglich nicht in jedem Falle bei allen Schülern die gleiche Reaktion hervorrufen; denn die gleiche belastende Situation kann von verschiedenen Individuen unterschiedlich interpretiert und verarbeitet werden.*« (Strittmatter 1993, S. 12f.; vgl. Schnabel 1998)

Für die *Entstehung* von Schulangst sind vor allem folgende drei Zusammenhänge von Bedeutung (Strittmatter, ebd.):

- Die *Bedrohung* durch eine Leistungssituation ist dann besonders intensiv, wenn in einer Prüfung sehr viel auf dem Spiel steht und wenn der Schüler gleichzeitig daran zweifelt, ob er die für ihn bedeutsamen Ziele erreichen wird. Anders ausgedrückt: Je höher der Stellenwert (die subjektive Valenz) einer Leistung und je niedriger die Erfolgswahrscheinlichkeit, desto stärker wird die Leistungsangst (Fend 1997, S. 123).
- Die Angst nimmt zu, wenn vor und in der Leistungssituation *Hilflosigkeit* aufkommt, wenn also der Schüler keine Möglichkeiten sieht, der Bedrohung wirksam zu begegnen. Vor allem Zweifel an der eigenen Begabung lösen deshalb Angst aus, weil ein entsprechender Mangel durch vermehrten Lernaufwand nicht kompensiert werden kann.
- Gefühle von Bedrohung und Hilflosigkeit treten vor allem in Leistungssituationen auf, die durch *Unsicherheit* und Unberechenbarkeit gekennzeichnet sind. Schüler/innen, die nicht genau wissen, was in einer Klassenarbeit geprüft wird, können sich nicht gezielt vorbereiten und reagieren deshalb mit Angst.

Als Merkwort können wir daraus ableiten: *Schulangst ist ein BUH-Mann* – Bedrohung, Unsicherheit, Hilflosigkeit.

Dies sind zweifellos zentrale, aber noch keineswegs vollständige Komponenten der Schulangst. Die Konzentration auf Leistungs- und Prüfungsangst vernachlässigt, dass schulische Leistungen stets in *sozialen Situationen* – also in Anwesenheit anderer – zu erbringen sind und dass das Bedürfnis nach Anerkennung durch andere Menschen nicht nur in Leistungssituationen auftritt. Deshalb ist eine Erweiterung bzw. Ausdifferenzierung verschiedener schulischer Angstformen und -gründe (Abbildung 10) notwendig und sinnvoll:

Abbildung 10: **Formen der Schulangst**	
Leistungsangst	**soziale Angst**
Prüfungsangst	Angst vor Zurückweisung
Angst, Fehler zu machen	Angst vor Nichtanerkennung
Auftretensangst	Angst vor Machtverlust
Quelle: Wahl u.a. 1984, S. 208.	

Dieselbe Schulsituation kann bei einzelnen Schülerinnen und Schülern ganz verschiedene Ängste und unterschiedliche Syndrome von Leistungs- und sozialer Angst auslösen; ich stelle den Leserinnen und Lesern anheim, solche Kombinationen anhand der eigenen Schulerinnerungen ausfindig zu machen. Eine besonders angstträchtige Situation – das Abfragen vor der Klasse – spare ich für das folgende Kapitel auf.

Ergebnisse zur Verbreitung von Schulangst

Im Folgenden möchte ich einige *Ergebnisse* zu den Bedingungen und zur Ausprägung von Schulangst vorstellen. Wovor und wie viele Kinder in der *Grundschule* Angst haben, geht aus der Untersuchung von Eder und Felhofer (1994) hervor (Abbildung 11):

Abbildung 11: **Angstgründe in der Grundschule**			
Angst vor ...	**ja**	**manchmal**	**nein**
schlechten Noten	28%	34%	38%
Prüfungen	27%	41%	32%
Klassenlehrer	5%	12%	83%
Mitschülern	7%	11%	82%
Quelle: Eder/Felhofer 1994, S. 212 (Auszug).			

Rund zwei Drittel der Kinder haben also zumindest gelegentlich vor schlechten Noten und vor Prüfungen Angst – das ist schon ein recht bedenkliches Ergebnis. Wenn über 80% der Kinder vor dem Klassenlehrer und den Mitschülern keine Angst empfinden, sieht das wesentlich günstiger aus, aber auch hier liegt immerhin für jedes sechste Kind eine psychische Belastung vor. Aus einer weiteren Untersuchung erhalten wir genaue Ergebnisse zur *Verbreitung* der Schulangst in der Grundschule (Abbildung 12).

Abbildung 12: **Verbreitung der Schulangst in der Grundschule**		
	Kinder haben Schulangst	
	immer	**nie**
Jungen	9,9%	65,3%
Mädchen	15,7%	52,7%
bis 8 Jahre	11,8%	65,7%
10 Jahre und älter	13,8%	50,1%
Arbeiterschicht	15,1%	53,8%
Oberschicht	5,1%	71,6%
gute Schulleistungen	8,0%	68,0%
schlechte Schulleistungen	26,8%	42,4%
Quelle: Lang 1985, S. 116 (Rest zu 100%: »manchmal Angst«).		

In der letzten Zeile ist der häufig gefundene Zusammenhang zwischen *Schulangst und Leistung* erkennbar (vgl. Seipp/Schwarzer

1991): Kinder mit guten Leistungen haben seltener Angst als solche mit schlechten Leistungen. Damit gekoppelt ist wiederum die soziale Herkunft: Weil Kinder aus höheren Sozialschichten in der Regel bessere Leistungen zeigen, haben sie weniger Angst als die Kinder aus niedrigeren Schichten.

Der – relativ schwach ausgeprägte – Alterseffekt spiegelt wahrscheinlich die allmählich steigenden Anforderungen der Schule wider, die sich Angst verstärkend auswirken. Schließlich haben Mädchen etwas häufiger Angst als Jungen (vgl. Eder 1995, S. 41); oder sind Mädchen eher bereit, ihre Angst zuzugeben, während Jungen sie eher verdrängen?

Die folgenden Resultate beziehen sich alle auf *weiterführende Schulen*. Zunächst kurz zu einer Längsschnittstudie (5. bis 10. Klasse), die den Einfluss wichtiger *Bezugspersonen* der Schüler/innen auf die Prüfungsangst nachweist (Pekrun 1991, S. 174ff.): Über alle Jahrgangsstufen hinweg tragen Bestrafungen der Eltern, Leistungsdruck durch die Lehrer/innen und der Wettbewerb mit den Mitschülern am meisten zur Angst bei. Der schulische Leistungsdruck erweist sich insgesamt als der stärkste Prädiktor der Prüfungsangst. Dies verstehe ich nicht als Argument *gegen* Lehrer/innen und *für* Eltern, sondern als Aufforderung für beide Seiten, etwas gegen die Angst zu tun.

In einem dreigliedrigen, selektiven Schulsystem hängt die Intensität der Schulangst auch von den Übertrittsentscheidungen ab. So manifestiert sich der schon erwähnte Sekundarstufenschock besonders deutlich in einem – gegenüber der vierten Klasse – rapiden Anstieg der Schulangst bei den Schüler/innen des Gymnasiums: »Die Zunahme der Schulangst ist (...) eine Grunderfahrung in den ersten Jahren des Gymnasiums.« (Eder 1995, S. 43) Wie sich dann speziell die Prüfungsangst in Abhängigkeit von der Schulart und der Klassenstufe weiterentwickelt, zeigt uns die aufschlussreiche Studie von Schwarzer und Royl (1975) mit folgenden Werten (Abbildung 13, S. 31).

In der fünften Klasse, also direkt nach dem Übertritt in die weiterführenden Schulen, haben die Gymnasiasten mit Abstand am wenigsten Angst, die Hauptschüler hingegen am meisten (die mittlere Position der Realschule kann unberücksichtigt bleiben).

Abbildung 13: **Prüfungsangst nach Schulart und Klassenstufe**			
	Gymnasium	**Realschule**	**Hauptschule**
5. Klasse	6.00	7.58	8.36
6. Klasse	6.52	7.17	7.04
8. Klasse	6.71	7.18	6.34
Quelle: Schwarzer/Royl 1975, S. 118.			

Bis zur achten Klasse ändert sich das deutlich: Im Gymnasium steigt die Angst an, in der Hauptschule geht sie deutlich zurück; in der österreichischen Untersuchung von Eder (1995, S. 42f.) liegt die Angst der Schüler/innen beider Schularten bereits in der sechsten Klasse auf demselben Niveau. Diesen Umschwung will ich erklären: Zunächst ist die Anfangsangst im Gymnasium deutlicher niedriger, weil diese Schüler/innen mit relativ guten Noten eben den Übertritt geschafft haben; umgekehrt liegt die Angst zu Beginn der Hauptschule deshalb höher, weil diese Schüler/innen den Übertritt wegen eher schlechter Noten nicht erreicht und somit eine negative Ausleseerfahrung gemacht haben. Nun tritt der Haupteffekt ein: Die – von der Grundschule her – »guten« Anfänger im Gymnasium werden genauso wie die »schlechten« in der Hauptschule entsprechend ihren Leistungen auf das gesamte Notenspektrum von 1 bis 6 verteilt. Mit einer gewissen Zwangsläufigkeit führt der Übertritt in eine neue Schule, Klasse und – sozialpsychologisch gesehen – neue Bezugsgruppe dazu, dass etliche der zuvor »guten« Schüler/innen jetzt im Gymnasium schlechte Noten erhalten und etliche der zuvor »schlechten« in der Hauptschule gute Noten. Genau dies aber lässt im ersten Fall die Angst steigen, im zweiten hingegen sinken.

Umgekehrt wie die Prüfungsangst entwickelt sich das *Selbstwertgefühl* der Schüler/innen (Jerusalem/Schwarzer 1991, S. 118f.): Bei Hauptschülern ist es zu Beginn der 5. Klasse sehr niedrig und steigt bis zur 8. Klasse deutlich an; bei Gymnasiasten ist es in der 5. Klasse sehr positiv ausgeprägt und sinkt etwas bis zur 8. Klasse. Im Verlauf von etwa vier Schuljahren *verändern sich* also sowohl die Schulangst als auch das Selbstwertgefühl der Schüler/innen in Hauptschule und Gymnasium; in der achten Klasse gibt es fast keine schulartspezifischen Besonderheiten mehr. Unabhängig von der Schulart tritt allerdings auch hier eine bemerkenswerte *geschlechtsspezifische Differenz* auf: Die Leistungsangst der Schülerinnen ist stärker und ihr Selbstwertgefühl ist schwächer ausgeprägt als bei den Schülern (Eder 1995, S. 41f.; Fend 1997, S. 247).

Die *leistungsbeeinträchtigende Wirkung* der Schulangst belegt eine relativ neue repräsentative Befragung 14- bis 16-jähriger Schüler/innen aller Schularten (Kanders u.a. 1996b, S. 66f.). So stimmen 40% der Befragten (37% der Schüler, 43% der Schülerinnen) dieser Aussage zu: »Ich glaube, meine Leistungen in der Schule wären besser, wenn ich weniger Angst vor Prüfungen und schriftlichen Arbeiten hätte«; im Vergleich zwischen den Schularten ergeben sich – abgesehen von der etwas geringeren Zustimmung der Gesamtschüler/innen (36%) – keine Unterschiede. Eine ganz ähnliche Tendenz findet sich bezüglich der Verunsicherung durch das *Abfragen* in der Schule, die durch folgende Vorgabe ermittelt wird: »Wenn ich in der Schule abgefragt werde, vergesse ich oft Sachen, die ich zu Hause noch konnte.« Hier stimmen 42% der Befragten zu (39% der Schüler, 45% der Schülerinnen), wobei in den Gymnasien die Zustimmungsquote etwas niedriger liegt (37%). Die Projektgruppe Belastung (1998, S. 78) kommt bezüglich der Prüfungsangst zu fast identischen Ergebnissen.

Auch in den weiterführenden Schulen bestätigt sich im Übrigen die enge Verbindung zwischen Schulangst und Leistung. Zwischen den Noten in drei Hauptfächern (Deutsch, Englisch, Mathematik) und der Leistungsangst besteht ein fast linearer Zusammenhang: je schlechter die Noten, desto höher die Angst. In der sechsten Klasse sind die sehr guten Schüler/innen aber etwas ängstlicher als die guten und in der neunten ist die Leistungsangst der sehr schlechten ziemlich niedrig (Fend/Helmke 1988, S. 181ff.); im ersten Fall sind die Schüler/innen in Sorge, ihren hohen Leistungsstatus zu verlieren, im zweiten haben sie vermutlich – zumindest für dieses Schuljahr – bereits das Handtuch geworfen.

Alle diese Resultate machen jedenfalls eindringlich auf die hohen psychischen Belastungen eines großen Teils der Schüler/innen aufmerksam und unterstreichen die Notwendigkeit, Schulangst durch geeignete pädagogisch-psychologische Maßnahmen abzubauen.

Schulangst reduzieren – einige Vorschläge

Vorhin haben wir gesehen, dass viele Schüler/innen vor schlechten Noten und vor Prüfungen Angst haben, und deshalb liegt hier ein entscheidender Ansatzpunkt, etwas gegen die Angst zu tun. In der Literatur finden sich vor allem Vorschläge zu einer *Reform der Leistungsbeurteilung,* durch die die Schulangst reduziert werden könnte. Günstig in diesem Sinn wirkt sich bei Prüfungen vor allem Folgendes aus (Mayr u.a. 1984, S. 25f.):

- genauere Informationen für die Schüler/innen darüber, *was* und *wie* geprüft wird;
- mehr »kleinere« als wenige »größere« Prüfungen;
- Wahlmöglichkeiten für die Schüler/innen entsprechend ihren individuellen Fähigkeiten (z.B. mündlich *oder* schriftlich);
- eine faire, nicht überzogen schwierige Gestaltung der Prüfungen, wozu auch ein möglichst geringer zeitlicher Druck gehört.

Besonders wichtig sind alle Maßnahmen zum erstgenannten Punkt, also Maßnahmen, die auf eine Erhöhung der *Transparenz von Anforderungen* abzielen. Denn die *Unsicherheit* über die inhaltlichen Anforderungen stellt in der Schule (wie auch in der Hochschule) eine zentrale Komponente der Angst dar. Diese Unsicherheit wird besonders gefördert durch die schulische Praxis nicht angekündigter Stegreifaufgaben (»Exen«), wie sie z.B. in der Schulordnung für die bayerischen Gymnasien vorgesehen sind: Nicht zu wissen, *wann* etwas geprüft wird, plötzlich mit einer Leistungsforderung konfrontiert zu sein, das kann in der Tat akute Angst- und Stresszustände auslösen (vielleicht schaffen Sie es ja als Lehrer/innen, auf diese Überfalltaktik zu verzichten).

Prüfungsanforderungen und -bedingungen transparenter zu machen heißt im Einzelnen (Schmitt 1986, S. 17):

- die Schüler/innen genau *informieren* über die Lernziele und über die Anforderungen, die in der Prüfung gestellt werden;
- den Schülerinnen und Schülern *Vorbereitungshilfen* geben (also u.a. Übungen, Beispiele, Quellen nennen);

- über die *Anforderungsformen* aufklären, d.h. darüber, welche Aufgabentypen, Frageformen usw. zu erwarten sind.

Ein zweiter grundlegender Ansatz zur Reduzierung der Schulangst bezieht sich auf die *Lehrer/innen-Schüler/innen-Beziehung* und soll deshalb erst später erörtert werden. Das bedeutet selbstverständlich nicht, dass etwa nur die Lehrer/innen Schuld an der Angst ihrer Schüler/innen hätten. Andererseits ist wohl kaum zu bezweifeln, dass Entmutigungen, Beschimpfungen und Bloßstellungen viele Schüler/innen (noch) ängstlicher machen. Die Lehrer/innen-Schüler/innen-Beziehung zu verbessern könnte also durchaus zu einer Angstverminderung beitragen. Zum Schluss noch ein Literaturtip: Genaue und ausführliche Vorschläge zur Reduktion der Schulangst finden sich in dem – gleichnamigen – Buch von Strittmatter (1993) sowie bei Wahl u.a. (1984, S. 208–229).

Schule und Unterricht: Soziale Strukturen und Prozesse

In diesem Kapitel werde ich zunächst einen systematischen Bezugsrahmen für die sozialpsychologische Analyse der Schule vorstellen.
Dabei geht es mir nicht darum, eine – oder gar *die* – Theorie von
Schule zu entwickeln. Ich möchte vielmehr die für die Sozialpsychologie konstitutiven schulischen Strukturen und Prozesse so he-
rausarbeiten, dass auch ein Ordnungsraster für die alltäglichen Erfahrungen der Schüler/innen entsteht. Der Erläuterung dieses allgemeinen Bezugsrahmens folgt eine knappe Skizze des spezifisch
sozialpsychologischen Ansatzes in Bezug auf Schule und Unterricht, den ich schließlich am Beispiel einer bedeutsamen, alltäglichen Schulsituation konkretisieren werde.

Ein systematischer Bezugsrahmen

Jedes Schema vereinfacht und zergliedert eine komplexe soziale
Wirklichkeit. Das gilt auch für die folgende schematische Darstellung, die erst durch die anschließenden Erklärungen als analytisches
Ordnungsraster tauglich wird und Zusammenhänge sichtbar ma-
chet. Zunächst also das Schema (Abbildung 14, S. 36), in dem ich
vorrangig nach Struktur- und Prozessdimensionen unterscheide.

Die grafische Darstellung der ineinander geschachtelten Strukturdimensionen soll deutlich machen, dass diese vier Dimensionen
in einem *hierarchischen* Verhältnis zueinander stehen. Die Strukturdimensionen sind »offen« zu den Prozessdimensionen, und damit
soll zum Ausdruck gebracht werden, dass alle Strukturdimensionen
alle innerschulischen Prozesse beeinflussen. Umgekehrt wirken aber
auch prozessuale Vorgänge und Veränderungen auf die strukturel-
len Gegebenheiten zurück.

Ein Beispiel hierfür: Ein hierarchisch gegliedertes und nach unterschiedlichen Schulabschlussniveaus gestaffeltes Schulsystem, so

wie es hierzulande vorherrscht, macht eine Zuordnung der Schü-
ler/innen zu verschiedenen Schultypen notwendig, die eben auf der
Grundlage von Leistungsbewertungen und Selektionsentscheidungen erfolgt.

Abbildung 14: **Bezugsrahmen für *Schule* und Unterricht**

Strukturdimensionen	**Prozessdimensionen**
Schule als Institution	Normierung und Kontrolle des Schülerverhaltens
Schulsystem: Organisation und Differenzierung von Schule und Unterricht	Leistung, Leistungsbewertung, Selektion
Schulklasse als organisatorische Grundeinheit	Unterricht als Vermittlung von Inhalten durch Kommunikation
Struktur der Lehrer-Schüler-Interaktion	

»*Die Schule – als Institution – erzieht*« – so kurz und bündig hat der
Lehrer und Erziehungswissenschaftler Siegfried Bernfeld schon in
den zwanziger Jahren die Hauptwirkung der Schule umschrieben
(1925; 1973, S. 27f.). In der Tat: Die Schule ist eine Institution dieser Gesellschaft, exakter: eine öffentliche und staatlich kontrollierte
Institution, die mit ihren Anforderungen und Normen sehr wesentlich das Leben in ihr, den schulischen Alltag mitbestimmt. Die
Gründe, die zur Entstehung eines institutionalisierten Bildungs-
und Schulsystems geführt haben, kann ich nicht berücksichtigen,
auch nicht die historische Entwicklung von Schule und Unterricht;
ich beschränke mich auf die unmittelbar verhaltensrelevante *normative Struktur* der Institution Schule.

Nahezu alles, was in der Schule abläuft und was sich nicht ereignen darf, ist durch Verordnungen und Vorschriften geregelt (Hausordnungen, Schulordnungen, Lehrpläne, Erziehungs- und Unterrichtsgesetz, Lehrerdienstordnung usw.), deren Einhaltung durchgesetzt und überwacht werden muss. Auf der Seite der Prozessdimensionen entspricht dem die Normierung und Kontrolle des Schülerverhaltens. Abgesehen von der ersten Schülerpflicht – nämlich überhaupt in die Schule zu gehen – sind in der Institution folgende Aufgaben bzw. aus der Sicht der Schüler/innen *Anforderungsbereiche* vorgegeben und normiert:

- die Vermittlung und Aneignung weitgehend vorgeschriebener Lerninhalte,
- die Reproduktion dieser Lerninhalte und ihre qualitativ-vergleichende Bewertung,
- die Sicherung sozial-situativer Bedingungen, unter denen diese Prozesse möglichst effizient und reibungslos ablaufen können.

In direktem Anschluss an Bernfeld lässt sich das etwas verkürzt so formulieren: *Die Schule als Institution erzieht zu Leistung, Konkurrenz und Disziplin.*

Jetzt will ich gleich zu *Schulsystem und Schulorganisation* weitergehen. Wenn die Erziehung von Kindern und Jugendlichen zu einem großen Teil in staatlich geplanten und verwalteten Institutionen stattfindet, so ist damit noch nicht geklärt, ob und inwieweit sich diese Institutionen voneinander unterscheiden (sollen). In der Bundesrepublik hat sich bis heute ein außerordentlich differenziertes und stark gegliedertes Bildungs- und Schulsystem entwickelt, das sehr viele verschiedene Einrichtungen umfasst: Kindergärten, Grundschulen, Hauptschulen, Sonderschulen, Berufsschulen, Realschulen, Fachschulen, Gymnasien, Gesamtschulen, Fachhochschulen, Universitäten, um nur die häufigsten zu nennen. Besonders die *vertikale Gliederung* der so genannten allgemein bildenden Schulen ist politisch umstritten und in den einzelnen Bundesländern z.T. recht unterschiedlich konstruiert. Während in einigen Ländern die 10- bis 16-jährigen Schüler z.T. in Gesamtschulen mit interner Leistungsdifferenzierung zusammengefasst werden, favorisieren andere nach wie vor ein traditionelles (Sekundar-)Schulsystem, in dem die Schüler je nach Leistung in Hauptschule, Realschule oder Gymnasium eingeteilt werden. Einige Details zur Konstruktion des Schulsystems sind in den drei folgenden Fragen formuliert:

Wie lange sollen Kinder *gemeinsam* in die Schule gehen? Bloß vier Jahre wie in Bayern oder sechs wie in Berlin (vgl. Johannsen 1996) oder nach der Grundschule noch weitere vier bis sechs Jahre, wie in vielen anderen europäischen Ländern?

Wann ist es sinnvoll, d.h. pädagogisch zu verantworten und psychologisch zu begründen, die Schüler/innen für weiterführende Schulen *auszulesen*? Schon mit 10 oder besser mit 12 oder erst mit 15 Jahren? Wie sicher ist eine Auslese zehnjähriger Kinder überhaupt?

Welches Angebot an *Sekundarschulen* wird den Fähigkeiten und Interessen der Schüler/innen am besten gerecht? Die traditionelle Dreigliederung in Hauptschule, Realschule und Gymnasium oder zwei weiterführende Schulen oder nur eine als Gesamtschule mit interner Differenzierung? Als Hintergrundinformation zu diesem Punkt dient eine kleine Tabelle (Abbildung 15).

Abbildung 15:	**Die Entwicklung der Schüleranteile in den weiterführenden Schulen von 1970 bis 1996 in Deutschland**	
Schulart	**1970**	**1996**
Hauptschule	51%	22%
Realschule	19%	24%
Gymnasium	30%	44%
Gesamtschule	–	10%
Quelle: Bundesministerium für Bildung und Wissenschaft 1998, S. 50f.		

Bei der Struktur des Schulsystems und bei der Schulorganisation geht es besonders, darauf wiesen die letzten Überlegungen schon hin, um Prinzipien und Auswirkungen der *Einteilung der Schüler/innen*.

Diese Einteilung oder – im gängigen Fachausdruck – schulische Differenzierung kann auf drei Ebenen vorgenommen werden (Hau-ßer 1980):

- *Schulsystem*differenzierung, z.B. die eben erwähnte Einteilung in mehrere weiterführende Schularten;
- *Schul*differenzierung, z.B. die Bildung von Jahrgangsklassen in-nerhalb einer Schule;
- *Unterrichts*differenzierung, z.B. die Einteilung der Schüler/innen einer Klasse in verschiedene Arbeitsgruppen.

Es würde zu weit führen, die einzelnen Differenzierungskriterien genauer zu beschreiben (z.B. soziale Herkunft, Geschlecht, Religion, Lebensalter, Leistung). *Faktisch* findet eine Differenzierung im deutschen Schulsystem überwiegend nach einer Kriterienkombination von Lebensalter, Schulleistung und partiell von Geschlecht statt. Die meistens von der Schule verfügte Einteilung weist jedenfalls alle Schüler/innen einer bestimmten Kategorie zu (z.B. Realschüler, Hauptschüler) und innerhalb dieser Kategorie einer bestimmten Lerngruppe (z.B. Klasse 8b, A-Kurs Englisch der 10. Jahrgangsstufe).

Im Zusammenhang meines Bezugsrahmens ist nun sozialpsychologisch besonders wichtig, dass die so festgelegte *Zugehörigkeit* der Schüler/innen deren Erfahrungen in der Schule und in der Lerngruppe prägt und spezifische Einstellungen erzeugt. Das Erleben von Schule als sozialer Umwelt, die Entwicklung von Einstellungen und Emotionen gegenüber der Schule und auch die Erfahrungen mit den sozialen Beziehungen zu Gleichaltrigen sind wesentlich von dieser Zugehörigkeit bestimmt. So haben etwa die Ergebnisse zur Schulangst in verschiedenen Jahrgangsstufen einen deutlichen Einfluss der jeweiligen Schulart erkennen lassen; so führt die Differenzierung nach Schulleistung – zwischen oder innerhalb der einzelnen Schularten – zu entsprechenden Unterschieden im Selbstbild der eigenen Fähigkeiten der Schüler/innen (Haußer 1995, S. 145ff.).

Welche Bedeutung der *Schulklasse* (dritte Strukturdimension) in diesem Zusammenhang zukommt, hängt offensichtlich sehr eng von der Art der Differenzierung ab. Die Gesamtschule mit ihren wechselnden Kurszusammensetzungen erschwert eindeutig stabile Beziehungen auf Klassenebene. In den traditionellen Sekundarschulen (Hauptschule, Realschule, Gymnasium) sind solche Beziehungen prinzipiell möglich, werden aber auch hier durch die Leistungsdifferenzierung – in Haupt- und Realschulen – eher beschnitten. Vor allem in der Grundschule sowie in der Unter- und Mittelstufe des Gymnasiums bietet die Schulklasse jedoch einen relativ konstanten Erfahrungsraum, der allerdings auch nicht frei von Konflikten und Rivalität ist.

Die *Interaktion zwischen Lehrern und Schülern* (vierte Strukturdimension) stellt das zentrale soziale Medium von Schule und Unterricht dar. Die Lehrerrolle braucht ihr Pendant in der Schülerrolle und umgekehrt. Unterricht lebt vom kommunikativen Austausch zwischen Lehrenden und Lernenden. Trotz der elektronischen Medien wird das wohl auch in diesem Jahrhundert weitgehend so bleiben, wenngleich ein Zurückdrängen der unmittelbaren Interaktion zugunsten der Mensch-Computer-»Interaktion« in der Schule zu prognostizieren (zu befürchten?) ist.

Wie Lehrer/innen und Schüler/innen miteinander umgehen, welche Erwartungen sie aneinander richten, welche Konflikte zwischen ihnen auftreten, das ist durch die vorhin erwähnten Aufgaben der Schule ziemlich weit vorgegeben. Damit meine ich *nicht*, dass Lehrer/innen und Schüler/innen in ihrem wechselseitigen Verhalten total festgelegt seien, dass sie ohne Interpretations- und Entscheidungsräume agieren müssten. Aber der vorgezeichnete normative Rahmen und die institutionellen Anforderungen setzen ihrem Handeln klare Grenzen: Der Unterricht hat primär abzulaufen als Wissensvermittlung vom Lehrer an die Schüler; Lehrer/innen müssen die Leistungen der Schüler/innen überprüfen und bewerten; sie müssen das Verhalten der Schüler/innen so reglementieren und überwachen, dass Wissensvermittlung und -kontrolle effizient sind. Deswegen entsteht in der Lehrer/innen-Schüler/innen-Interaktion eine grundsätzlich hierarchische und *asymmetrische Struktur*, auf deren Basis sich die konkreten Beziehungen zwischen ihnen entwickeln. Mit der Qualität dieser Beziehungen, mit ihrem Konfliktpotenzial sowie mit den alltäglichen Erfahrungen beschäftigt sich das Kapitel »Die Lehrer/innen-Schüler/innen-Interaktion«, S. 76ff.

Die Fragestellung der Sozialpsychologie

Die Sozialpsychologie – so steht es bereits in der Einleitung – befasst sich mit dem Verhalten, Denken und Fühlen von Menschen in sozialen Situationen. Sie untersucht vor allem die Bedingungen und Folgen sozialer Beziehungen zwischen Menschen. Entsprechend thematisiert sie auch die Schule besonders im Blick auf die in ihnen ablaufenden interpersonalen Prozesse.

Jetzt unterstelle ich einmal, dass Sie dazu Genaueres nachlesen wollen. Sie gehen in eine Bibliothek und schauen in einschlägige Texte. Dort finden Sie z.B. im Handwörterbuch der Psychologie folgende Formulierung: Sozialpsychologie »gilt als ein Grenzgebiet zwischen Soziologie und Psychologie, in dem psychische Sachverhalte (Vorstellungen, Emotionen, Handlungsbereitschaften) als *Wirkungen* sozialer Bedingungen und Beziehungen analysiert werden (…). Sozialpsychologie ist in ihrem Selbstverständnis eine empirische (also eine erfahrungswissenschaftliche) Disziplin, die im Bereich sozialer Mikrophänomene wie Einstellungswandel, Interaktionsprozesse oder Gruppenstrukturen Grundlagenforschung betreibt und dabei Erklärungen anstrebt, die weder auf individuelle Eigenschaften reduziert noch unmittelbar von historisch-gesellschaftlichen Strukturzusammenhängen abgeleitet werden.« (Heinz 1992, S. 708)

In einem anderen Buch ist der Bereich der Sozialpsychologie so beschrieben: »Aus der Interaktion der Menschen untereinander ergibt sich für die psychologische Betrachtung eine soziale, d.h. eine zwischen- oder auch mitmenschliche Perspektive. Ihr Gegenstand und damit Gegenstand der Sozialpsychologie sind die *Erfahrungen von Personen in sozialen Situationen* und deren nachhaltige Auswirkungen auf die beteiligten Personen. Ihre Aufgabe ist der Versuch, zu verstehen und zu erklären, wie das Denken, Fühlen und Verhalten von Individuen durch die reale, vorgestellte oder implizite Gegenwart anderer beeinflusst wird.« (Nolting/Paulus 1993, S. 112f.)

Wenn wir nun überlegen, was »Schule« im *Alltagsverständnis* bedeutet, so könnten wir dies etwa wie folgt zusammenfassen:

- Kinder und Jugendliche aus verschiedenen Familien
- gehen in die Schule (Gebäude und Institution),

- wo sie zu einer Klasse zusammengefasst
- und von einem Lehrer unterrichtet werden,
- um zu lernen.

Ganz allgemein bedeutet »Schule« die Beeinflussung einer Gruppe von Menschen durch andere Menschen unter spezifischen institutionellen Bedingungen. Bringen wir dies wiederum mit der Fragestellung der Sozialpsychologie in Verbindung, so ergibt sich als Kurzfassung, dass im Zentrum der sozialpsychologischen Betrachtung von Schule *Interaktion* und *Sozialisation* stehen; mit Sozialisation sind dabei die sozialen Einflüsse auf die Persönlichkeitsentwicklung gemeint.

Noch einmal kurz die Hauptperspektive: Sozialpsychologie konzentriert sich auf das *interpersonale Geschehen in der Schule*. In der Tat läuft fast alles, was Schule ausmacht, als interpersonaler Prozess ab: das Unterrichten, das Bestrafen und Loben der Schüler/innen, das Beurteilen von Schülern wie von Lehrern, die Rauferei zwischen Schülern, die Lehrerkonferenz, die Elternsprechstunde, der Hausaufgabenkonflikt zwischen Kindern und Eltern usw. *Allein darauf* möchte ich freilich die sozialpsychologische Thematisierung von Schule nicht begrenzen. Es kommt mir darauf an, die institutionellen und organisatorischen Einflüsse auf die interpersonalen Prozesse und damit auch die alltäglichen Sozialisationswirkungen der Institution selbst einzubeziehen. Es kommt mir weiter darauf an, die subjektiven Erfahrungen vor allem der Schüler/innen möglichst konkret und unmittelbar zu berücksichtigen, soweit dies eben die Forschung erlaubt.

In den folgenden Kapiteln wird also die Perspektive der Schüler/innen im Vordergrund stehen. Was Schule, sozialpsychologisch gesehen, für Kinder und Jugendliche ausmacht, will ich deshalb zur Abrundung noch mit einem Zitat veranschaulichen; Schule bedeutet:

> »sehr viele Menschen kennen lernen, viele davon sehr gut;
> sich über Jahre hinaus in einer Gruppe von 20–30 Mitschülern zu verhalten: zu kooperieren, zu konkurrieren, zu lieben und zu hassen;

Lehrerinnen und Lehrer, Rektoren und Referendare, die Eltern anderer Schüler, Hausmeister und andere kennen zu lernen, soziale Funktionen zu erfahren, eigene Wünsche und Vorlieben in diesem Gemenge unterzubringen, durchzusetzen, zu verstecken ...; Förderung und Ablehnung, Zuwendung und Abweisung zu erleben und zu verarbeiten, einen Raum der eigenen Orientierung außerhalb des eigenen Zuhauses zu haben« (Lohr 1984, S. 7).

Hier wird deutlich, dass Schule – und dies darf gerade die Psychologie nicht unterschlagen – eine ganze Menge mit *Emotionen* zu tun hat. Nicht nur die schon ausführlicher erörterte Schulangst, sondern auch viele andere, positive wie negative Gefühle werden durch den Alltag in der Schule ausgelöst – ein Alltag, der ganz entscheidend von sozialen Beziehungen geprägt ist.

Eine typische Situation

An jedem Schultag, in jeder Schule und (fast) jeder Klasse ereignet sich eine Situation, die ich *Komm-heraus-Situation* nennen will. Sie wird sowohl in vielen wissenschaftlichen Texten (z.B. Thiemann 1985, S. 89ff.) als auch in zahlreichen Romanen und Erzählungen beschrieben. Die eindringlichste literarische Schilderung stammt von Alfred Andersch unter dem Titel »Der Vater eines Mörders« (Zürich 1980; gemeint ist Heinrich Himmlers Vater, der in den zwanziger Jahren Direktor eines humanistischen Gymnasiums in München war). Meine eigene – möglicherweise biographisch beeinflusste – Kurzfassung der Komm-heraus-Situation lautet so:

Kurz nach dem Klingelzeichen betritt der Lehrer das Klassenzimmer und stellt seine bereits geöffnete Mappe auf den vordersten Tisch. »Guten Morgen, setzt euch.« Er holt ein blaues Büchlein heraus, beginnt darin zu blättern; leises Gemurmel in der Klasse. Der Lehrer schaut auf, fixiert eine Schülerin und sagt: »Rombach, heut kommst du mal, oder halt ...« – erneuter Blick in das blaue Büchlein – »der Schuster war noch länger nicht dran; Schuster, komm du mal raus.«

Hörbares Aufatmen ringsum; einer sagt leise »Gott sei Dank«. Der Schüler Schuster steht langsam auf, geht nach vorne und stellt sich zwischen den Lehrer und die Tafel. Eine Schülerin leise zu ihrer Nachbarin: »Endlich hat's ihn mal erwischt.« Der Lehrer: »So, Schuster, jetzt nimmst du Kreide und Tafellineal und zeichnest uns die verschiedenen Dreiecksformen an, die ich letzte Stunde erklärt hab.« Schuster holt sich Kreide und Lineal und beginnt langsam und mit etwas unsicheren Bewegungen Dreiecke an die Tafel zu zeichnen. Der Lehrer steht unterdessen mit dem Rücken zur Tafel und beobachtet die Klasse, die ihrerseits mit gespannter Aufmerksamkeit zur Tafel schaut. Nach einer guten Minute – nur das Quietschen der Kreide ist gelegentlich zu hören – dreht sich der Lehrer um und betrachtet die Zeichnungen: Schuster hat ein gleichschenkliges und ein rechtwinkliges Dreieck fertig und ein drittes Dreieck mit zwei Strichen angefangen; einen davon wischt er gerade wieder weg.

»Na, Schuster«, sagt der Lehrer, »wie steht's?« Schuster dreht sich von der Tafel um, lässt die Hände mit Kreide und Lineal sinken und schweigt. »Was haben wir denn gestern noch hier stehen gehabt, denk mal schnell nach«, sagt der Lehrer. In der Klasse setzt Getuschel ein; Schusters Nachbar deutet mit den erhobenen Fingern ein Dreieck an, aber Schuster bemerkt dies nicht. »Also«, sagt der Lehrer nach einer kurzen Pause, »da muss dir wohl jemand helfen«; an die Klasse gewendet fragt er: »Wer kann das Dreieck anzeichnen, das dem Schuster noch fehlt?« Etliche heben die Hand und der Lehrer ruft eine Schülerin auf, die rasch nach vorne kommt und ein gleichseitiges Dreieck an die Tafel zeichnet.

»Jetzt sind wir aber noch nicht fertig«, meint der Lehrer zu Schuster, »was weißt du denn über die Winkel in diesen Dreiecken?« Schuster, etwas stockend: »Im gleichschenkligen Dreieck sind zwei Winkel gleich, im rechtwinkligen Dreieck ist ein Winkel 90 Grad und im, im …« – Pause, »gleichseitigen« sagt der Lehrer nachdrücklich – »im gleichseitigen Dreieck sind alle Winkel gleich.« »Und wie groß ist die Summe aller Winkel?«, fragt der Lehrer rasch weiter und, als Schuster nicht sofort antwortet, an die Klasse: »Wer sagt's ihm?«. Schusters Nachbar meldet sich mit anderen, wird aufgerufen und antwortet: »180 Grad.« »Das heißt«, korrigiert ihn

der Lehrer, »die Summe der Winkel im Dreieck beträgt 180 Grad«, und zu Schuster: »Das war ja nicht gerade eine Glanzleistung, aber ich will dir mal einen Dreier eintragen. Setz dich wieder hin.« Schuster geht mit einem erst etwas betreten, dann aber doch eher erleichterten Gesichtsausdruck auf seinen Platz zurück. »So, und jetzt endlich die Hausaufgabenhefte rauf«, sagt der Lehrer …

Blenden wir uns an dieser Stelle aus der Geometriestunde aus und machen wir uns ein paar Gedanken über die geschilderte Szene. Jeder hat wohl solche Situationen in der eigenen Schulzeit selbst erlebt, hat nach der Komm-heraus-Aufforderung des Lehrers Angst, Enttäuschung oder auch Triumph erfahren, *Gefühle* also, die durch Reaktionen von Lehrer und Mitschülern verstärkt oder abgeschwächt werden. Für viele Schüler war und ist das Abfragen vor der Klasse subjektiv bedrohlicher und belastender als eine Schulaufgabe, obwohl doch eine mündliche Note weniger Gewicht hat. Am Beispiel der Komm-heraus-Situation möchte ich nun versuchen, die systematisch-theoretischen Erörterungen der beiden letzten Abschnitte fortzuführen und zu konkretisieren. Die wichtigsten Situationskomponenten und Zusammenhänge sollen zunächst einmal grafisch veranschaulicht werden (Abbildung 16):

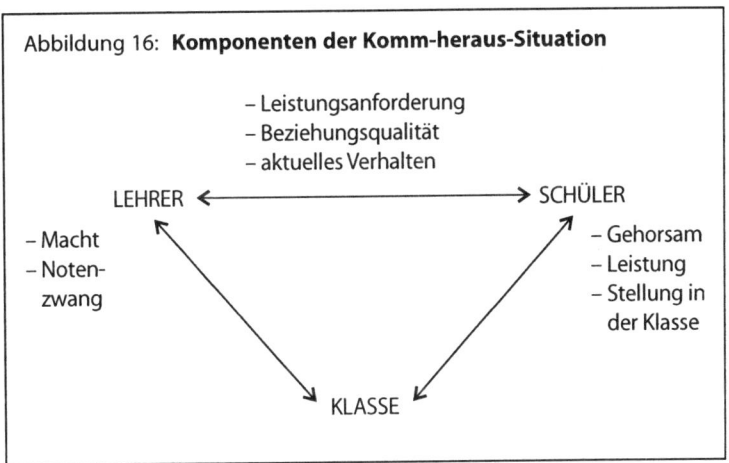

Abbildung 16: **Komponenten der Komm-heraus-Situation**

– Leistungsanforderung
– Beziehungsqualität
– aktuelles Verhalten

LEHRER ⟷ SCHÜLER

– Macht
– Noten-
  zwang

– Gehorsam
– Leistung
– Stellung in
  der Klasse

KLASSE

Die Pfeile symbolisieren die wechselseitigen Erwartungen, Beziehungsdefinitionen und Reaktionsweisen; die einzelnen Stichworte werden gleich erläutert.

Bei der gesamten Situation handelt es sich um ein vom Schulzweck, also primär von den Lern- und Leistungsforderungen bestimmtes *Prüfungsritual* (vgl. Thiemann 1985, S. 89ff.). Diese Situation ist in der Schule – wie viele andere auch – in ihrem Ablauf und bezüglich der Handlungsmuster der Beteiligten weitgehend vorbestimmt. Interpretations- und Verhaltensspielräume sind kaum vorhanden. Allenfalls Lehrer/innen haben eine Entscheidungsfreiheit darin, wie und wann sie diese Situation herbeiführen. Für sie wird mit dem Abfragen vor der Klasse eine von vielen Gelegenheiten geschaffen, ihren Macht- und Wissensvorsprung vor den Schülern zu demonstrieren: Lehrer/innen entscheiden, wer drankommt, stellen die Fragen und bewerten die Antworten. In Letzterem liegt freilich auch ein Zwang: Lehrer/innen *müssen* die Leistung des Schülers *benoten*, sie müssen über Leistungen und Noten Buch führen.

Das *Verhalten des Schülers* in der Komm-heraus-Situation ist in der Regel durch Gehorsam gegenüber dem Lehrer und durch akuten Leistungsdruck gekennzeichnet. Er muss den Aufforderungen und Anforderungen des Lehrers nachkommen; eine Verweigerung zieht mit großer Wahrscheinlichkeit eine schlechte Note und/oder Bestrafung durch den Lehrer nach sich. Es gibt etliche Anzeichen dafür, dass Fähigkeiten und Leistungen gerade in dieser Situation durch Angst und Stress eingeschränkt sind, dass viele Schüler/innen beim Abfragen vor der Klasse schlechter abschneiden als in anderen Prüfungssituationen (vgl. Kanders u.a. 1996b, S. 67).

Dabei hängt es wesentlich von der Stellung des Schülers in der Klasse ab, wie er die Situation bewältigt: Wenn er inhaltliche und emotionale Unterstützung von den Mitschülern erhält, lässt sich eine schlechte Note vielleicht eher verkraften als eine gute Note, auf die die Mitschüler mit emotionaler Ablehnung reagieren. Am schlimmsten wird es wohl einem leistungsschwachen, sozialen Außenseiter ergehen (Ausländerkind? aggressiv? »gestörtes Elternhaus«?), der zum Schaden (eines Versagens beim Abfragen) sich oft genug auch noch Spott einhandelt (nämlich der Mitschüler oder gar des Lehrers).

Die *Lehrer/innen-Schüler/innen-Beziehung* ist auch und gerade in unserer Beispielsituation von einem grundlegenden Macht-Ab-hän-gigkeits-Verhältnis geprägt. Daran ändert sich auch durch einen freundlichen Lehrer oder einen ausgezeichneten Schüler kaum etwas. Ihre unmittelbare Interaktion im Abfragen definiert sich in der Leistungsanforderung (»So, Schuster, jetzt ...«); sie wird aber entscheidend vorstrukturiert durch die bisherige Qualität der Beziehung: durch wechselseitige Anerkennung oder Abneigung, durch die Leistungserwartungen des Lehrers und durch die früheren Noten des Schülers.

Das aktuelle Verhalten beider richtet sich stark an diesen Bedingungen aus; die Schwierigkeit der Frage(n), das Nachhelfen oder -bohren, das Zeitlassen oder Drängen des Lehrers; die (Un-)Sicherheit des Schülers, seine Fähigkeit, Wissen zu demonstrieren, flexibel zu reagieren usw. – dies alles ist im Moment des Aufrufens aufgrund der Beziehungsgeschichte schon weitgehend festgelegt. Nur dann, wenn Lehrer und Schüler, wie etwa zu Beginn eines Schuljahres, noch keinen längeren Kontakt miteinander hatten, ist ihr Verhalten in der Komm-heraus-Situation noch eher offen. Gerade dann allerdings haben solche Situationen für die weitere Entwicklung der Lehrer/innen-Schüler/innen-Beziehung und der gegenseitigen Erwartungen eine oft ausschlaggebende Bedeutung.

Wie sich die *Mitschüler/innen* während des Abfragens verhalten, hängt mit der Stellung des Abgefragten in der Klasse zusammen. Eher solidarische Verhaltensweisen, z.B keinen Lärm machen, versuchen zu helfen, Mitgefühl äußern, werden sie gegenüber einem beliebten und guten – aber nicht überragenden – Schüler zeigen; eher konkurrenzorientierte Reaktionen wie Schadenfreude, bewusste Störungen, abfällige Bemerkungen usw. werden Schüler auf sich ziehen, die als unbeliebt gelten und in den Leistungen weit über- oder unterdurchschnittlich liegen. Selbstverständlich verhält sich aber die Klasse nicht immer einheitlich, reagieren Mädchen und Jungen oft recht verschieden.

Allerdings stehen in dieser Situation alle Schülerinnen und Schüler unter dem Einfluss, unter der *Kontrolle des Lehrers*. Er wacht nicht nur darüber, dass die Klasse während des Abfragens diszipliniert bleibt, sondern er steuert teilweise eben auch unmittelbar ihre Handlungsmöglichkeiten gegenüber dem Abgefragten. Einerseits unterdrückt der Lehrer mit hoher Wahrscheinlichkeit sowohl Unterstützungs- und Solidarisierungsversuche als auch (laute) Abwertungs- und Störmanöver. Andererseits zwingt er die Klasse praktisch zur Konkurrenz, wenn er eine Frage an sie weitergibt, die der herausgerufene Schüler nicht beantworten konnte.

Gerade die Aufforderung zu »helfen« erweist sich als klare Beschönigung: Sie ist viel eher, je nach der Sicht der Mitschüler, ein Angebot oder ein Befehl, dem anderen eine Niederlage beizubringen. Ihm, in unserem Beispiel Schuster, wird dadurch die Erfahrung vermittelt, dass andere mehr wissen, etwas besser können als er. Und weiter noch, nur mit einer Frage angedeutet: Wie wird er sich fühlen, wenn gerade ein Mädchen, das er vielleicht gar nicht mag, das ihm fehlende Dreieck vorzeichnet und wenn sein Nachbar sein genaueres Wissen demonstriert?

Zu den *Gefühlen*, die die Komm-heraus-Situation auslöst, kann auch die *Angst* gehören. Der Schüler Schuster, so will ich zur Erläuterung unterstellen, zeigt eine gewisse *Prüfungsangst*, weil etwas von ihm verlangt wird, er aber gleichzeitig unsicher ist, ob er die geforderte Leistung zustande bringt (was wäre, wenn der Lehrer ihm das Abfragen in der Stunde zuvor angekündigt hätte?). Zusätzlich könnte sich bei Schuster auch eine *soziale Angst* einstellen, als Angst nämlich, sich im schlimmsten Fall vor der Klasse zu blamieren, und/oder auch als Angst vor der Reaktion des Lehrers.

Die Komm-heraus-Situation ist offensichtlich nicht allein durch Leistungsforderungen und -erfahrungen wirksam. Sie aktualisiert und verändert oft auch die sozialen Beziehungen zwischen den Schülern und zu den Lehrerinnen und Lehrern, und sie hat sicherlich auch emotionale Konsequenzen. Eben deshalb ist sie typisch für den Schulalltag, für alltägliche Sozialisationserfahrungen in der Institution Schule.

Soziale Beziehungen und Konflikte in der Schulklasse

Einleitung: Beispiele und Merkmale

An den Anfang stelle ich zwei Beispiele für die Erfahrungen, die Schüler/innen mit ihrer Klasse machten. Eine Studentin zitiert in ihrer Seminararbeit einen Tagebuchausschnitt, den sie als 16-jährige Schülerin geschrieben hat:

> »Ich komme nie raus aus meiner Rolle! Es wird sich wohl die ganze Schulzeit nicht ändern. Schule. Da gibt's die Streber und die Außenseiter. Die Chemie-Freaks und die Sport-Cracks. Da gibt's die ›Schönen‹, die jeder anhimmelt und die immer voll aufgestylt in die Schule kommen, die ›Meinungsmacher‹, die immer den Mund offen haben, und die Mitläufer, die halt auch da sind, aber die man eigentlich gar nicht bemerkt. Und da gibt's die Clique. Und jeder will in die Clique rein. Und ich, na ja, will's auch. Aber ich hab mein Image. Werde nie dazugehören. Bin in meiner Rolle festbetoniert. Und keiner merkt, dass ich ja eigentlich gar nicht mehr so bin. Es interessiert die anderen ja auch gar nicht. Die Schule wechseln, das wäre die einzige Möglichkeit. Eine neue Klasse. Aber im Prinzip ist es doch überall gleich. In jeder Klasse gibt's die ›Stars‹ und der Rest ist dafür zuständig, die ›Stars‹ anzubeten!«

Das zweite, sicher etwas drastische Beispiel:

> »Frau M., die Lateinlehrerin, ließ zu Beginn des Unterrichts fast immer alle Schüler aufstehen. Dann stellte sie Fragen nach Vokabeln. Wer sich zuerst meldete und die Frage richtig beantwortete, durfte sich setzen. Die Prozedur wurde so lange durchgehalten, bis alle saßen. Wer die Frage jedoch falsch beantwortete, musste sich auf den Stuhl stellen und mindestens zwei Fragen richtig beantworten, bevor er sich wieder setzen durfte. Waren seine Antworten

falsch, hatte er sich auf den Tisch zu stellen. Thomas stand in fast jeder Unterrichtsstunde auf dem Tisch. Jedes Mal brachen alle, Frau M. und die Mitschüler, in Gelächter aus. Er fühlte sich gedemütigt und lächerlich gemacht (...). Das regelmäßig einsetzende Gelächter seiner Mitschüler versteht Thomas nicht. Er sagt: ›Das Schlimmste war, dass die Mitschüler auch immer auf der Seite der Lehrerin waren, ihre Witze über mich machten, ihren Spaß hatten, anstatt mir wenigstens gefühlsmäßig zu zeigen, dass sie zu mir hielten.‹« (Thiemann 1985, S. 68f.)

Diese Szene spitzt ein Element der Komm-heraus-Situation besonders zu: Thomas fühlt sich vor der Klasse blamiert und von ihr im Stich gelassen. Statt der Solidarität der Mitschüler/innen erfährt er bloß deren Spott (andere Beispiele zur Erfahrung des Bloßgestelltwerdens berichtet Fend 1997, S. 69ff.).

Die Schulklasse *entsteht* primär als Folge einer schulischen Differenzierung nach dem Lebensalter und nach der Leistung der Schüler/innen. Die Schulklasse ist nach wie vor ein außerordentlich wichtiger *sozialer Erfahrungsraum*, in dem Kinder und Jugendliche Beziehungen zu Gleichaltrigen eingehen können und z.T. auch müssen, in dem sie sich mit anderen vergleichen, anfreunden oder mit ihnen konkurrieren können. Wie es um die Qualität der sozialen Beziehungen innerhalb der Schulklasse im Einzelnen steht, werde ich anhand mehrerer Untersuchungen noch genau diskutieren.

Auf die Frage, inwieweit die Schulklasse als eine *Gruppe* im sozialpsychologischen Sinn gelten kann, möchte ich nur kurz eingehen. Im heutigen Schul- und Unterrichtsalltag überwiegen Beziehungsformen zwischen Schülern, die eher durch ein Neben- und Gegeneinander als durch ein Miteinander gekennzeichnet sind. Der Gruppenzusammenhang der Schulklasse wird, wenn überhaupt, vor allem bei Aktivitäten außerhalb des Unterrichts sichtbar (z.B. bei einem Klassenfest oder auf einem Ausflug) und auch bei Kontakten zu anderen Klassen (z.B. bei Sportwettkämpfen).

Während des Unterrichts hingegen sind die Beziehungen zwischen den Schülern in einer nicht gerade für (Klein-)Gruppen typischen Weise strukturiert: Besonders beim Frontalunterricht und auch in der Komm-heraus-Situation verhalten sich die Schüler/innen in erster Linie als Publikum, also weitgehend passiv und ohne Kommunikation untereinander, zumindest solange offiziell keine Kommunikation erlaubt wird; bei der Erledigung schriftlicher Arbeiten verhalten sich die Schüler/innen koagierend, also auch noch nicht interagierend. Solche Unterrichts- und Arbeitsformen erlauben kein echtes wechselseitiges und aufeinander bezogenes Verhalten der Schüler. Auch die meist nur für wenige Minuten durchgeführte, so genannte Partner- und Gruppenarbeit macht aus Tischnachbarn keine Gruppe, erst recht nicht aus der ganzen Klasse.

Allenfalls kann die Schulklasse als eine *Zwangsgruppierung* aufgefasst werden, weil die Zugehörigkeit zu ihr ja nicht freiwillig ist und weil ihre Aufgaben sowie die Verhaltensregeln in ihr vom Zweck der Institution Schule abgeleitet sind. Zwangsgruppierung wird die Schulklasse also dadurch, dass

- sie aus vorwiegend organisatorischen Gründen gebildet ist und nicht, um die sozialen Bedürfnisse der Schüler zu befriedigen;
- ihre Ziele prinzipiell für alle Klassenmitglieder gleich sind, aber nicht kooperativ, sondern in einem Konkurrenzverhältnis erreicht werden (müssen);
- der einzelne Schüler zwar gemeinsam mit anderen lernt, bei der Überprüfung des Lernerfolges jedoch in die »Einzelkämpfer«-rolle gezwungen wird (D. Ulich 1977, S. 63).

Die Tatsache, dass Schulklassen eben keine »natürlichen« Gruppen sind, impliziert für die Schüler/innen immer auch die Notwendigkeit, sich mit den anderen zu arrangieren, den *Zwang*, mit ihnen auszukommen. Das kann in einer gut integrierten, vielleicht sogar solidarischen Klasse problemlos funktionieren, während in anderen Klassen u.U. starker Konkurrenzdruck, Bullying und Aggressionen vorherrschen (mehr dazu später).

In der pädagogischen und schulpolitischen Diskussion und vor allem im Interessenspektrum der Lehrer/innen-Verbände spielt die *Klassengröße* eine herausragende Rolle. Kleinere Klassen zu haben ist für die meisten Lehrer/innen eindeutig der Hauptwunsch zur Verbesserung ihrer Arbeitssituation (z.B. Stahl 1995, S. 283). In der Schulforschung hingegen gibt es nur wenig klare Ergebnisse, die für die oft behaupteten Vorteile kleiner und die Nachteile großer Klassen sprechen. Weissleder (1997, S. 90ff.) setzt sich eingehend mit den vorliegenden empirischen Befunden auseinander und kommt zu dem Fazit, dass allenfalls eine *leichte* Überlegenheit *kleiner* Klassen in den folgenden Bereichen belegt werden kann:

- Die *Leistung* der Schüler/innen fällt in Klassen unter 20 etwas besser aus, wobei davon – und das ist wichtig genug – vor allem Kinder aus unteren Sozialschichten profitieren (für die Grundschule vgl. Helmke/Schrader 1998).
- Das *Verhalten der Lehrer/innen* wird in kleineren Klassen eher schülerzentriert und weniger kontrollorientiert als in großen; nicht bestätigt hat sich hingegen, dass die Lehrer/innen die Leistung der Schüler/innen in kleinen Klassen differenzierter beurteilen.
- In kleinen Klassen wirkt das *Klassenklima* etwas positiver als in großen; die Schüler/innen sind bei einer Klassengröße von 21 bis 25 am zufriedensten.

Die bislang gefundenen, insgesamt sehr schwachen Auswirkungen der Klassengröße dürfen jedoch nicht dazu verleiten, ihre Bedeutung völlig zu vernachlässigen. Denn die Klassengrößenforschung leidet nicht nur unter theoretischen und methodischen Defiziten, sondern auch unter konzeptionellen Vereinfachungen (Weissleder 1997, S. 123ff.), die die Suche nach präziseren Zusammenhängen erschweren. Nicht zuletzt spricht ein Resultat für kleinere Klassen: Lehrer/innen sind mit ihrer Arbeit in großen Klassen weniger zufrieden als in kleinen. Deshalb sollten ihre Bedürfnisse ernst genommen und bei politischen Entscheidungen über die Klassengröße berücksichtigt werden (ebd., S. 135f.; vgl. Weinert 1998, S. 112).

Schulklasse als Bezugsgruppe und als Beziehungsfeld

Wenn die Schulklasse vorhin als Zwangsgruppierung bezeichnet wurde, bedeutet das freilich *keinesfalls*, dass sie für die einzelnen Schüler/innen als Mitglieder der Klasse unwichtig wäre. In jeder

Klasse entwickeln sich soziale Beziehungen, die von Freundschaft über Gleichgültigkeit bis zur Antipathie reichen können; in jeder Klasse entstehen Untergruppen (Cliquen), lockere Beziehungsgeflechte und meist auch einige Außenseiter, die sich womöglich ihrerseits wieder zusammenschließen. Jede Klasse wird – wenn auch in unterschiedlicher Intensität – zur *Bezugsgruppe* für die Schüler/innen, zu einer Gruppe also, die das eigene Verhalten mehr oder weniger beeinflusst. Dabei lassen sich zwei Funktionen einer Bezugsgruppe unterscheiden (Jerusalem 1997, S. 258ff.):

- Eine Bezugsgruppe dient stets als *Vergleichsgruppe*, d.h., sie liefert Maßstäbe für die Einschätzung der eigenen Situation, des eigenen Verhaltens, der Leistung und auch äußerer Attribute wie Aussehen, Kleidung usw. (vgl. Dauenheimer/Frey 1996); »ich bin besser – oder schlechter – als die anderen«; »ich bin immer noch der Kleinste in der Klasse«; »ich habe auch schon eine Chevignon- oder Chiemsee-Jacke« – immer fungieren die Mitschüler/innen als Vergleichsgruppe (was dann etwa bei der Kleidung nicht selten die Eltern nervt).
- Bezugsgruppen haben auch eine *normative Funktion*: Sie bieten spezifische Werte und Normen für das eigene Verhalten, an denen sich ihre Mitglieder orientieren, sofern ihnen an der Integration in die Klasse liegt. Wenn z.B. in einer Klasse die Norm gilt, keine oder allenfalls schlampige Hausaufgaben zu machen, können zunächst hausaufgabenbeflissene Schüler/innen u.U. in Anpassungszwänge geraten, um nicht zu Außenseitern zu werden. Wenn es in einer Klasse als besonders wichtig gilt, gut Englisch zu können, strengen sich wahrscheinlich die schwächeren besonders an, um dieser Norm einigermaßen zu entsprechen. Die Beispiele machen im Übrigen deutlich, dass die Vergleichs- und die normative Funktion von Bezugsgruppen nicht scharf voneinander getrennt werden können.

Die Schulklasse hat als Bezugsgruppe großen Einfluss auf das *Selbstwertgefühl* und die Angst der Schüler/innen. So gibt es Hinweise aus verschiedenen Untersuchungen, dass die Einweisung in eine Sonderschule zur Lernförderung bei den betreffenden Kindern zu einer höheren Selbsteinschätzung und zu weniger Ängstlichkeit führt. Dieser Effekt entsteht durch einen *Bezugsgruppenwechsel*, der den Kindern einen für sie günstigeren Vergleich ermöglicht (Jerusalem/Schwarzer 1991, S. 117). In analoger Weise unterscheiden sich Sonderschüler von leistungsschwachen Regelschülern, die wegen der Bezugsgruppenwirkung, also wegen des Vergleichs mit den leistungsstarken, ängstlicher und weniger von sich überzeugt sind (ebd.).

Besonders in der Zeit des *Schulanfangs* kommt der Schulklasse eine erhebliche Bedeutung zu; denn die Gruppe der Mitschüler/innen bietet Möglichkeiten für das einzelne Kind,

- sich mit anderen zu vergleichen,
- Beziehungen aufzunehmen und Zugehörigkeit zu erleben,
- gemeinsam zu arbeiten und zu spielen,
- neue Erfahrungen mit Normen, Anforderungen und Andersartigkeit zu machen (Petillon 1991).

Petillon hat untersucht, wie diese Möglichkeiten im Schulalltag realisiert werden, welche Beziehungen sich in den ersten beiden Grundschuljahren tatsächlich einstellen. In Interviews mit Kindern aus 13 ersten und zweiten Klassen wurden vor allem die für die Kinder wichtigen *Sozialereignisse* thematisiert; einige Ergebnisse:

- Emotional bedeutsame Sozialereignisse beziehen sich vor allem auf die *Mitschüler/innen* und wesentlich seltener auf die Lehrer/innen und auf die Schule; in Zahlen ausgedrückt (ebd., S. 186f.):

Mitschüler/innen	81%,
Lehrer/in	6%,
Schule allgemein	13%.

  Für die Kinder in den ersten beiden Grundschuljahren ist also der Umgang miteinander das beherrschende Thema (vgl. Beck/Scholz 1995, S. 77f.).
- Das wichtigste *positive* Ereignis liegt im Beginn von *Freundschaften* zwischen den Kindern, die sich nicht nur auf die Schule erstrecken; über die Hälfte der Grundschulkinder nennt als

liebste Freizeitbeschäftigung das Zusammensein mit Freundinnen oder Freunden aus der Klasse (Stöckli 1997, S. 134f.). *Negativ* erleben die Kinder vor allem Konflikte und Aggressionen in der Klasse.

• In den ersten beiden Schuljahren nehmen die sozialen Beziehungen sowohl im Umfang als auch in der Intensität zu, aber es verstärken sich auch deutlich die *negativen Aspekte* in den Beziehungen: Es kommt häufiger zu Konkurrenzverhalten wie Schadenfreude, Eifersucht und sozialem Ausschluss. Körperliche Aggressionen – besonders zwischen den Jungen – nehmen zu und gegenseitiges Helfen wird seltener.

• Es besteht ein enger Zusammenhang zwischen der Beliebtheit bei den Mitschülern und dem schulischen Erfolg, der sich auch durch die Anerkennung der Lehrerin ausdrückt (vgl. Ulich/Jerusalem 1996).

• Schließlich stellt Petillon fest, dass das Wissen der Lehrer/innen über die sozialen Beziehungen und Probleme in der Klasse recht undifferenziert ist, dass Konflikte oft nicht ernst genommen werden. Hier ist aus meiner Sicht zu fordern, dass Lehrer/innen dem sozialen Klima in der Klasse mehr Aufmerksamkeit widmen, auf Auseinandersetzungen eingehen, statt sie als Störungen zu unterdrücken, und dass sie Konflikte im gemeinsamen Gespräch, in Rollenspielen und durch gezielte Interventionen zu lösen versuchen.

Beziehungsmuster in Schulklassen – zwischen Konkurrenz und Solidarität

In diesem Abschnitt möchte ich ausführlich auf die *Qualität der sozialen Beziehungen* in Schulklassen eingehen. Dazu verwende ich Ergebnisse aus Untersuchungen, die an verschiedenen Altersgruppen von Schülern gewonnen wurden.

Krappmann/Oswald (1995, bes. S. 141ff.) haben sehr gründlich die sozialen Beziehungen in *Grundschulklassen* erforscht. Sie zeigen zunächst an vielen Situationen, dass der Umgang zwischen den Kindern deren *Lernen beeinflusst*; so z.B.

>»wenn der zehnjährige Joachim, nachdem er an der Tafel erfolgreich eine Aufgabe gelöst hat, sich erleichtert Sven, seinem Banknachbarn, in die Arme wirft;
>
>wenn die durchaus begründete Rechthaberei Rogers seiner Arbeitsgruppe so sehr ›auf den Geist geht‹, dass sie ihn unter gegenseitigen Schimpftiraden von der gemeinsamen Arbeit ausschließt;
>
>wenn Hanna, die Klassenbeste, nach der neuerlichen Eins im Diktat von den Freundinnen gefeiert wird;
>
>wenn der unsichere Klaus nach der notwendigen Rückfrage an den Lehrer, welche der Zahlen er vorlesen solle, angesichts mitleidiger Blicke, Kicherns und der skeptischen Frage eines Mädchens ›Hastes überhaupt?‹ in zunehmende Verwirrung gerät« (S. 141).

Die beiden Forscher untersuchen vor allem schulische Szenen, »in denen Kinder nach Hilfe suchen, in denen sie zusammenarbeiten, in denen Leistungsvergleich und Konkurrenz auftreten und in denen Leistungen anerkannt oder abgewertet werden« (S. 142). Dies sind *vier wichtige Beziehungsmuster*, die durch direkte Beobachtungen und anhand von Videoaufnahmen in einer vierten Grundschulklasse genau analysiert wurden. Die Hauptergebnisse dazu will ich mit einigen Textausschnitten zusammenfassen (ebd., S. 143ff.).

1. Das Helfen zwischen den Schülern

»Die Analyse von Hilfen stützt sich auf alle Szenen, in denen Hilfe erbeten und gegeben, unaufgefordert gewährt oder verweigert wird (…). Man könnte erwarten, dass Beobachtungen von Kindern im Unterricht eine Fülle von Hilfeleistungen zutage fördern. Dies ist in dieser Klasse nicht der Fall. In den (Beobachtungs)Protokollen (…) identifizieren wir in 250 Szenen etwa 90 Handlungen als gegebene oder verweigerte Hilfeleistungen, also lediglich zwei bis drei pro Unterrichtsstunde. An diesen Hilfen sind meist nur zwei, gelegentlich auch mehr Kinder beteiligt. In kaum mehr als der Hälfte der protokollierten Fälle handelt es sich um eine Hilfe, die ohne Probleme gegeben wird.*

*In etwa einem Drittel der Fälle wird ein Arbeitsmittel (z.B. ein Lineal, gemeinsame Benutzung des Lehrbuchs) erbeten. Dieses ist das unproblematischste Hilfersuchen; aber immerhin wird auch

in jedem dritten Fall die Hilfe mit einer negativen Reaktion verknüpft, etwa einem längeren Zögern, einer Mahnung oder einer
Zurechtweisung.
Über die Hälfte der Hilfen bezieht sich unmittelbar auf die Lösung
von Aufgaben. Hier zeigt sich der prekäre Charakter des Helfens
deutlicher: Nur noch in der Hälfte der Fälle gewähren die Kinder
die erbetene Hilfe problemlos. (...)

2. Die Zusammenarbeit zwischen den Schülern
In der Klasse, über die wir hier berichten, wurde von den Lehrern
recht häufig Partner- oder Gruppenarbeit angeordnet. Wir haben
26 längere Kooperationssequenzen sehr ausführlich protokolliert.
Nur in einem guten Drittel der Fälle verläuft die Zusammenarbeit
ohne größere Spannungen und überwiegend aufgabenorientiert,
aber selbst hier mehrmals nicht mit annähernd gleichen Beiträgen
und Beteiligten. Dass die Mitarbeit aller zur Arbeitsgruppe Gehö-
renden tatsächlich ein entscheidendes Problem ist, kann man daran ablesen, dass in vielen Fällen lautstarker Streit um die ungleiche Beteiligung auftritt und dass die ungleiche Beteiligung den Ablauf des Arbeitsprozesses massiv stört (...).
Unter den Fällen positiver Zusammenarbeit überwiegen Partner-
arbeiten. Die negativen Beispiele umfassen vor allem größere
Gruppen, die zum Teil von Lehrern für diesen Arbeitsauftrag zu-
sammengesetzt werden.
Bei fast allen Fällen gelingender angeordneter Partner- und Gruppenarbeit handelt es sich um die Kooperation von engeren Freunden (...) ohne zusätzlich hinzugesetzte Klassenkameraden. Sie arbeiten unter der Bedingung grundsätzlicher gegenseitiger Wert-
schätzung. Auch unter diesen Fällen treten Beispiele für ungleiche
Beiträge auf. Durch das gute Verhältnis der Kinder zueinander
scheinen Vorwürfe oder Mäkeleien aber verhindert zu werden.

3. Leistungsvergleich, Wetteifer und Konkurrenz
Wetteifer und Vergleich verlangen nach einem verbindlichen Maßstab. Auf die einzuhaltenden Regeln, sowohl bei Einzel- als auch
bei Partnerarbeit, pochen vor allem die an guten Schulleistungen
interessierten Mädchen. Wenn sie eine Mogelei vermuten, fallen

sie mit Anklagen auch über schwache Schüler her und verpetzen sie sogar des Öfteren beim Lehrer. Ein Teil der auf den Tischen trotz Verbots immer wieder aufgebauten Sichtblenden soll unstatthafte Vorteile erschweren (…).

Dieser ungebändigte Wettkampf ist für den Austausch von Problemsichten, für die beharrliche Arbeit an Fehlern und für den gründlichen Vergleich von Vorgehensweisen und Lösungen schädlich. Er erzeugt Lustlosigkeit und miese Stimmung. (Eine Szene als Beispiel:)

Hausaufgaben werden verbessert. Nörgelnd, rechthaberisch, zurechtweisend klingen die Stimmen von Elke, Margot und Angelika, wenn jemand, z.B. Ilona, falsche Lösungen vorträgt. ›Wie kann man nur so blöd sein!‹ liegt im Ton. Dabei hat auch Elke mehrere Aufgaben falsch. Die richtigen hakt sie ab, die falschen verbessert sie unter der vorgehaltenen Hand. Auch Margot versucht, einen Fehler zu verbergen. Angelika bemüht sich, dieses Vertuschungsmanöver zu verhindern (…).

Aus Angst, in der Konkurrenz zu unterliegen, und im Bestreben, besser zu sein als die anderen, wird hier Fehlern nicht nachgegangen, keine Erklärung erbeten und nicht freundschaftlich korrigiert. Es ist das Problem dieser Gruppe, dass die Mädchen das Sich-Messen nicht mildern können.

4. Suche nach Anerkennung, Angeberei und Abwertungen

Von anderen anerkannt zu werden, von ihnen nicht abschätzig behandelt zu werden, ist Kindern in diesem Alter sehr wichtig. Die meisten Kinder freuen sich offenkundig, wenn andere ihre Leistungen bemerken. Sie erröten oder verstecken sich vor den Augen der anderen, wenn ihnen etwas nicht gelingt (…).

Deutliche Bemühungen um Anerkennung beobachteten wir bei einigen der leistungsstarken Mädchen sowie bei lernschwachen Jungen. Die dabei eingeschlagenen Strategien unterscheiden sich jedoch. Die Mädchen lassen sich gern für Einsen feiern, fischen nach Komplimenten für Leistungen und unterhalten sich über eigene und fremde Noten, zwar in ziemlich neutralem Ton, aber sie streichen ihre guten Leistungen in sublimer Form heraus. Sie schaffen es damit weitgehend, nicht als unbeliebte Streber an den Rand des

Soziallebens der Gleichaltrigen gedrängt zu werden. Ihr Verhalten kann als Versuch verstanden werden, sich als wertvolle Partner darzustellen.

Anders drückt sich das Bemühen der lernschwachen Jungen nach Anerkennung aus. Wenn sie meinen, etwas vorzeigen zu können, gelingt es ihnen oft nicht, die Mitteilung ihres Erfolges so zu dosieren, dass er ihnen gegönnt wird. Diese Jungen gelten als Angeber. Das ist unter den Kindern dieses Alters ein massiver Vorwurf, weil der Angeber die Grundregel der Gleichheit verletzt. Mit Angebern gibt man sich nicht ab (…).«

Aus dem Fazit der Autoren möchte ich Folgendes hervorheben (Krappmann/Oswald 1995, S. 154ff.):

- Gegenseitiges Helfen ist relativ selten und beeinflusst den Lernerfolg der Kinder kaum.
- Die Kooperation in eigens zusammengesetzten Gruppen misslingt häufig.
- Zusammenarbeit ist vor allem zwischen Freunden/Freundinnen erfolgreich; hier werden die Ansichten der anderen ernst genommen, Fehler erklärt und Vorschläge berücksichtigt.
- Wenn die Kinder Zusammenarbeit als vorteilhaft erfahren, wirkt sich dies positiv auf ihre Beziehung aus, was wiederum die Kooperation fördert.

Als Ergänzung zu diesen Beobachtungen bringe ich noch ein paar quantitative Ergebnisse zu der Frage, wie es Grundschulkindern im *alltäglichen Umgang* miteinander geht (Eder/Felhofer 1994, S. 201f.). Der weitaus größte Teil der Grundschüler/innen fühlt sich in der Klasse akzeptiert und von den anderen Kindern unterstützt. So äußern über 80%, dass ihre Mitschüler sie mitspielen lassen und sich überwiegend solidarisch verhalten, aber rund 15% fühlen sich hier ausgeschlossen bzw. nicht unterstützt. Auf durchschnittlich vier bis fünf Kinder in jeder Klasse müssten Lehrer/innen also besonders achten, damit diese Schüler/innen nicht ganz an den Rand gedrängt werden. Von häufigen Streitereien oder Raufereien berichtet (nur?) jedes zehnte Kind, ein Anhaltspunkt dafür, dass es (auch) in den Grundschulklassen nicht immer nur friedlich zugeht.

Welche Probleme sich im Verhalten *älterer Schüler/innen* ergeben, will ich nun anhand der Resultate einer weiteren Studie zeigen
(Furtner-Kallmünzer/Sardei-Biermann 1982). Das empirische Ma-
terial stammt aus insgesamt 29 Gruppendiskussionen mit Haupt-
und Realschülern, Gymnasiasten und Gesamtschülern (14–17 Jahre
alt), die qualitativ ausgewertet wurden. Die Aussagen der Schüler/in-
nen, von denen ich einige zitieren werde, beschreiben die – stets subjektiv wahrgenommene – Beziehungsqualität innerhalb der Klasse.

Die Beziehungen zwischen den Schülern (ebd., S. 42ff.) sind zunächst sehr nachhaltig durch die *Konkurrenzstruktur* beeinflusst,
deren Bedeutung in der eigenen Klasse aber oft relativiert wird. Eine subtile Ausdrucksform der Konkurrenzstruktur liegt darin, dass
viele Schüler/innen Kritik und Verachtung der Mitschüler/innen
vor allem bei eigenen »Fehlern« im Unterricht fürchten. Auf der
anderen Seite versuchen die Schüler/innen aber auch, Freund-
schafts- und Kooperationsbeziehungen einzugehen und zu regeln.
Auf dieser Ebene gilt, besonders bei Hausaufgaben und Prüfungsarbeiten, das gegenseitige Helfen als Norm. Freilich wird ein zu häufiges Abschreiben(lassen) als ungerecht abgelehnt. Sowohl Schüler/
innen, die permanent von anderen profitieren wollen, als auch solche, die anderen nie helfen, werden zu Außenseitern in der Klasse.
Einige Beispielzitate (ebd.):

>*»Und dann heißt es meistens: Ich habe 8 Punkte (…); ätsch, ha,
ich bin eben ein bisschen besser als du! Ich habe 8 Punkte.«* (Ge-
samtschüler)
>*»Bei uns ist das nicht so, wir helfen uns auch gegenseitig. Unsere
Klasse ist da verhältnismäßig gut, im Vergleich zu anderen. Weil
das doch nicht so ist (…).«* (Realschüler)
>*»Wir müssen alle mündlich geprüft werden und dann, wenn'st
aufstehst, dann traut sich einer nicht reden, und die anderen la-
chen dann (…).«* (Hauptschüler)
>*(Die Schüler, die nicht abschreiben lassen) »(…) die haben Angst
– sie überlegen auch so: den, wo ich ausschalte, den habe ich später
weniger.«* (Realschüler)
>*»Wir haben eine, die sagt immer grundsätzlich, sie hat die Ant-
wort selber nicht, und dann hat sie sie immer (…).«* »Ich sage*

auch mal, wenn ich in Englisch sehr viel geschuftet habe, und dann kommt da jemand daher und will abschreiben, dann mache ich das auch so.« (Gymnasiasten)

Der Zusammenhalt in der Klasse, die *Klassengemeinschaft* ist den Jugendlichen trotz der Konkurrenzstruktur wichtig. Gemeinsames und streckenweise auch solidarisches Handeln wird besonders dann möglich, »wenn die Schüler gemeinsame Interessen gegenüber Lehrern, anderen Klassen oder einzelnen Außenseitern in der Klasse selbst durchsetzen wollen« (ebd., S. 47). Probleme mit Außenseitern sind allerdings zu einem großen Teil wieder in der Leistungs- und Konkurrenzhierarchie verankert: Von den meisten Mitschülern abgelehnt werden sowohl die »zu guten« Schüler, also die »Streber« und »Akkordbrecher«, als auch die »zu schlechten« Schüler, die »Störenfriede« und »Blöden«. Die grundsätzliche Problematik in den sozialen Beziehungen wird im folgenden Zitat noch einmal präzise formuliert:

> *»Insgesamt zeigt sich in den Aussagen der Schüler, dass sie in einem Dilemma zwischen verschiedenen Bedingungen der Schule und eigenen jeweils darauf bezogenen Bedürfnissen und Interessen stehen: der Konkurrenzstruktur in der Klasse und ihrem daraus sich ergebenden, individuellen Interesse daran, ›besser‹ zu sein als die Mitschüler einerseits, und der Norm der ›Klassengemeinschaft‹ und ihren Interessen nach Freundschaft, Kooperation und Solidarität andererseits. Die möglichen Wege der Auseinandersetzung mit diesem Dilemma werden von den Schülern informell normiert. Auf der Basis dieser Normen sind dann trotz der Konkurrenzstruktur und zugleich in ihrem Rahmen für viele Schüler Freundschafts- und Kooperationsbeziehungen möglich. Dies verlangt von den Schülern jedoch ein ständiges, vorsichtiges Ausbalancieren zwischen zwei unterschiedlichen Bezugspunkten: verhalten sie sich entsprechend der Konkurrenzstruktur, dann verstoßen sie gegen die Norm der ›Klassengemeinschaft‹, was von den Mitschülern entsprechend sanktioniert wird; verhalten sie sich dagegen solidarisch, dann kann dies möglicherweise die eigene Position in der Leistungshierarchie der Klasse gefährden. Die Herstellung einer alltäglichen Vermittlung dieser beiden Momente ist jedoch für die*

Schüler dann kaum mehr möglich, wenn sie selbst in stark belastenden Situationen stehen und damit überfordert sind; die schulisch vorgegebene Konkurrenzstruktur wird dann für ihr Verhalten wichtiger als andere Momente.« (Ebd., S. 49; vgl. Fend 1991, S. 27, sowie zur Erklärung und Kritik der »Klassengemeinschaft« Holzkamp 1993, S. 455)

Eine weitere Untersuchung (Schmied 1982) thematisiert die sozialen Beziehungen in der *Kollegstufe*. Diese Studie ist vor allem deshalb interessant, weil sie zumindest indirekt die sozialpsychologischen Folgen einer Schulreform, nämlich der Einführung der Kollegstufe, offen legt. Viele Leser/innen haben nach 11 Jahren Erfahrungen in Schulklassen ja selbst den Übergang zum Kurssystem der Kollegstufe erlebt und können zwischen beiden organisatorischen Varianten vergleichen. Schmied hat fast 1200 Jugendliche über die Unterschiede zwischen Klassenverband und Kurssystem befragt.

Die Befragten sehen folgende *Vorteile* des Kurssystems:
- Die Kurse bieten für die Schüler/innen die Möglichkeit, ihre sozialen Kontakte zu erweitern.
- Durch das Kurssystem können vor allem negative Rollenfixierungen aufgelöst werden, die im Klassenverband bestanden. Einzelne Schüler/innen bekommen die Chance, aus ehemals eingespielten und vielleicht belastenden Rollen auszubrechen.
- Zwar erzeugt die Auflösung des Klassenverbandes auch einen gewissen Zwang, sich auf neue Sozialbeziehungen einzustellen, aber dies wird unter dem Gesichtspunkt der Vorbereitung auf die soziale Situation des Studiums durchaus als Vorteil empfunden.
- Schließlich haben vor allem Schulwechsler im Kurssystem eher die Chance, integriert zu werden.

Auf der anderen Seite hat die Kollegstufe nach der Einschätzung der Schüler/innen auch *Nachteile* (ebd.):
- Die sozialen Beziehungen der Schüler/innen werden oberflächlicher und unpersönlicher. Für die meisten Schüler/innen ist es im Kurssystem schwieriger, intensiven Kontakt zu ihren Mitschülern zu bekommen.

- Die Unverbindlichkeit der Sozialkontakte erleben viele Schüler/innen als Hauptgrund für den Verlust an Solidarität zur Durchsetzung gemeinsamer Interessen.
  »Das ist ja so, dass man früher einen Verband hatte – die Klasse – und heute hat man mindestens neun verschiedene Kurse und man kann ja nicht in allen Kursen irgendwie so'n Gemeinschaftsgefühl aufbauen wie in der Klasse.« (Schülerin, Jahrgangsstufe 13)
- Diese Solidaritätsverlust zeigt sich auch darin, dass im Kurssystem weniger Hilfsbereitschaft und Zusammenarbeit praktiziert werden.
  »… die arbeiten gegeneinander. Wenn der eine was Falsches gesagt hat, zeigt sofort der Nächste auf. Die verurteilen das sofort, wenn einer was falsch gesagt hat. Da ist kein Zusammenhalt mehr.« (Schülerin, Jahrgangsstufe 12)
- Die Auflösung des Klassenverbandes zerstört oft die eingelebten positiven Beziehungen der Klasse, worunter vor allem eher »schüchterne« und wenig kontaktfreudige Schüler/innen leiden. Im Hinblick auf die Qualität der Mitschülerbeziehungen hält insgesamt ungefähr die eine Hälfte der Schüler/innen die Kollegstufe für besser, während die andere Hälfte das Klassenprinzip auch für die letzten beiden Schuljahre bevorzugen würde. – Zur Relativierung dieser Resultate ist noch anzumerken, dass die Untersuchung kurz nach der Einführung der Kollegstufe durchgeführt wurde. Heute würden die Erfahrungen der Schüler/innen vielleicht etwas anders aussehen.

Die drei bisher dargestellten Untersuchungen beziehen sich zwar auf drei verschiedene Altersgruppen von Schülerinnen und Schülern, aber sie erlauben wegen der unterschiedlichen Fragestellung kaum Rückschlüsse auf mögliche *altersspezifische Veränderungen* in der Beziehungsqualität. Einige Tendenzen dazu berichtet Fend (1990, S. 107ff.) für 12- bis 16-jährige Schüler/innen aller Schularten: Die Intensität der *Konkurrenz* nimmt in der Wahrnehmung der Schüler/innen leicht ab, der Anpassungszwang steigt hingegen etwas an; der *Klassenzusammenhalt*, das Zusammengehörigkeitsgefühl der Schüler/innen, verbessert sich ein wenig mit zunehmendem Alter. Die *Schulleistung* als Kriterium individueller Anerkennung in der Klasse verliert an Bedeutung, während das solidarische Verhalten der Schüler/innen wichtiger wird (Letzteres gilt für Schülerinnen in stärkerem Maß als für Schüler; vgl. Eder 1995, S. 66ff.).

In diesem Zusammenhang möchte ich noch einmal auf das *Außenseiterproblem* zurückkommen (vgl. die konkrete und praxisorientierte Einführung von Dambach, 1998). Ich habe bei der sozialpsychologischen Interpretation der Komm-heraus-Situation schon erwähnt, dass die Bewältigung des Abfragens vor allem von der Stellung des Schülers in der Klasse abhängt und dass sich deshalb Außenseiter hier besonders schwer tun. Außenseiter entstehen nach der vorhin zitierten Studie von Furtner-Kallmünzer und Sardei-Biermann in der Regel an den Rändern der Leistungshierarchie innerhalb der Klasse und sie werden von den meisten Mitschülerinnen und -schülern auch wegen ihres wenig klassenkonformen Verhaltens emotional abgelehnt und isoliert. In jüngster Zeit untersucht die Forschung das Außenseiterproblem vor allem im Zusammenhang mit dem so genannten »Bullying« (einschüchtern, tyrannisieren). Dabei handelt es sich – analog zum Mobbing am Arbeitsplatz – um verbal oder physisch gewalttätiges Verhalten gegen Einzelne in der Klasse, um systematisches und häufiges Schikanieren von Mitschülern (Schäfer 1997; Schuster 1997a, b). Die Schüler/innen selbst nennen verschiedene Ursachen, warum jemand zum *Opfer* von Bullying wird (Schäfer 1997, S. 375):

• unpopulär sein, angeben, langweilig sein;
• anders aussehen, klüger sein, behindert sein.

Dabei handelt es sich im Wesentlichen um die gleichen Gründe, die eine/n Schüler/in in der Klasse zum Außenseiter machen können, und in der Tat sind die Opfer des Bullying fast alle Außenseiter, während umgekehrt jedoch (nach den Ergebnissen von Schuster) nur ein gutes Drittel der Außenseiter gemobbt wird. Damit stellt sich die Frage, unter welchen Bedingungen abgelehnte Schüler/innen zusätzlich zu Schikaneopfern werden. Auch wenn dies noch nicht hinreichend geklärt ist, liegt zumindest ein Unterschied darin, dass die Opfer – in jeder der untersuchten Schulklassen ein oder zwei Schüler/innen – von deutlich mehr Mitschüler/innen abgelehnt werden als die »Nur«-Außenseiter (Schuster 1997b, S. 259).

Zusätzlich vermutet Schuster, dass die Opfer bei Angriffen weder durch Mitschüler/innen noch durch Lehrer/innen Unterstützung finden, was wiederum ihre Ablehnung verstärken dürfte – ein oft schwer zu durchbrechender Teufelskreis.

Gerade weil Außenseiter- und Bullying-Probleme großen Handlungsdruck für die Lehrer/innen erzeugen können, sollten sie sich zuvor Gedanken über deren Bedeutung machen, also z.B.

- erst die Funktion eines Außenseiters für die Klasse abklären und dann Integrationsversuche unternehmen;
- erst fragen, wozu ein Schüler andere tyrannisiert, und dann überlegen, wie sich das Bullying eindämmen lässt.

Geschlechtsspezifische Beziehungsmuster – Probleme der Koedukation

In diesem Abschnitt werde ich einige Überlegungen und Ergebnisse zu der Frage präsentieren, wie es um die Beziehungen zwischen *Schülerinnen und Schülern* steht (vgl. dazu die spannende und alltagsnahe Studie von Breidenstein/Kelle 1998). Kinder kommen ja *als Mädchen* und *als Jungen* in die Schule, d.h., sie haben bereits sechs Jahre geschlechtsspezifischer Erziehung in Familie, Kindergarten und durch die Medien hinter sich. Daher ist anzunehmen, dass sie sich in der Schule nicht völlig geschlechtsunspezifisch verhalten, auch wenn sich in jüngster Zeit die familiäre Erziehung von Mädchen und Jungen etwas angeglichen hat (z.B. Preuss-Lausitz 1997). So geht es nach der Grundschuluntersuchung von Petillon (1991) den Jungen vor allem darum, einen möglichst hohen Rang in der Gruppe zu erlangen, während Mädchen mehr an freundschaftlichen Beziehungen und Sympathie liegt; die meisten Mädchen verhalten sich stärker »beziehungsorientiert«, die meisten Jungen hingegen eher »konkurrenzorientiert« (vgl. Beck/Scholz 1995, S. 200ff.; Faulstich-Wieland 1995, S. 115ff.).

Wie Schülerinnen und Schüler *miteinander umgehen*, haben Krappmann und Oswald (1995, S. 191ff.) an vierten und sechsten Klassen der (in Berlin sechsjährigen) Grundschule ermittelt. Auffällig ist zunächst, dass Gruppen und Freundschaften fast nur unter Kindern des *gleichen* Geschlechts bestehen. Auf der anderen Seite gibt es durchaus Interaktionen zwischen Mädchen und Jungen, die sich außerdem altersspezifisch verändern:

Helfen und Zusammenarbeit zwischen Schüler/innen kommt in der vierten Klasse noch sehr selten vor, in der sechsten aber schon in einem Viertel aller Fälle und hier meist freundlicher als früher.

Auch das *Quatschmachen und Necken* zwischen Mädchen und Jungen nimmt von der vierten zur sechsten Klasse deutlich zu, wobei die Initiatoren meistens Jungen sind. Allerdings beteiligt sich die Mehrzahl der Schülerinnen und der Schüler nicht an gemischt-geschlechtlichen Spielen.

Das gegenseitige *Ärgern* dominiert unter den Mädchen-Jungen-Interaktionen in der vierten Klasse (über 50%) – auch hier sind die Jungen aktiver als die Mädchen –, wird in der sechsten aber viel seltener (unter 20%).

Körperliche Kontakte zwischen Jungen und Mädchen steigen mit dem Alter nicht nur quantitativ an, sondern sie ändern sich auch in qualitativer Hinsicht: Während bei den Zehnjährigen körperliche Auseinandersetzungen – bis hin zu Schlägen und Tritten – häufig sind, bestehen die Körperkontakte der Zwölfjährigen eher in Annäherungsversuchen an das andere Geschlecht, die freilich auch als Ärgern gedeutet werden können.

Je nach der Art des Umgangs zwischen Mädchen und Jungen lassen sich *sechs verschiedene Typen* von Kindern bilden (Krappmann/Oswald 1995, S. 201f.):

- die »Abstinenten«, die keinen Kontakt mit Kindern des anderen Geschlechts haben (etwa die Hälfte der Mädchen und Jungen);
- die »guten Partner/innen«, die einen sachlichen Umgang miteinander pflegen (nur wenige Kinder);
- die »Piesacker«: einige Jungen, die Mädchen stören und ärgern (später eher: necken);
- die »Geärgerten«: wenige Mädchen, die mit Jungen nur negative Erfahrungen machen;
- die »Kämpferinnen«, nämlich Mädchen, die Jungen in die Schranken weisen (nur in der vierten Klasse);

- die »Necker/innen«: sowohl Mädchen wie Jungen, denen am Kontakt zum anderen Geschlecht liegt (etliche Kinder in der sechsten Klasse).

Alle Ergebnisse dieser Untersuchung lassen eine insgesamt *positive Entwicklungstendenz* in der Beziehung zwischen Mädchen und Jungen erkennen: Die gemischtgeschlechtlichen Kontakte werden häufiger und qualitativ günstiger, auch wenn in dieser Altersgruppe erst die Hälfte der Schülerinnen und Schüler daran beteiligt ist. Ob und wie sich dieser Trend bei älteren Schülerinnen und Schülern fortsetzt, kann mangels geeigneter Untersuchungen nicht klar beurteilt werden. Ziemlich sicher treten jedoch zwischen Mädchen und Jungen auch im Jugendalter noch *Konflikte* auf. Dazu bringe ich exemplarische Ausschnitte aus den Beobachtungen, die eine Studentin während ihrer Praktika an Gymnasien gemacht hat:

»In der Mittelstufe fiel allgemein auf, dass die Mädchen, obwohl sie in fast allen Klassen deutlich in der Mehrheit waren, nie das Unterrichtsgeschehen dominierten. Vielmehr war es meistens die Minderheit der Jungen, die den Stundenablauf unverhältnismäßig stark beeinflusste. Überall fand ich die typische Gruppe der »stillen Mädchen«: Sie stören selten, wirken schüchtern oder abwesend, bemühen sich mitunter vergeblich, von der Lehrperson wahrgenommen zu werden; einige fungieren als »stille Reserve«, auf deren Mitarbeit im Bedarfsfall zurückgegriffen wird.
Im Deutschunterricht einer 9. Klasse war zu beobachten, dass die Jungen gegenüber Beiträgen von Schülerinnen unaufmerksam waren, z.T. den Raum verließen oder ihre Äußerungen abwerteten. Umgekehrt war dieses Verhalten selten festzustellen, die Mädchen verbaten sich allenfalls (sexuelle) Anzüglichkeiten. Sie sprachen oft schnell und leise, bagatellisierten mitunter ihre eigenen Beiträge, noch bevor sie zur Diskussion gestellt waren. Andererseits unterstützten sie sich häufig gegenseitig, honorierten die Leistungen von Mitschülerinnen und es schien wenig konkurrente Spannung zwischen ihnen zu bestehen (...). (Im Religionsunterricht einer 10. Klasse) beherrschte eine kleine Jungengruppe regelrecht das Klassenzimmer, sie waren sehr laut, störten permanent den Unterricht,

schrien ihre Beiträge meist ohne Meldung in den Raum, unterbrachen andere und bestimmten so fast immer die Diskussion. Das Machtgebaren des ›Anführers‹ und seiner zwei ›Bewunderer‹ richtete sich vor allem gegen die Mädchen: Sie behinderten ihre Gesprächsteilnahme, indem sie die Schülerinnen unterbrachen, durch vorwiegend sexuelle Schmähungen zum Schweigen brachten oder schlicht ignorierten. Die Mädchen wirkten verschüchtert und etwas apathisch, wenige wehrten sich gegen die Jungen. Selbst die Mutigeren sprachen oft unsicher, als erwarteten sie jeden Moment Widerspruch, Unterbrechung oder Abwertung. Das offensichtliche Machtgefälle wurde von den Jungen mit verbaler und auch physischer Gewalt täglich neu durchgesetzt.

Wirklich bedenklich fand ich allerdings die Reaktion der Mädchen auf dieses Patriarchengehabe: Die wenigsten setzten sich gegen die Drohungen und Beleidigungen überhaupt zur Wehr, die meisten ließen sie einfach über sich ergehen und schienen auch vom Lehrer keine Hilfe (mehr) zu erwarten. Einige aber protestierten vehement (…). Solch aktiver Widerstand wurde entweder durch die Stimmgewalt der Jungen gebrochen oder er verlor sich in jenem Widerspruch, der typisch für die Situation von Schülerinnen ist: Verhalten sie sich ›unweiblich‹-aggressiv, ist ihre Identität als ›richtiges‹ Mädchen in Gefahr – gerade in der Pubertät würde das eine starke Verunsicherung ihres zunehmend auf männliche Anerkennung verwiesenen Selbstbildes bedeuten. Lassen sie sich die Angriffe aber gefallen und verhalten sie sich ›weiblich‹-passiv, haben sie den Kampf von vornherein verloren und die Vormachtstellung der Jungen wird bestätigt. Diese Beziehungsfalle (i. Orig. double bind, K.U.) macht es den Mädchen unmöglich, sich ›richtig‹ zu verhalten, deshalb ›entscheiden‹ sie sich häufig für Inaktivität.« (Pelkner 1990, S. 216ff.)

Diese Erfahrungen einer Studentin können zwar nicht problemlos verallgemeinert werden; z.B. würde ein Student dieselben Situationen wahrscheinlich etwas anders erleben. Es gibt jedoch auch Belege dafür, dass Schülerinnen häufiger unter verbalen und physischen Aggressionen der Schüler leiden als umgekehrt (z.B. Barz 1990). In der feministischen Schulforschung ist die Gewalt gegen Mädchen nicht von ungefähr ein zentrales, ansonsten aber noch ziemlich tabuisiertes Thema – offenkundig eine Schattenseite der Koedukation, die nach einem Titel der Zeitschrift »Emma« für die Schülerinnen zur »K.O.edukation« werden kann. In diesem Zusammenhang will ich noch zwei weitere Fragen erörtern:

- Wie steht es um die Beliebtheit bzw. Unbeliebtheit von Mädchen und Jungen in der Klasse?
- Was halten Schülerinnen und Schüler von der Koedukation?

Zur ersten Frage gibt eine Längsschnittuntersuchung Auskunft, in der Grundschulklassen befragt wurden (Preuss-Lausitz 1992). Herausgekommen ist dabei, dass

- Mädchen deutlich beliebter sind als Jungen,
- unter den besonders beliebten mehr Mädchen und unter den besonders unbeliebten mehr Jungen zu finden sind.

Die soziale Anerkennung der Jungen nimmt zwar von der ersten bis zur sechsten Klasse zu, aber sie erreichen kaum die Beliebtheit der Mädchen. Mädchen werden, so das Fazit, seltener an den Rand der Klasse gedrängt als Jungen und sie sind im Durchschnitt erfolgreicher in der Schule (ebd., S. 77f.). Von Mädchen und Jungen am meisten abgelehnt werden aggressive *und* leistungsschwache Kinder (überwiegend Jungen) sowie einige ausländische Kinder. Das Männlichkeitsgehabe mancher Jungen – Angeberei, überzogene Selbstdarstellung, Kraftdemonstrationen – wird von den Mädchen überhaupt nicht und von den Jungen nur selten akzeptiert.

Zur zweiten Frage: Wenn Mädchen manche Jungen stärker ablehnen als umgekehrt, dann könnte vermutet werden, dass Mädchen auch eher *gegen* die *Koedukation* eingestellt sind, während sie Jungen mehr befürworten. Tendenziell – jedoch nicht prinzipiell – bestätigt sich das in den Resultaten von Faulstich-Wieland und Horstkemper (1992), die in allen Schularten Aufsätze darüber schreiben ließen (insgesamt über 1000). Zwar spricht sich eine deutliche Mehrheit sowohl der Schülerinnen wie der Schüler *grundsätzlich für* die Koedukation aus (70%), aber ungefähr doppelt so viele Mädchen wie Jungen plädieren für die völlige oder teilweise Trennung (19% gegenüber 10%). Diese Tendenz muss allerdings nach Alter, Schulart und Fächern differenziert werden (ebd., S. 352f.; zur Einschätzung der Schüler/innen in geschlechtshomogenen Schulen vgl. Faulstich-Wieland 1998):

In der Zeit der *Pubertät* – etwa siebte bis zehnte Klasse – nimmt bei den Schülerinnen die Befürwortung der Koedukation ab (vgl. Gluszcynski/Krettmann 1997), danach jedoch wieder deutlich zu. Hier macht sich der Entwicklungsvorsprung der Mädchen bemerkbar, denen viele Jungen als »albern« gelten. Im Gymnasium wird die Koedukation von beiden Geschlechtern am stärksten bevorzugt, in der Realschule – vor allem von Mädchen – am wenigsten.

Die *fachspezifische Trennung* der Mädchen und Jungen wird vor allem von Schülerinnen in den mathematisch-naturwissenschaftlichen Fächern gewünscht (Physik, Biologie, Chemie), weil sie sich hier offensichtlich den Jungen unterlegen fühlen und von den Lehrerinnen und Lehrern weniger beachtet werden (mehr dazu im Kapitel »Die Lehrer/innen-Schüler/innen-Interaktion, S. 109ff.).

»Macker und Mieze schon im Klassenzimmer – Im gemeinsamen Unterricht überlassen die Mädchen den dominanten Buben das Feld.« (Süddeutsche Zeitung vom 27.2.98)
»Lernen Jungen und Mädchen in getrennten Klassen besser?« (Süddeutsche Zeitung vom 25.2.1998)
»Mehr Lernspaß? Viele Schulen unterrichten in ausgewählten Fächern Buben und Mädchen getrennt.« (FOCUS 11/1998)
»Am Sophie-Scholl-Gymnasium lernt es sich ohne Jungen in einer intimeren und viel konfliktfreieren Atmosphäre.« (Süddeutsche Zeitung vom 30.4.1997)

Diese Schlagzeilen verdeutlichen, dass Koedukationsprobleme auch in die aktuelle öffentliche Diskussion eingehen. »*Ohne Buben macht auch Mathe Spaß*« – so lautet die Überschrift zu einem Zeitungsartikel (Burtscheidt 1996), der über positive Erfahrungen von Schülerinnen an Münchner Realschulen und Gymnasien mit »differenzierter Koedukation« berichtet: Viele Mädchen begrüßen nach anfänglicher Skepsis die fachspezifische Monoedukation etwa in Physik, weil sich dadurch ihre Leistungen verbessern und weil sie nicht mehr den abwertenden Bemerkungen der Schüler ausgesetzt sind –

beides hängt vermutlich zusammen. Andererseits nehmen die Unterrichtsstörungen in reinen Jungenklassen dann eher zu. Auch aus meiner Sicht ist eine zeitweise fachspezifische *Trennung* von Schülerinnen und Schülern pädagogisch-psychologisch durchaus sinnvoll, weil sie sich positiv auf Leistung, Motivation und Selbstvertrauen der Schülerinnen in den kritischen Fächern auswirken kann (entsprechende Erklärungsansätze bei Ziegler u.a. 1998a, S. 4ff.).

Eine empirische Bestätigung hierfür bringt die Untersuchung von Häußler und Hoffmann (1995) zum Physikunterricht in verschiedenen Schultypen. Ausgangspunkt ist die mehrfach nachgewiesene Tendenz, dass im traditionellen koedukativen Unterricht das Interesse der Schülerinnen an physikalischen Themen von der fünften bis zur zehnten Klasse stark nachlässt, während das der Schüler hingegen konstant hoch bleibt. *Wenn* nun, wie in diesem Kieler Modellversuch,

- das Interesse der Mädchen u.a. durch erfahrungs- und anwendungsorientierte Inhalte gezielt gefördert und
- das Selbstvertrauen in ihre Leistungsfähigkeit u.a. durch geschlechtshomogenen Unterricht gestärkt wird,

dann verbessert sich ihre Leistung deutlich, was wiederum in einem Rückkoppelungsprozess positive Wirkungen auf Interesse und Selbstvertrauen nach sich zieht (einen Überblick über weitere schulische Modellversuche geben Faulstich-Wieland/Nyssen 1998, S. 176ff.). Neben solchen primär fach- und leistungsbezogenen Folgen sehen die Schüler/innen selbst noch andere Vorteile der partiellen Geschlechtertrennung: Mädchen wie Jungen möchten gerne mal unter sich sein und vor allem die Mädchen haben dann weniger Angst vor den Reaktionen der Jungen.

Als *Hauptnachteile* der Trennung geben die Schüler/innen an, dass der Kontakt mit dem anderen Geschlecht und das Verständnis zwischen Mädchen und Jungen erschwert wird (Biskup u.a. 1998). Aus all diesen Ergebnissen lässt sich jedenfalls als Grundprinzip für Veränderungen auf breiter Basis ableiten: so viel Trennung wie *nötig*, um beide Geschlechter je für sich zu fördern; so viel Koedukation wie *möglich*, um ein positives Miteinander zwischen Mädchen und Jungen zu erreichen.

Auswirkungen der Beziehungsqualität auf Schulzufriedenheit und Selbstkonzept der Schüler/innen

In diesem letzten Abschnitt soll noch kurz geklärt werden, welche *Folgen* die Qualität ihrer Beziehungen für die Schülerinnen und Schüler hat. Dabei geht es mir um zwei Aspekte:

1) den Einfluss der Beziehungsqualität auf die subjektive Einschätzung der Schule insgesamt,
2) den Einfluss der Beziehungsqualität auf das Selbstkonzept der Schüler/innen.

Zu 1): In der Untersuchung der Schülerurteile über Schule von Czerwenka u.a. (1990, S. 143ff.) wurden alle Aufsätze ausgewertet im Hinblick auf

- das Gesamturteil über die Schule,
- die Globalzensur, die die Verfasser der Aufsätze der Schule gaben, und
- den Grad der Zufriedenheit in der Schule, der sich aus den Aussagen erschließen ließ.

Die Einschätzungen der Schüler/innen stehen in einem klaren Zusammenhang mit den Beziehungen oder Freundschaften zwischen den Schülern (Abbildung 17).

Abbildung 17: **Freundschaften und die Einschätzung der Schule**			
	Positives Gesamturteil	**Gute Schulzensur**	**Zufrieden mit der Schule**
Freundschaften mit anderen	31%	26%	31%
Keine Freundschaften	9%	14%	10%
Quelle: Czerwenka u.a. 1990, S. 144.			

Dieses Ergebnis ist nahe liegend, aber auch nicht unwichtig: Schüler/innen, die zu anderen positive Beziehungen haben, fühlen sich in der Schule wohler und schätzen die Schule insofern besser ein als die Schüler/innen ohne Freundschaften. Lehrer/innen haben wohl relativ wenig Einfluss darauf, ob und wie intensiv Schüler/innen miteinander befreundet sind. Sie können und sollten jedoch versuchen, die Beziehungen in der Klasse zu fördern, indem sie etwa mehr kooperative Arbeitsformen einführen und den Konkurrenzdruck zumindest nicht verstärken.

Zu 2): Die Schulklasse und vor allem das *Klassenklima* stellen eine ganz wesentliche Determinante des Selbstkonzepts der Schüler/innen dar. Mit Selbstkonzept sind dabei alle auf die eigene Person bezogenen Wahrnehmungen, Bewertungen und Gefühle gemeint, so vor allem:

- das Selbstwertgefühl, also die eigene Gesamteinschätzung (»Ich bin ...«),
- die Erfolgszuversicht (in der Schule besonders wichtig) als Hoffnung auf Erfolg oder Furcht vor Misserfolg,
- die Leistungsangst und
- die Hilflosigkeit (»Ich kann ja doch nichts machen, habe keinen Einfluss ...«).

Jerusalem und Schwarzer (1991) haben nun untersucht, welchen Einfluss verschiedene Klassenumwelten oder *Klassenklimas* auf diese Elemente des Selbstkonzepts haben; sie befragten dazu rund 2000 Schüler/innen der 5. bis 10. Jahrgangsstufe aller weiterführenden Schularten über drei Jahre hinweg. Das Klassenklima wurde ausdifferenziert in vier einzelne Dimensionen des subjektiven Erlebens der Klassen- und Unterrichtssituation:

- Leistungsdruck: die subjektive Einschätzung der schulischen Anforderungen (»hoch«, »niedrig«, »richtig«);
- Konkurrenzdruck: die Erfahrung von Wettbewerb, Rivalität und Neid in der Beziehung zu Mitschülern;
- Anonymität: fehlende soziale Unterstützung und Geborgenheit in der Klasse;

- Regellosigkeit: die subjektive Erfahrung von Planlosigkeit und Orientierungslosigkeit im Unterricht, Undurchschaubarkeit des Unterrichts und der Anforderungen.

Die Auswirkungen des Klassenklimas auf die vier Dimensionen des Selbstkonzepts sehen so aus:

In Klassen mit einem negativen Klima, also hohem Leistungs- und Konkurrenzdruck sowie starker Anonymität und Regellosigkeit, sind Selbstwertgefühl und Erfolgszuversicht der Schüler/innen geringer, Leistungsangst und Hilflosigkeit stärker als in Klassen mit einem positiven Klima. Hier sind Selbstwertgefühl und Erfolgszuversicht höher, und Angst und Hilflosigkeit schwächer ausgeprägt. Diese Unterschiede fallen bei jüngeren Schülerinnen und Schülern (5.–7. Jahrgangsstufe) deutlicher aus als bei den älteren, d.h., die jüngeren sind in ihrem Selbstkonzept noch labiler, sind abhängiger von äußeren Einflüssen der Klassen- und Unterrichtssituation (ebd., S. 124). Für *diese* Schüler/innen stelle ich in Abbildung 18 die Unterschiede in den Selbstkonzeptwerten dar (Extremgruppenvergleich klimapositiver und klimanegativer Klassen).

Abbildung 18: **Zusammenhänge zwischen Klassenklima und Selbstbild der Schüler/innen**		
Dimensionen des Selbstkonzepts	negatives Klima	positives Klima
Selbstwertgefühl	6.9	8.1
Erfolgszuversicht	5.4	6.8
Leistungsangst	8.5	5.7
Hilflosigkeit	4.5	3.4
Quelle: Jerusalem/Schwarzer 1991, S. 123 (Auszug).		

Der damit sehr klar nachgewiesene Einfluss des Klassenklimas auf das Selbstkonzept der Schüler/innen muss im Rahmen dieses Kapitels über die Schulklasse allerdings relativiert werden. Denn von den vier Klimadimensionen haben nur zwei *unmittelbar* mit den sozialen Beziehungen zwischen den Schülern zu tun, nämlich der Konkurrenzdruck und die Anonymität in der Klasse. Die anderen beiden, Leistungsdruck und Regellosigkeit, gehen *eher* auf Einflüsse der Lehrer/innen zurück, wobei eine scharfe Trennung kaum möglich ist (z.B. können Lehrerentscheidungen auch das Konkurrenzverhalten der Schüler/innen beeinflussen). Gerade deshalb habe ich diese Untersuchung an den Schluss gestellt und sie kann hier auch als Überleitung zum nächsten Kapitel über die Lehrer/innen-Schüler/innen-Interaktion fungieren.

Die Lehrer/innen-Schüler/innen-Interaktion

Für Lehrer/innen und für Schüler/innen sind die wechselseitigen Beziehungen zueinander außerordentlich bedeutsam und folgenreich. Aus der *Schüler/innen*-Perspektive hängen eigentlich alle schulischen Erfahrungen immer *auch* mit den sozialen Beziehungen zu Lehrern und Lehrerinnen zusammen: Unterricht als Lehr-Lern-Prozess, Beurteilung von Leistungen, Kontrolle des Schüler/innen-Verhaltens, die inhaltlichen und sozialen Anforderungen – all das ist im Erleben der Schüler/innen ganz wesentlich durch die Lehrer/innen vermittelt. Allen Schülerinnen und Schülern ist bewusst, dass Schulfreude oder Schulfrust, Leistungsbemühungen und inhaltliche Interessen wesentlich von der Qualität der Beziehung zu den Lehrerinnen und Lehrern beeinflusst sind. Je schlechter diese Beziehung ausfällt, desto höher wird die Belastung der Schüler/innen (Projektgruppe Belastung 1998, S. 178f.).

Für die *Lehrer/innen* gilt umgekehrt, dass ihre alltäglichen beruflichen Erfahrungen in erster Linie durch positive oder negative Beziehungen bestimmt sind. Gerade so unterschiedliche psychische Auswirkungen der Lehrer/innen-Tätigkeit wie einerseits eine hohe Berufszufriedenheit und andererseits das Ausbrennen entstehen primär über die (fehlende) Anerkennung durch andere Menschen, über befriedigende oder belastende und angstbesetzte Beziehungen. Dabei steht, rein zeitlich betrachtet, die Lehrer/innen-Schüler/innen-Beziehung klar im Vordergrund und auch qualitativ kommt ihr zweifellos die größte Bedeutung zu: Lehrer/innen bewerten die eigene Tätigkeit und ihre berufliche Zufriedenheit vor allem danach, ob ihre Beziehungen zu Schülerinnen und Schülern positiv oder gestört sind (Combe 1981, S. 118), ob sie in der pädagogischen Arbeit mit ihnen Anerkennung und Erfolg erfahren (vgl. Ulich 1996a, S. 213ff.).

Lehrermacht und Schülertypisierung

Die Aufgaben der Schule legen für die Lehrer/innen-Schüler/innen-Interaktion ein spezifisches Grundgerüst fest, durch das sich diese Interaktion von anderen Formen – etwa der Eltern-Kind-Interaktion – unterscheidet. So führen vor allem die Wissensvermittlung und die Leistungsbeurteilung zu einer prinzipiell sehr *ungleichen Beziehung*. Dies schlägt sich in den Erfahrungen von Kindern und Jugendlichen recht deutlich nieder. Aber die Leser/innen werden sich alle auch daran erinnern können, wie verschieden trotz dieser Ungleichheit die Beziehung zu einzelnen Lehrer/innen sein kann,

- wie interessant ein Fach durch den spannenden Unterricht eines beliebten Lehrers werden kann,
- wie sehr die Beziehungen – auch zwischen den Schülern – unter einem autoritären und stofforientierten Lehrer leiden können,
- wie sich Sympathie oder Antipathie eines Lehrers auf die Leistungen auswirken.

Wie die Lehrer/innen-Schüler/innen-Interaktion im Einzelnen konstruiert ist, welche Faktoren sie bestimmen, werde ich jetzt genauer ausführen. Sozialpsychologen bezeichnen mit *Interaktion* üblicherweise das wechselseitig aufeinander bezogene Verhalten von zwei oder mehr Personen. Etwas differenzierter bedeutet Interaktion (nach Graumann 1972, S. 1112ff.):

- wechselseitige *Einwirkung*, d.h. für die Lehrer/innen-Schüler/innen-Interaktion, dass nicht nur das Verhalten des Lehrers auf das der Schüler einwirkt, sondern auch umgekehrt das Verhalten von Schülern den Lehrer beeinflusst;
- wechselseitige *Kontrolle*, d.h. das Verhalten von Lehrern und Schülern unterliegt einer gegenseitigen, freilich recht ungleich verteilten Sanktionierung entsprechend den schulischen Normen;
- wechselseitige *Abhängigkeit*, d.h., Schüler sind – viel stärker als umgekehrt – vom Verhalten des Lehrers, von seinen Reaktionen und Anweisungen abhängig.

Einwirkung, Kontrolle und Abhängigkeit sind generelle Merkmale von Interaktionsprozessen, die im Fall der Lehrer/innen-Schüler/innen-Interaktion eine spezifische Ausprägung erfahren. Diese Interaktion läuft in der Regel innerhalb der Institution Schule ab, d.h., die Lehrer/innen-Schüler/innen-Interaktion ist grundsätzlich *institutionell geregelt*, Lehrer/innen und Schüler/innen haben gezwungenermaßen miteinander zu tun und ihre Rollen angemessen, wenn auch mit einem gewissen Interpretationsspielraum, auszufüllen (Hofer 1997, S. 214; Schlömerkemper 1992, S. 27). Wenn wir nun die drei Hauptfunktionen der Institution Schule berücksichtigen, dann lässt sich die besondere *Struktur* der Lehrer/innen-Schüler/innen-Interaktion präziser angeben:

- In der Schule sollen zunächst einmal Kenntnisse und Fähigkeiten vermittelt und damit die nachwachsende Generation *qualifiziert* werden. Allein dadurch entsteht schon ein unvermeidliches Moment von Ungleichheit; denn die Lehrer/innen verfügen über jenes Wissen, das die Schüler/innen noch nicht besitzen. Im Qualifikationsvorsprung der Lehrer/innen gegenüber Schüler/innen liegt deshalb eine wichtige Quelle ihrer Macht.
- Die Schule soll die Jugendlichen im Hinblick auf unterschiedliche Schulabschlüsse und auf den Zugang zu beruflichen Positionen *auslesen*; diese Aufgabe erfordert individuelle Leistungsbewertungen und Notenzuteilungen, was wiederum die Abhängigkeit der Schüler/innen von Lehrer/innen verstärkt.
- Drittens soll Schule auf gesellschaftlich anerkannte, allerdings zunehmend umstrittene bzw. unklare Wertvorstellungen hin *erziehen* und damit zur sozialen Integration der Schüler/innen beitragen. Lehrer/innen kontrollieren z.B. die Einhaltung von Grundregeln des sozialen Umgangs in der Schule und können Regelverletzungen der Schüler/innen sanktionieren. Auch dies ist ein zentraler Machtaspekt der Lehrer/innen.

Auf der Grundlage dieser Struktur entstehen persönliche, *konkrete Beziehungen* zwischen Lehrern und Schülern, entwickeln sich Zuneigungen, Abneigungen, Verständnis und Konflikte. Die vorgegebenen Zwecke von Schule und Unterricht kommen in der *emotio-*

nalen Qualität der Beziehung zum Ausdruck: Bei den Lehrern sind meistens »gute« und »disziplinierte« Schüler beliebt, die Schüler mögen vor allem fachlich qualifizierte, gerecht urteilende Lehrer.

Als konstitutives Merkmal der Lehrer/innen-Schüler/innen-Interaktion muss das spezifische *Machtverhältnis* zwischen ihnen gelten. Das besondere Kennzeichen der Interaktionsprozesse in der Schule liegt in der Tatsache, dass Lehrer/innen erheblich größere Chancen besitzen als Schüler/innen, die Qualität und den Ablauf der Interaktion zu steuern (Hurrelmann 1980, S. 47). Auf dem Hintergrund der skizzierten Aufgaben von Schule wird die *Notwendigkeit von Macht* unmittelbar evident: Nur über die Lehrermacht kann das Verhalten von Schülern gezielt beeinflusst werden, nur durch sie können die Anforderungen der Schule durchgesetzt werden.

In der Regel ist die Verhaltensbeeinflussung des Lehrers deswegen weitgehend erfolgreich, weil ihn die Schule mit zahlreichen *Machtmitteln* ausstattet, weil ihm eine klare Machtkompetenz zugewiesen und seine Machtausübung als legitim anerkannt wird (D. Ulich 1976, S. 144). Umgekehrt erfahren die Schüler im Unterrichtsalltag stets sehr manifest die eigene Machtlosigkeit als Gegenpol zur weit reichenden Macht des Lehrers. Aufforderungen, Befehle, Verbote sind ebenso wie Lob, Ermunterungen und Leistungsurteile ein klarer Ausdruck der Überlegenheit des Lehrers gegenüber dem einzelnen Schüler. Allerdings kann ein »schwacher« oder unerfahrener Lehrer gegenüber einer solidarisch handelnden Klasse durchaus hilflos, ja ohnmächtig werden.

Auch auf die Lehrermacht trifft die klassische Definition von Max Weber zu: »Macht bedeutet jede Chance, innerhalb einer sozialen Beziehung den eigenen Willen auch gegen Widerstreben durchzusetzen« (1964, S. 38). In der Lehrer/innen-Schüler/innen-Interaktion bestehen solche Chancen in reichlichem Maß (vgl. Guskin/Guskin 1973, S. 74ff.; D. Ulich 1976, S. 137ff.):

● Lehrer/innen verfügen über zahlreiche *Machtquellen*: sie loben oder tadeln die Leistungen der Schüler/innen; sie belohnen erwünschtes oder bestrafen unerwünschtes Verhalten; sie verfügen über Kenntnisse (Expertenmacht) und über eine rechtlich abgesicherte Autoritätsposition.

- Die Schüler sind auf sehr nachhaltige Weise von der Macht des Lehrers *abhängig*, insbesondere von seiner Sanktions- und Expertenmacht; sie sind ferner deshalb von ihm abhängig, weil seine Anerkennung – oder auch: Missachtung – ihre Position in der Klasse beeinflusst.
- Stark auf den Lehrer angewiesen sind die Schüler auch bei der Befriedigung ihrer *Bedürfnisse*, wenngleich diese z.T. erst von der Schule geschaffen werden, wie z.B. das Bedürfnis nach guten Noten; denn die Schüler haben dazu in der Regel keine Alternativen.
- Die Situation der Schüler im üblichen Unterricht ist durch *Orientierungslosigkeit* und Isoliertheit gekennzeichnet. Sie wissen z.B. morgens kaum, was an diesem Schultag alles auf sie zukommen wird – darüber entscheiden die Lehrer.

Von den *Zielen der Schule* her gesehen, dies will ich noch einmal betonen, erweist sich die Macht der Lehrer/innen als grundsätzlich notwendig. In der Macht liegt das bestimmende Moment der Interaktion von Lehrern und Schülern. Selbstverständlich gibt es aber Unterschiede in der Art und Intensität der *Machtausübung*, die nicht nur geschlechtsspezifisch (z.B. Flaake 1989), sondern ebenso fach- und schulartspezifisch sein können. So lässt sich mit einiger Wahrscheinlichkeit annehmen, dass z.B. ein Musik- oder Zeichenlehrer weniger Macht hat als ein Mathematik- oder Englischlehrer, dass etwa Gymnasiallehrer stärker ihre Expertenmacht zur Geltung bringen können als Hauptschullehrer. Entsprechend verschieden fallen auch die Erfahrungen der Schüler/innen mit der Lehrermacht aus; dazu an dieser Stelle nur zwei exemplarische Äußerungen:

> *»Ein guter Lehrer lässt nicht raushängen, dass er Macht über einen hat«* (Schülerin, 9. Klasse); *»ein Lehrer sollte die Schüler als Partner sehen, mit denen er etwas gemeinsam erarbeitet«* (Schüler, 11. Klasse; aus jetzt 1995).

Viele Lehrer/innen hören nicht gerne oder bestreiten sogar vehement, dass sie Macht über die Schüler/innen hätten. Macht gilt ihnen als etwas Anrüchiges, als unpädagogisch, als kaum vereinbar mit ihrer Erziehungsaufgabe. Diese Haltung entspringt wohl vor allem der Sorge, Macht und Beliebtheit würden sich gegenseitig ausschließen, was allerdings aus der Sicht der Schüler/innen – wie wir später sehen werden – nicht unbedingt zutrifft. Gleichwohl könnte es den Lehrerinnen und Lehrern entgegenkommen, ihre Macht nicht intentional, sondern eher *funktional* zu fassen, also nicht die bewusste Absicht zur Machtausübung zu unterstellen, sondern die *Folgen* für die Schüler/innen in den Mittelpunkt zu rücken. Dann lässt sich festhalten, dass Lehrer/innen in vielfältiger Weise das Verhalten der Schüler/innen beeinflussen. Dies möchte ich für einen sozialpsychologisch besonders interessanten Bereich des Lehrer/innen-Handelns demonstrieren: an den *Auswirkungen von Lob und Tadel* als Reaktion auf Leistungen der Schüler/innen.

Nehmen wir als Ausgangspunkt eine in der Schule sehr häufig auftretende Situation (Meyer 1984, S. 165ff.): Zwei Schüler haben eine leichte Aufgabe *richtig* gelöst, waren also erfolgreich; der eine wird dafür von der Lehrerin sehr nachdrücklich gelobt, der andere erhält kein Lob. Welche Folgerung ziehen die Schüler daraus? Der gelobte wird wahrscheinlich, wenn sich dies mehrfach ereignet, zu dem Schluss kommen, die Lehrerin halte ihn nicht für besonders begabt; umgekehrt wird der andere Schüler aus dem Verhalten der Lehrerin folgern, sie habe von ihm ohnehin eine richtige Lösung erwartet, weil sie ihn für fähig hält. In ähnlicher Weise signalisieren auch neutrale oder negative Reaktionen der Lehrer/innen auf *falsche* Antworten (Misserfolg) eine Einschätzung der Begabung, wobei ebenfalls die Aufgabenschwierigkeit zu berücksichtigen ist. So gilt ein Schüler, den die Lehrerin wegen seiner falschen Antwort auf eine schwere Frage tadelt, als wesentlich begabter als einer, auf dessen falsche Beantwortung einer leichten Frage eine neutrale Reaktion erfolgt. Zur Verdeutlichung eine tabellarische Übersicht (Abbildung 19, S. 82).

Grundsätzlich implizieren also *alle* Reaktionen der Lehrer/innen auf richtige oder falsche Lösungen der Schüler/innen immer *auch* eine Information über deren Begabung. Allerdings interpretieren die Schüler/innen solche Äußerungen erst mit zunehmendem Alter in dieser Richtung (Meyer 1984, S. 179f.): Bei der richtigen Lösung einer leichten Aufgabe sehen noch 80% der 8- bis 9-jährigen Schü-

ler/innen im Lob einen Ausdruck höherer Begabung als in der neu-
tralen Reaktion, während sich dies ab 14 Jahren genau umkehrt
(das gilt für den Tadel bei falschen Antworten analog).

Abbildung 19:	**Einschätzung der Begabung in Abhängigkeit von Aufgabenschwierigkeit und Lehrerreaktion**			
Aufgaben-schwierig-keit	**Lehrerreaktion bei Erfolg**		**Lehrerreaktion bei Misserfolg**	
	Neutral	**Lob**	**Neutral**	**Tadel**
leicht	hoch	sehr niedrig	sehr niedrig	hoch
schwer	sehr hoch	niedrig	niedrig	sehr hoch
Quelle: Nach Meyer 1984, S. 167 (Meyer drückt die Begabung in Zahlenwerten aufgrund einer Untersuchung mit Studierenden aus).				

Was nun die Folgen von Lob und Tadel angeht, so können sich bei
Jugendlichen paradoxe – nämlich lerntheoretischen Annahmen zu-
widerlaufende – Effekte einstellen: Der Gelobte hält sich für weniger begabt als der getadelte; Lob *kann* insofern negativ, Tadel hingegen positiv wirken. Wenn die Schüler/innen allerdings erklären
sollen, *warum* Lehrer/innen auf gleiche Aufgabenlösungen unterschiedlich reagieren, nennen sie neben der Begabungsvermutung
gleich häufig die Sympathie (Lob) bzw. Ungerechtigkeit (Tadel) des
Lehrers gegenüber dem betreffenden Schüler (Rheinberg/Weich
1988). Damit kommt ein ganz anderer und für die Lehrer/innen-
Schüler/innen-Interaktion höchst bedeutsamer emotionaler Faktor
ins Spiel, der später näher untersucht wird.

Zuvor möchte ich noch einen weiteren grundlegenden Baustein
in der sozialen Konstruktion der Lehrer/innen-Schüler/innen-In-
teraktion behandeln: die *Typisierung* der Schüler/innen durch ihre
Lehrer/innen. Wenn ein Lehrer zum ersten Mal in eine neue Klasse
kommt, hat er eine Menge von 20 bis 30 Kindern oder Jugendlichen vor sich, die er zunächst nur grob nach äußeren Merkmalen
differenzieren kann (Aussehen, Kleidung usw.). Im Verlauf der er-

sten Unterrichtsstunden bemerkt er Unterschiede im Verhalten der Schüler/innen: Einige beteiligen sich rege, andere gar nicht; manche geben richtige Antworten, andere eher falsche; etliche sind ruhig und diszipliniert, ein paar stören. Der Lehrer registriert all diese Verhaltensweisen, er bündelt sie allmählich und bewertet sie gemäß seinen Erwartungen. Wie in jeder anderen unmittelbaren Interaktion nimmt also der Lehrer die Schüler/innen wahr, aber er ist wegen der begrenzten Differenzierungsfähigkeit kaum in der Lage, sich von jedem *einzelnen* ein genaues individuelles Bild zu machen. Alle Lehrer/innen sind vielmehr gezwungen, ihre Schüler/innen in *Kategorien* einzuteilen, sie zu *typisieren*, und zwar umso stärker, je größer die Klasse ist.

Diese Typisierung verläuft nun keineswegs nach beliebigen Kriterien oder nach bloß äußerlichen Kennzeichen (wie z.B. Haarfarbe oder Körpergröße), sondern nach *schulisch relevanten Aspekten*, die für die Lehrer/innen aus den beruflichen Erfordernissen resultieren (vor allem Unterricht und Beurteilung). Die Wahrnehmung der Lehrer/innen ist ja in *berufsspezifischer* Weise geprägt, wie ein erfahrener Lehrer selbst sagt: »Da ich nicht Schauspieler, Polizist, Friseur oder Jurist bin, sondern eben Lehrer, neige ich dazu, Kinder vor allem nach solchen Gesichtspunkten zu erleben und zu beurteilen, die mir in der Schule und im Unterricht besonders wichtig sind.« (Grell 1983, S. 53) Greifen wir noch einmal auf die vorhin erwähnten Aufgaben von Schule zurück, so können als zentrale Kriterien der Wahrnehmung und Typisierung die *Leistung* und das konforme bzw. nicht-konforme *Verhalten* der Schüler/innen gegenüber den schulischen Normen gelten. Im nächsten Schritt lässt sich dann untersuchen, welche Schülertypen Lehrer unterscheiden und wie sie sich ihnen gegenüber verhalten. Zuvor noch kurz eine Definition: Als Schülertypus wird bezeichnet »die kognitive Repräsentation einer Menge von Schülern, die der Lehrer ... als ähnlich einschätzt« (Hofer 1981, S. 198). Eine Lehrerin schildert ihre Typisierung folgendermaßen:

> »*Man teilt die Schüler im Laufe des Jahres schon irgendwie ein; das ist eine Kombination aus Leistung und Verhalten. Es gibt immer wieder welche, die sind schlecht (...). Dann gibt es so eine*

breite, indifferente Mittelgruppe, die Dreierschüler; die nimmt man am wenigsten wahr und kümmert sich am wenigsten um sie. Und dann gibt es die Spitzengruppe, die sehr konform und auch ruhig ist. Außerdem sind da noch diejenigen, die zwar gut sind, aber trotzdem stören.« (Gotschlich 1997, S. 60)

Werden Leistung und Konformität in je zwei Ausprägungsformen unterschieden, so entstehen zunächst vier Schülertypen und somit ein Grundgerüst der Typisierung (Abbildung 20), das sich auch in Untersuchungen als treffend herausgestellt hat (z.b. Brophy/Good 1976, S. 183ff; Hofer 1981, S. 200ff.).

Abbildung 20: **Schülertypen aus der Lehrerperspektive**		
Leistung	**Konformität**	
	hoch	niedrig
gut	Idealschüler	selbstständige Schüler
schlecht	Sorgenschüler	abgelehnte Schüler
Quelle: Petillon 1987, S. 82ff.		

Unter Rückgriff auf mehrere Untersuchungen beschreibt Petillon (1987, S. 85f.) die einzelnen Typen und die entsprechenden Interaktionsmuster der Lehrer/innen, die von den typologischen Bildern abhängen.

Idealschüler/innen sind dem Lehrer zugewandt. Sie wirken interessiert und aktiv, gleichzeitig aber auch kontrolliert. Sie werden häufiger gelobt als die anderen Schüler/innen, erhalten mehr Vorlesegelegenheiten und schwierigere Verständnisfragen. Ihnen geben die Lehrer/innen in der Regel positive und differenzierte Rückmeldungen. Idealschüler/innen werden tendenziell und eher latent bevorzugt und den anderen oft als Vorbilder dargestellt.

Selbstständige Schüler/innen zeigen ebenfalls gute Schulleistungen, sind jedoch weniger bereit, sich den schulischen Normen anzupassen. Sie wirken selbstsicher und stellen so für die Autorität der Lehrer/innen eine potenzielle Bedrohung dar. Sie erhalten (auch deshalb) weniger emotional positive Zuwendung als die Idealschüler/innen. Lehrer/innen versuchen gegenüber den Selbstständigen häufig, mehr Konformität zu erreichen, indem sie angepasstes Verhalten belohnen, autonomes hingegen eher ignorieren.

Sorgenschüler/innen gehören zu den Leistungsschwächeren und relativ Konformen. Sie verhalten sich unauffällig, angemessen. Ihnen geben Lehrer/innen die meiste Aufmerksamkeit sowie gezielte Verstärkungen im Leistungs- und Sozialbereich. Sorgenschüler/innen bekommen mehr Gelegenheiten, Fragen zu stellen, sowie positive Reaktionen auf Misserfolge, z.B. in Form von Hilfestellungen.

Abgelehnte Schüler/innen haben schlechte Schulleistungen, gelten als undiszipliniert und fordern die Lehrer/innen mit übertriebenen Ansprüchen. Lehrer/innen kontrollieren diese Schüler/innen schärfer und tadeln sie häufiger als andere. Die Abgelehnten erhalten weniger Antwortgelegenheiten und häufig negative Rückmeldungen. Ihre eigenen Kontaktangebote werden teils abgewehrt, teils ignoriert.

In der tabellarischen Übersicht nicht enthalten ist eine *fünfte Kategorie*, die solche Schüler/innen umfasst, die bezüglich ihrer Leistung und ihrer Konformität als »mittel« eingestuft werden. Diese Schüler/innen fallen den Lehrkräften kaum auf und Petillon (ebd.) bezeichnet sie deshalb als »*Ignorierte*« oder als »vergessene Gruppe«. Die Lehrer/innen haben zu diesen Schüler/innen wenig Kontakte, beachten sie kaum und geben ihnen selten Rückmeldung.

Erfahrene Lehrer/innen halten diese Darstellung womöglich für ungerecht, weil sie ihnen Vereinfachungen und undifferenzierte Urteile über Schüler/innen unterstellt. Deshalb sei zur Relativierung noch einmal betont (so auch Petillon), dass hier lediglich gewisse *Tendenzen* im Verhalten der Lehrer/innen skizziert sind, denen keine universelle Gültigkeit zukommt. Auf der anderen Seite kann diesen Typisierungen ein realistischer Gehalt und ein Einfluss auf das Lehrer/innen-Verhalten aber nicht abgesprochen werden. Das gilt vor allem für weiterführende Schulen, wo Lehrer/innen an einem Vormittag oft 100 oder mehr Schüler/innen gegenüberstehen. Ob dabei dann vier verschiedene Schüler/innen-Bilder wirksam werden oder nur drei oder vielleicht sechs, lässt sich ohne genauere Untersuchungen kaum mit Sicherheit feststellen. *Dass* jedenfalls Lehrer/innen ihre Schüler/innen typisieren (müssen), dürfte außer Frage stehen. Deshalb bleibt als *Aufgabe* pädagogisch verantwortungsbewusster und sensibler Lehrer/innen, immer wieder zu *reflektieren*, welche Schüler/innen sie auf welche Weise wahrnehmen und typisieren.

Erwartungen, Erfahrungen und Emotionen der Lehrer/innen

Nicht nur in der Schule, sondern im gesamten Alltagsleben spielen die *Erwartungen an die Mitmenschen* eine große Rolle. Wenn Sie z.B. einen Vortrag oder eine Vorlesung besuchen, erwarten Sie einen engagierten und kompetenten Dozenten, der Ihnen wichtige Informationen vermittelt. Trifft das nicht zu, reagieren Sie wahrscheinlich mit Enttäuschung und/oder Unlust. Wenn Sie in ein Lokal gehen, erwarten Sie eine aufmerksame Bedienung und ein akzeptables Essen. Wenn Sie eine Fahrkarte kaufen wollen, erwarten Sie sicher nicht, dass der Schalterbeamte statt Fahrkarten Obst verkaufen will. Von diesen Beispielen zu den *Erwartungen der Lehrer/innen* ist es nur ein kleiner Schritt: Wenn Lehrer/innen das Klassenzimmer betreten, erwarten sie, beachtet und ernst genommen zu werden. Sie erwarten eine gewisse Aufmerksamkeit und Bereitschaft zur Mitarbeit, sie erwarten ein unterrichtsbezogenes und auch leistungsorientiertes Verhalten. Wie alle Erwartungen sind auch die Lehrererwartungen *kontext- oder situationsspezifisch*. In einer Vorlesung wären Sie überrascht, wenn Sie zu Beginn der Stunde herausgerufen, ausgefragt und benotet werden würden. In der Schule hingegen passiert dies regelmäßig, weil die Überprüfung und Bewertung von Gelerntem eben wesentlich zum Schulzweck gehört.

Die Bedeutung der Lehrererwartungen liegt nun darin, dass sie die *Wahrnehmung und Beurteilung des Schülerverhaltens lenken* und so wiederum auf das Verhalten des Lehrers gegenüber einzelnen Schülern zurückwirken. Die Erwartungen fungieren als Wahrnehmungsfilter und Beurteilungsraster. Wie die Erwartungen wirken und welche Konsequenzen sie haben, möchte ich mit einem der bekanntesten Modelle zur Lehrer/innen-Schüler/innen-Interaktion veranschaulichen (Rosemann 1978), wobei ich in der Abbildung 21 nur die Seite der Lehrer/innen berücksichtige.

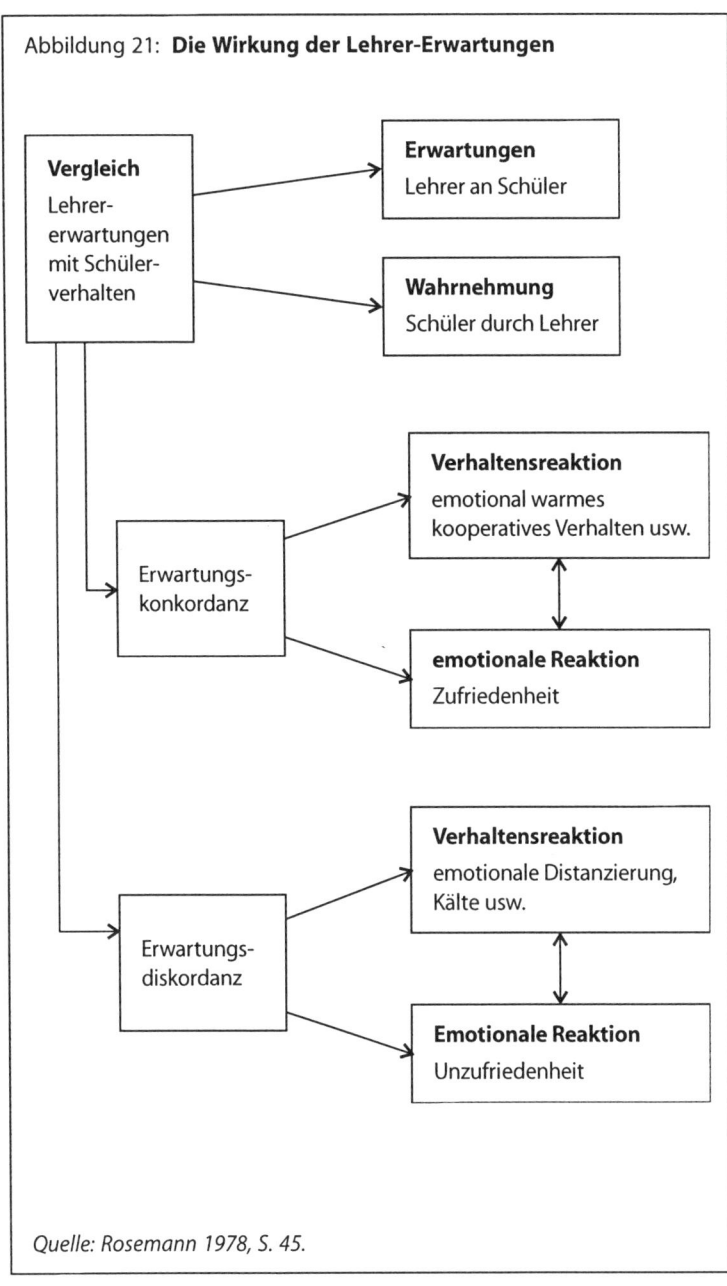

Abbildung 21: **Die Wirkung der Lehrer-Erwartungen**

Vergleich
Lehrer-
erwartungen
mit Schüler-
verhalten

Erwartungen
Lehrer an Schüler

Wahrnehmung
Schüler durch Lehrer

Erwartungs-
konkordanz

Verhaltensreaktion
emotional warmes
kooperatives Verhalten usw.

emotionale Reaktion
Zufriedenheit

Erwartungs-
diskordanz

Verhaltensreaktion
emotionale Distanzierung,
Kälte usw.

Emotionale Reaktion
Unzufriedenheit

Quelle: Rosemann 1978, S. 45.

Ausgangspunkt sind die *Erwartungen* der Lehrer an die Schüler, die vom Zweck der Schule und ihren Verhaltensnormen geprägt sind (1). Auf der Grundlage dieser Erwartungen nehmen Lehrer die Schüler wahr (2), wobei diese *Wahrnehmung* – wie wir im letzten Abschnitt gesehen haben – die Schüler vor allem in Bezug auf Leistung und normgerechtes Verhalten typisiert. In einem meist impliziten und unbewussten *Vergleichsprozess* stellen dann die Lehrer ihre Erwartungen dem wahrgenommenen Schülerverhalten gegenüber (3). Dieser Vergleich führt, und das läuft in der Realität sicher nicht so schematisch ab, entweder zu einer *Erwartungskonkordanz* (4a), d.h., das Schülerverhalten entspricht den Lehrererwartungen, oder zu einer *Erwartungsdiskordanz* (4b), d.h., das Schülerverhalten entspricht nicht den Lehrererwartungen. Entsprechend sind die Verhaltens- und emotionalen Reaktionen der Lehrer im ersten Fall positiv, im zweiten hingegen negativ. – Selbstverständlich, dies vernachlässigt das Modell, gibt es in vielen Situationen auch neutrale oder gleichgültige Lehrerreaktionen auf das Schülerverhalten.

Bei den Schülerinnen und Schülern ergeben sich analoge Prozesse und Reaktionen: Sie richten ebenfalls Erwartungen an die Lehrer, nehmen die Lehrer wahr und vergleichen deren Verhalten mit ihren eigenen Erwartungen. In der Folge stellen sich dann ebenfalls Erwartungskonkordanz oder Erwartungsdiskordanz ein, die wiederum zu entsprechenden Reaktionen der Schüler gegenüber den Lehrern führen (vgl. S. 100ff.).

Es wäre günstig, wenn die Leser/innen dieses Modell für sich selbst durchdenken und dabei auch der Frage nachgehen würden, welche Differenzierungen bezüglich der Erwartungen, Wahrnehmungen und Verhaltensweisen von Lehrern und Schülern möglich und nötig sind.

So wird die Lehrer/innen-Schüler/innen-Interaktion vermutlich auch beeinflusst von der Schulart, dem Unterrichtsfach, von Alter und Geschlecht der Beteiligten, von ihrer sozialen Herkunft, von spezifischen Interessen und Fähigkeiten. Zwei Schwächen bzw. *Kritikpunkte* müssen zu diesem Modell noch angesprochen werden:

- Das Modell suggeriert, dass Lehrer- und Schüler-Erwartungen in der Interaktion das *gleiche Gewicht* zukommt, dass also die Folgen der Schülererwartungen an Lehrer ebenbürtig seien mit den Folgen der Lehrererwartungen an Schüler. Genau dies dürfte allerdings in der *Realität* der Lehrer/innen-Schüler/innen-Interaktion *kaum zutreffen*, denn die Lehrer haben mehr Chancen, ihre Erwartungen durchzusetzen. Am Beispiel der Unzufriedenheit als Reaktion auf eine Erwartungsdiskordanz wird diese Einschränkung klar: Die Unzufriedenheit eines Lehrers mit einem Schüler hat für den Schüler ungleich gravierendere Folgen als die Unzufriedenheit des Schülers für den Lehrer.

• Die von Rosemann angenommenen positiven Konsequenzen der *Erwartungskonkordanz* stellen sich nur dann ein, wenn die Erwartungen ihrerseits *positiv* sind. Wenn z.B. ein Lehrer aufgrund bisheriger Erfahrungen von einem Schüler häufige Unterrichtsstörungen erwartet und der Schüler tatsächlich wieder stört, wird der Lehrer wahrscheinlich nicht mit »emotional warmem Verhalten« reagieren. Wenn umgekehrt ein Schüler aufgrund bisheriger Erfahrungen von einem Lehrer z.B. ungerechte Beurteilungen erwartet und der Lehrer dieser Erwartung entspricht, wird der Schüler daraufhin kaum zufrieden sein.

Damit komme ich zu einer wichtigen *Differenzierung der Erwartungen*. Den beiden letzten Beispielen habe ich nämlich ein anderes Erwartungskonzept unterlegt als das von Rosemann verwendete: Das Modell geht von *normativen Erwartungen* aus, die sich auf gewünschtes oder gesolltes Verhalten beziehen, während meine Beispiele *antizipatorische Erwartungen* enthalten, die das zukünftige Verhalten betreffen (vgl. Dumke 1980; Rosemann 1978, S. 40).

Die *normativen* Erwartungen der Lehrer/innen an die Schüler/innen gehen wiederum auf die Funktionen von Schule und Unterricht zurück und richten sich entsprechend – wie die Typisierungskritierien – auf das Leistungs- und normgemäße Verhalten der Schüler/innen. Diese Erwartungen konstituieren somit die *Rolle* der Schüler/innen, der die Idealschüler/innen am besten gerecht werden. Normative Erwartungen der Schüler/innen an die Lehrer/innen sind demgegenüber weniger eng und strikt gefasst und auch nur in Ausnahmefällen mit Sanktionen durchsetzbar.

Antizipatorische Erwartungen bilden sich auf beiden Seiten – wie in den Beispielen angesprochen – aus den bisherigen Erfahrungen miteinander und den Informationen übereinander. Wie diese antizipatorischen Erwartungen der Lehrer/innen an die Schüler/innen entstehen und welche Folgen sie haben, will ich nun nach den Erkenntnissen von Brophy/Good (1976, S. 64f.) zusammenfassen:

- Zu Beginn des Schuljahrs entwickeln alle Lehrer/innen durch Beobachtung der Schüler/innen *unterschiedliche Erwartungen* über ihr Leistungspotenzial und über deren Persönlichkeitsmerkmale. Einige dieser ersten Erwartungen sind wahrscheinlich unzutreffend und andere sind relativ starr, u.U. sogar trotz gegensätzlichen Schülerverhaltens.

- Die Lehrer/innen beginnen allmählich in Übereinstimmung mit ihren unterschiedlichen Erwartungen die Schüler *unterschiedlich zu behandeln*. Bei zutreffenden und flexiblen Erwartungen fühlen sich die Schüler vom Lehrer angemessen behandelt. Bei unzutreffenden und starren Erwartungen werden sie das Lehrerverhalten als unangemessen erleben.

- Aufgrund ihrer Persönlichkeit und ihrer Erfahrungen reagieren Schüler *unterschiedlich* auf die Lehrer, da diese sie ebenfalls verschieden behandeln. In der Regel werden die Schülerreaktionen zum Lehrerverhalten *reziprok* sein (Freundlichkeit durch den Lehrer wird zu Freundlichkeit durch den Schüler führen; Ablehnung seitens des Lehrers wird beim Schüler dazu führen, dass dieser sich zurückzieht oder aber verstärkt um Anerkennung bemüht).

- Im Allgemeinen reagieren die Schüler also auf den Lehrer mit einem Verhalten, das den speziellen Erwartungen des Lehrers entspricht und sie verstärkt. Gerade bei sehr *starren* Lehrererwartungen können die Schüler so beeinflusst werden, dass sie mit einem Verhalten reagieren, das den Lehrererwartungen näher kommt und sie womöglich verstärkt. Das gilt für positive Erwartungen (»auf Michaelas Unterrichtsbeiträge kann ich mich immer verlassen«) wie für negative (»die Hausaufgaben von Andreas werden wie immer ziemlich schlampig sein«).

- Wenn die Lehrererwartungen *flexibel* sind, werden sie sich dem gezeigten Schülerverhalten anpassen und eine u.U. vorschnelle Typisierung vermeiden (»Michaela hat heute nicht sehr gut mitgearbeitet«; »Andreas hat heute wirklich ordentliche Hausaufgaben gemacht«). Bei einigermaßen flexiblen Erwartungen wird also das Lehrerverhalten dem Schüler angemessen sein und auf Veränderungen seines Verhaltens prompt reagieren.

- Wenn die Erwartungen des Lehrers *unzutreffend und hoch* sind, dann wird der Schüler wahrscheinlich sehr viel Kontakt mit dem Lehrer haben und von ihm häufig ermutigt und gelobt werden. Allerdings besteht dann die Gefahr, dass der Lehrer den Schüler mit seinen Erwartungen überfordert.

- Wenn die Erwartungen des Lehrers an einen Schüler *unzutreffend und niedrig* ausfallen, dann wird dieser Schüler ziemlich wenig Kontakt mit dem Lehrer haben und weniger Lob erhalten als seine Mitschüler in vergleichbaren Situationen. Der Schüler wird sich abgewertet fühlen und wahrscheinlich ein Gefühl der Enttäuschung und des Versagens erleben.

Aus diesen sechs Punkten ergeben sich zwei für die Lehrer/innen-Schüler/innen-Interaktion bedeutsame Folgerungen. *Erstens* haben die Erwartungen der Lehrer *Auswirkungen* auf die Schüler. Das konnten wahrscheinlich viele in der eigenen Schulzeit spüren, und zwar umso intensiver, je starrer die Erwartungen waren (»bei dem hab ich einen Stein im Brett« oder »bei dem komm ich auf keinen grünen Zweig«). *Zweitens können* sich die Erwartungen der Lehrer u.U. *selbst bestätigen:* Der Lehrer verhält sich gemäß seinen Erwartungen gegenüber dem Schüler, der darauf mit einem Verhalten reagiert, das den Erwartungen entspricht (vgl. Dobrick/Hofer 1991, S. 3ff.; in Abbildung 22, S. 92 ist dies grafisch dargestellt).

Die Annahme einer sich selbst erfüllenden Erwartung (self-fulfilling prophecy) oder Erwartungsbestätigung wurde im Anschluss an das erste Experiment dazu (Rosenthal/Jacobson 1968) sehr häufig untersucht, überinterpretiert und kritisiert. Ohne dass ich die seither geführte Diskussion hier annähernd nachzeichnen könnte (vgl. Bierhoff 1990; Hanke 1980, S. 732ff.; Hofer 1997, S. 219ff.; Weinert u.a. 1981), möchte ich kurz begründen, warum die Wahrscheinlichkeit einer Erwartungsbestätigung gerade in der Schule relativ hoch veranschlagt werden muss.

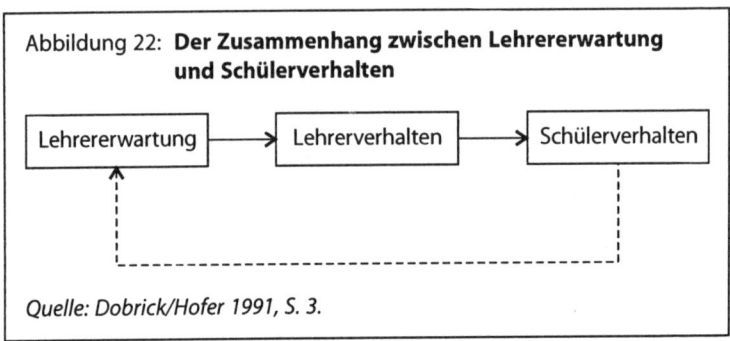

Abbildung 22: **Der Zusammenhang zwischen Lehrererwartung und Schülerverhalten**

Lehrererwartung → Lehrerverhalten → Schülerverhalten

Quelle: Dobrick/Hofer 1991, S. 3.

Verantwortlich dafür ist vor allem die besondere Struktur der Lehrer/innen-Schüler/innen-Interaktion. Diese Interaktion ist ja zunächst auf eine gewisse *Dauer* angelegt (meistens zwei oder mehr Schuljahre) und insofern sind die Schüler/innen eben über einen längeren Zeitraum den Erwartungen ihrer Lehrer/innen ausgesetzt. Auch die Regelmäßigkeit der Interaktion und ihre – weitgehend konstanten – sozialen, räumlichen und inhaltlichen Bedingungen tragen zu dieser Erwartungswirkung bei. Bei der Interaktions*frequenz* gibt es beachtliche Unterschiede: Zwischen zwei und etwa 20 Stunden wöchentlich interagieren dieselben Lehrer/innen und Schüler/innen und unter sonst gleichen Bedingungen ist anzunehmen, dass eine höhere Frequenz (z.B. in der Grundschule) die Bestätigung vor allem starrer Erwartungen wahrscheinlicher macht als eine niedrige.

Drei weitere Differenzierungen für die Erwartungsbestätigung führt Bierhoff (1990) an:

• Zunächst ist die Wahrscheinlichkeit, dass Lehrererwartungen sich selbst bestätigen, bei den Erwartungen am größten, die sich auf das *Leistungsverhalten* beziehen; dies gilt besonders für *jüngere Schüler/innen*, die ihre eigene Begabung noch nicht sicher einschätzen können und insofern stärker von den Erwartungen und Urteilen des Lehrers abhängig sind.

• Die Erwartungsbestätigung wird dann eher auftreten, wenn Lehrer und Schüler sich erst *kurze Zeit* kennen, also nach einem Lehrerwechsel zu Beginn des Schuljahres.

- Vor allem negative Lehrererwartungen können beim Schüler aber auch ein *gegenteiliges* Verhalten auslösen, also ein Verhalten, das darauf gerichtet ist, die Erwartung zu widerlegen; »z.B. kann ein Schüler, den ein Lehrer für wenig begabt hält, durch Eigeninitiative das Gegenteil zu beweisen versuchen« (ebd., S. 168) – ein Versuch, der umso eher (weniger) gelingen wird, je unflexibler (starrer) die Lehrererwartungen sind.

Festzuhalten bleibt, dass die Erwartungen der Lehrer/innen an ihre Schüler/innen ein völlig »normales« und alltägliches Geschehen im Klassenzimmer darstellen. Die Erwartungen haben ohne Zweifel eine interaktionssteuernde Wirkung, sie tendieren jedoch nur unter bestimmten Bedingungen dazu, sich selbst zu bestätigen. Für die Schüler/innen nachteilig wirken sich insbesondere negative und starre Lehrererwartungen aus, weil ein Verhalten, das solchen Annahmen *nicht* entspricht, vom Lehrer kaum mehr wahrgenommen wird. Umgekehrt können positive Lehrererwartungen zu einer für beide Seiten angenehmen Interaktion und zum Wohlfühlen der Schüler/innen beitragen.

Wenn Lehrer/innen heute nach ihren aktuellen *Erfahrungen mit Schülerinnen und Schülern* gefragt werden, weisen viele von ihnen auf spezifische Probleme hin, einige aber auch auf positive Aspekte (Ulich 1996a, S. 110ff.). Angesprochen wird vor allem, dass die Schüler/innen gerade heute die Lehrer/innen sehr stark *fordern* und belasten. Schwierigkeiten haben viele Lehrer/innen mit der mangelnden Lernmotivation, mit Aggressionen, Ablenkbarkeit und »Verhaltensstörungen« der Schüler/innen. Bereits länger berufstätige Lehrer/innen erleben überwiegend *Veränderungen* des Schüler/innen-Verhaltens, die sie vor höhere Ansprüche stellen: mehr Selbstbewusstsein, weniger Autoritätsgläubigkeit, nachlassendes Interesse und geringere Konzentrationsfähigkeit, aggressiveres und ungehemmteres Verhalten (Kraus-Dietz 1993, S. 53ff.).

Lehrer/innen in der *Grundschule* empfinden solche Probleme mit Schülerinnen und Schülern sicherlich unmittelbarer und intensiver als in anderen Schulen. Sie müssen mit den Kindern nicht nur die diffizile Umstellungs- und Eingewöhnungsphase vom Kindergarten auf die Schule bewältigen (vgl. Ulich 1993, S. 127ff.), sondern haben es auch mit der relativ heterogensten, weil noch nicht selektierten Schüler/innen-Gruppe zu tun. Außerdem schlagen familiäre Belastungskonstellationen – von der Arbeitslosigkeit bis zur Scheidung – bei 6- bis 10-Jährigen stärker durch als bei älteren Kindern. Vor diesem Hintergrund will ich einige Erfahrungen von *Grundschullehrerinnen* wiedergeben (Fölling-Albers 1989):

Viele Lehrer/innen sehen – ähnlich wie oben – *Veränderungen* bei den Kindern, die ihnen nach mehr als zwölf Jahren Berufstätigkeit auffallen, so vor allem Konzentrationsmängel, Unstetigkeit, Bewegungsdrang, Motivationsprobleme. Auch beim Sozialverhalten dominieren kritische Äußerungen: Die Kinder seien überwiegend Einzelgänger und recht egoistisch, zugleich selbstbewusster und unselbstständiger, verwöhnter und aggressiver. Viele kommen mit hoch gesteckten Individualisierungsansprüchen in die Schule und wollen auch hier in ihrer Prinzen- oder Prinzessinnenrolle bestätigt werden. Bezüglich der sprachlichen und allgemeinen kognitiven Entwicklung der Kinder konstatieren die Lehrer/innen zunehmende Unterschiede innerhalb der einzelnen Klassen, d.h., »die Entwicklungsschere weitet sich« (ebd., S. 128). Dadurch stehen die Lehrer/innen wiederum vor höheren Anforderungen bei der Differenzierung des Unterrichts.

In der Studie von Sibylle Redeker (1993, S. 89ff.) schält sich als Brennpunkt der Beziehung zu Schülerinnen und Schülern die *Nähe-Distanz-Problematik* heraus: Inwieweit können und wollen Lehrer/innen persönliche Wünsche nach Nähe oder Distanz in der Schule verwirklichen? Für viele ist damit eine Gratwanderung zwischen emotionalen Risiken verbunden, was die folgenden Äußerungen signalisieren (ebd., S. 90f.):

»Ich kann da nicht stehen wie ein Computer.«
»Ich habe Klassen gehabt (...), wo man so vor einem Block stand, dann ist man häufiger krank.«
»Ich kann mich doch nicht den Schülern aufdrängen und wenn ich merke, die Schüler haben ja gar kein Anliegen mehr, dann beschränke ich mich auf diese pure Dienstleistung.«
»Wenn ich mich nicht einlassen würde auf meine Schüler, hätte ich überhaupt keinen Spaß an der Schule.«

Einige Interviews von Redeker legen die Widersprüchlichkeit offen, die mit dem Bedürfnis der Lehrer/innen verbunden ist, von den Schüler/innen Zuneigung zu erfahren (ebd., S. 92):

> »*Das ist mir nicht so wichtig, von den Schülern geliebt zu werden in jedem Fall (...). Bei manchen wär es eher fast 'ne Beleidigung, wenn ich geliebt würde.*«

Damit, interpretiert die Autorin, wehrt die Lehrerin ihren eigentlichen Zuneigungswunsch ab, indem sie »manche« Schüler/innen abwertet, um möglichen Enttäuschungen vorzubeugen. Im Erleben der Lehrer/innen – so Redekers Resümee – sind die Bemühungen, in ihrer Beziehung zu Schülerinnen und Schülern ein Gleichgewicht zwischen Nähe und Distanz zu erreichen, häufig von *Angst* begleitet: einerseits Angst vor zu großer Distanz und daraus folgender Einsamkeit, andererseits Angst vor zu großer Nähe, die die berufliche Autorität und Identität gefährden kann; ein wirklich schwieriger und emotionsgeladener Balanceakt, der durch die ebenfalls ambivalenten Beziehungswünsche der Schüler/innen nicht einfacher wird. Nach Ergebnissen anderer Untersuchungen (Kraus-Dietz 1993, S. 64ff.; Terhart u.a. 1993, S. 139) lässt sich vermuten, dass die Lehrer/innen mit zunehmender Dauer der Berufstätigkeit *tendenziell* mehr Distanz zwischen sich und die Schüler/innen legen, zugleich aber mit ihrem Verhältnis zu ihnen unzufriedener werden.

Nicht nur die emotionale Gratwanderung vieler Lehrer/innen, sondern auch andere Erfahrungsmomente machen darauf aufmerksam, dass die Beziehungen der Lehrer/innen zu ihren Schüler/innen – um es ganz vorsichtig zu formulieren – *nicht frei sind von Emotionen.* Zuneigungen und Abneigungen in diversen Abstufungen, Freude, Ärger oder auch Gleichgültigkeit gehören zu den unvermeidlichen Komponenten des schulischen Beziehungsalltags. Lehrer/innen können eben nicht dastehen wie Computer, und das ist auch gut so. Sie sollten dabei aber bedenken, welche *Folgen* negative Emotionen für die Schüler/innen haben können, und darauf achten, nicht für alle Schwierigkeiten in der Klasse stets dieselben unbeliebten Sündenböcke verantwortlich zu machen.

Allerdings werden die Gefühle gegenüber Schülerinnen und Schülern oft verdrängt, tabuisiert oder verschwiegen, denn sie scheinen den Gleichheits- und Gerechtigkeitsansprüchen an die Rolle der Lehrer/innen zuwiderzulaufen. Entsprechend schwer tut sich die Forschung, solche Emotionen zuverlässig aufzudecken. Zumindest ist mit einer gewissen Scheu der Lehrer/innen (und einer analogen Verzerrung) bei der Äußerung von Abneigungen gegenüber bestimmten Schülern zu rechnen.

Welche Schüler/innen sind nun eigentlich bei den Lehrerinnen und Lehrern *beliebt* und welche mögen sie nicht? Mit dieser für die Lehrer/innen-Schüler/innen-Beziehung substanziellen Frage hat sich Petillon (1982, S. 297ff.) anhand einer Stichprobe von 60 vierten Grundschulklassen und deren Lehrer/innen beschäftigt. Was er dazu herausfindet, kann zwar nicht ohne weiteres auf andere Schularten und Lehrer/innen übertragen werden; die einzelnen Beliebtheitsfaktoren dürften aber prinzipielle Bedeutung haben, wenn auch mit unterschiedlichem Gewicht. Nach der Einschätzung der von Petillon befragten Lehrer/innen verteilen sich die Schüler/innen folgendermaßen auf vier Gruppen:

- sehr beliebte: 26%,
- beliebte: 30%,
- weniger beliebte: 26%,
- unbeliebte: 18%.

Es ist nun keineswegs banal, sondern kann sogar vor überzogenen Selbstansprüchen schützen, wenn ich ausdrücklich festhalte, dass die Lehrer/innen etliche Schüler/innen *mögen* und andere eben *nicht mögen* (auf die Folgen für die Schüler/innen geht der nächste Abschnitt ein). Wovon das im Einzelnen abhängt, will ich mit den folgenden Ergebnissen demonstrieren, wobei ich zur Verdeutlichung einen *Extremgruppenvergleich* zwischen den sehr beliebten und den unbeliebten anstelle (Petillon 1982, S. 304ff.). Zuerst der Zusammenhang zwischen der Beliebtheit der Schüler/innen und ihrer *Schulleistung* (Abbildung 23).

Die sehr beliebten haben also bessere Noten und sind seltener Klassenwiederholer.

Abbildung 23:	**Der Zusammenhang zwischen Beliebtheit und Leistung**				
	Noten-durch-schnitt	Klassen-wieder-holer	Übertrittsempfehlung für		
			Haupt-schule	Real-schule	Gymna-sium
sehr beliebte	2,3	2%	15%	23%	62%
unbeliebte	3,9	31%	88%	5%	7%
Quelle: Petillon 1982, S. 304 u. 306 (Auszug).					

Ein ganz ähnlicher Zusammenhang wie bei den Durchschnittsnoten ergibt sich folgerichtig bei den Übertrittsempfehlungen der Lehrer/innen für weiterführende Schulen: Von den sehr beliebten Schülerinnen und Schülern werden 62% für das Gymnasium und nur 15% für die Hauptschule empfohlen, von den unbeliebten hingegen 7% bzw. 88%. Der eigenen, ehrlichen Antwort stelle ich noch die Frage anheim, ob beliebte Schüler/innen besser beurteilt werden oder ob leistungsstarke Schüler/innen beliebter sind.

Was die Lehrer/innen an den beliebten Schülerinnen und Schülern hoch und an den unbeliebten wenig schätzen, wird anhand mehrerer Persönlichkeitsmerkmale erfasst. Die größten Unterschiede ergeben sich bei den Eigenschaften zuverlässig, fleißig, ehrlich, kameradschaftlich und folgsam. Es bestimmen also, so Petillon, in erster Linie schulische »Tugenden« die Beliebtheit. Beliebt sind vor allem Schüler/innen, die sich gegenüber den schulischen Normen und den entsprechenden Erwartungen der Lehrer/innen konform verhalten. In Prozentwerten, nach der Konformitätseinschätzung der Lehrer/innen ausgedrückt, ergibt sich folgender Zusammenhang zwischen der Beliebtheit der Schüler/innen und ihrer *Konformität* (Abbildung 24).

Aus der Sicht der Lehrer/innen ist dieser Zusammenhang ebenso nahe liegend wie verständlich: Warum sollten sie Schüler/innen mögen, die ihre Arbeit durch nicht-konformes Verhalten erschweren und umgekehrt? Nahe liegend ist daher auch, dass sehr beliebte Schüler/innen kaum negative Sanktionen der Lehrer/innen (Ermahnungen, Tadel, Strafarbeiten) auf sich ziehen, die sich hingegen

Abbildung 24:	**Der Zusammenhang zwischen Beliebtheit und Konformität**		
	Konformität		
	hoch	mittel	niedrig
sehr beliebte	67%	26%	7%
unbeliebte	7%	17%	76%
Quelle: Petillon 1982, S. 313 (Auszug).			

bei den unbeliebten häufen. Die Konzentration von Strafen auf unbeliebte Schüler/innen, so nimmt Petillon an, fördert bei den betroffenen Kindern eine Identität, »die sich auf das Verhältnis zum Lehrer negativ auswirkt« (1982, S. 318). Dies ist eine Feststellung, die durchaus zum Nachdenken über den pädagogischen Wert bzw. Schaden von Strafen anregen könnte oder besser sollte, eben weil die damit gekoppelten Emotionen oft so hartnäckig sind.

Urteile, Erwartungen und Erfahrungen der Schüler/innen

Gerade für angehende Lehrer/innen ist es sehr wichtig, sich – auch vor dem Hintergrund der eigenen Schulzeit – mit der Perspektive der Schüler/innen im alltäglichen Umgang mit den Lehrerinnen und Lehrern auseinander zu setzen. Wie *beurteilen* eigentlich Schüler/innen ihre Lehrer/innen, welche Erwartungen richten sie an sie?

Um zunächst an einige Ergebnisse aus dem vorigen Abschnitt anzuschließen: In den Erfahrungen der Schüler/innen entsteht ein gravierender *Unterschied* daraus, ob sie bei den Lehrer/innen beliebt sind oder nicht (Petillon 1982, S. 344f.): Die *unbeliebten* spüren, dass andere Schüler/innen mehr gemocht werden. Sie erfahren mehr Ärger, Strenge und Wut der Lehrer/innen, werden von ihnen öfters vor der Klasse blamiert und haben stärker Angst vor ihnen. Jeweils umgekehrt verhält es sich bei den beliebten Schüler/innen, die eindeutig positivere Erfahrungen mit Lehrer/innen machen.

Zu den durchaus kritischen und differenzierten Urteilen der Schüler/innen über ihre Lehrer/innen bringe ich zunächst ein paar Zitate (aus Furtner-Kallmünzer/Sardei-Biermann 1982):

»*Aber auch manche Lehrer, die sind viel zu überreizt, (…) die machen einem Angst, das ist Wahnsinn. Wir haben eine Lehrerin, die tut so, als wäre ihr Fach das Höchste auf der Welt; wenn man das nicht kann, dann kann man gar nichts, dann ist man blöd, und die misst sich so viel Bedeutung bei und macht einem richtig Angst vor den Abschlussprüfungen (…).*«

»*Manche Lehrer sind da wie Maschinen. Die gehen da rein, setzen sich hin, und dann: Seite, Nummer, und es geht los, und dann gehen sie wieder raus, wenn die Stunde fertig ist (…).*«

»*Ich meine, was bei uns ein großes Problem ist, dass man mit den Lehrern nicht reden kann. Wenn wir sagen, machen wir halt einmal den Unterricht langsamer, dann heißt es: ›Ja, wie soll ich das denn machen, ich muss meinen Stoff durchkriegen.‹*«

Diese Negativbeispiele deuten bereits einige Dimensionen der *Urteile über Lehrer/innen* an, die sich bei direkten Schüler/innen-Befragungen immer wieder bestätigen. In seiner Reanalyse vor allem angloamerikanischer Untersuchungen hat Gerstenmaier schon vor 25 Jahren die zentrale Urteilsstruktur ermittelt: Die Schüler/innen bewerten vor allem solche Lehrer/innen *positiv*, die sie als *emotional warm* und offen empfinden *und* bei denen sie das Gefühl haben, *viel zu lernen*. Aus der Schüler/innen-Sicht sind Lehrer/innen dann erfolgreich und geschätzt, wenn sie »als unterstützend und freundlich« erlebt werden und »zugleich einen planvollen und anregenden Unterricht« halten (Gerstenmaier 1975, S. 152). Auch in der neueren Forschung spielen diese beiden Urteilskriterien eine Hauptrolle.

Eine österreichische Hauptschuluntersuchung (Mayr u.a. 1991) arbeitet sehr differenziert jene Verhaltensweisen der Lehrer/innen heraus, die nach der Einschätzung der Schüler/innen eine *erfolgreiche und angenehme Interaktion* im Unterricht ausmachen. Danach rangieren das *fachliche Können* und die Berufsauffassung der Lehrer/innen ganz oben; an zweiter Stelle folgen eher emotionale Kriterien wie *Zuneigung* zu den Schülerinnen und Schülern, Offenheit und Ehrlichkeit sowie präzise Verhaltens- und Arbeitserwartungen. Positiv bewerten die Schüler/innen ferner Lehrer/innen, die interessant und freudig unterrichten, Verständnis für schwierige Schüler/innen aufbringen und sich für ein gutes Klassenklima einsetzen. Als Anforderungskatalog an Lehrer/innen gelesen, stellen diese Urteile der Schüler/innen ziemlich hohe Ansprüche, die – zumal von Berufsanfänger/innen – kaum voll zu erfüllen sind. Sie bilden gleichwohl wichtige Bezugspunkte für die Erfahrungen der Schüler/innen, die sie im alltäglichen Umgang mit Lehrerinnen und Lehrern machen.

Für die folgenden Überlegungen nehme ich an, dass die Urteile der Schüler/innen über ihre Lehrer/innen vor allem durch einen *Vergleichsprozess* entstehen: Schüler/innen entwickeln im Lauf der Schulzeit spezifische *Erwartungen* an die Lehrer/innen, die sie mit deren erlebtem *Verhalten* vergleichen. Aus der subjektiven und meist wohl impliziten Gegenüberstellung resultiert dann die konkrete Einschätzung der einzelnen Lehrer/innen (Abbildung 25):

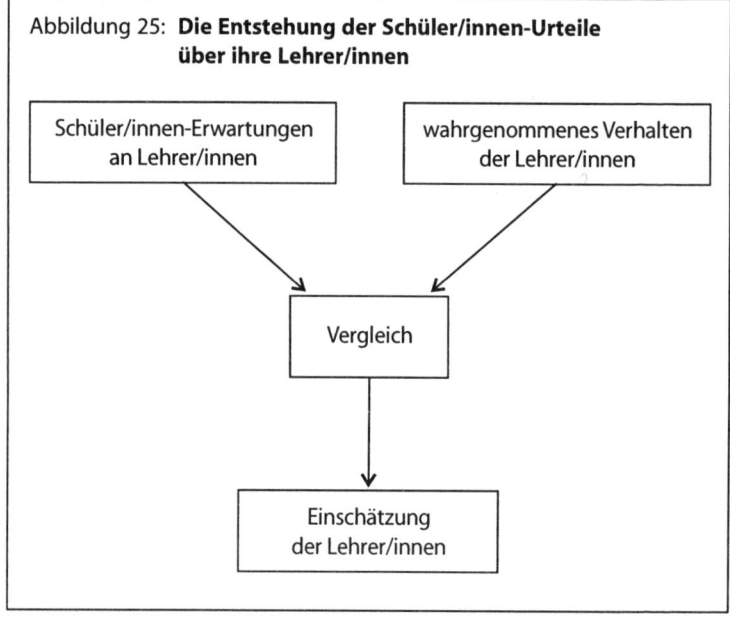

Abbildung 25: **Die Entstehung der Schüler/innen-Urteile über ihre Lehrer/innen**

Schüler/innen-Erwartungen an Lehrer/innen

wahrgenommenes Verhalten der Lehrer/innen

Vergleich

Einschätzung der Lehrer/innen

Sind also die *Erwartungen* der Schüler/innen eine Grundlage für ihre Urteile über Lehrer/innen, dann können wir im nächsten Schritt nachsehen, *welche* Erwartungen die Schüler/innen leiten. Allerdings verfolge ich damit nicht die Absicht, gerade angehenden Lehrerinnen und Lehrern eine vorschnelle Anpassung an die Wünsche der Schüler/innen nahe zu legen. Gleichwohl halte ich es für nützlich, ja für notwendig, die Erwartungen der Schüler/innen zu kennen, um ihr Verhalten besser zu verstehen. Zur Konkretisierung wieder ein paar Schüler/innen-Äußerungen:

> »*Dass halt vor allem eine bessere Lehrer/innen-Schüler/innen-Beziehung da ist. Dass sich die Lehrer nicht immer so über die Schüler stellen. Immer mit Autorität.*«
> »*(...) wenn der Lehrer reinkommt, ja machen wir's locker und so, dann ist da irgendwie schon ein solches Klima drinnen – ja das ist ein guter Lehrer –, aber dann ist meistens der Unterricht auch so gehalten, dass wir nicht mehr viel lernen dabei.*«
> »*Ja, dass überhaupt keine Beziehungen zum Lehrer da sind (...). Da ist einfach jetzt Schule, wir sind jetzt die Schüler und das sind die Lehrer, und dann ist es fertig.*«
> »*Es gibt wirklich viele Lehrer, die frei nach Schnauze benoten. So nach Lust und Laune. Da wenn man ausgefragt wird – manchmal da weiß man das und das nicht – und bekommt trotzdem noch eine Eins minus. Aber wenn man sich eine Eins erwartet, dann hat man schon eine Zwei. Also das kommt ganz darauf an, wie der Lehrer aufgelegt ist, und dann ob er einen zurzeit riechen kann oder nicht.*« (Aus Furtner-Kallmünzer/Sardei-Biermann 1982)

Weniger Autorität der Lehrer/innen und Gehorsam der Schüler/innen, mehr persönliche Beziehungen, mehr Gerechtigkeit und Objektivität – das wünschen sich diese Schüler/innen von ihren Lehrerinnen und Lehrern. Zur Bekräftigung und Differenzierung gleich noch einmal drei Zitate (aus *jetzt* 1995):

> »*Mein Ideallehrer ist Dr. Specht aus der Fernsehserie. Aber so einen gibt's in Wirklichkeit wohl nicht. Der geht einfach liberal mit den Schülern um, hat Humor und Verständnis für die Probleme*

der Schüler. Und kommt nicht mit einem strengen ›Guten Morgen‹ in die Klasse, sondern mit einem lockeren Spruch.«
»Der hässlichste Lehrer kann der netteste sein, wenn er ein Mensch ist und nicht nur Stoff einpaukt. Dabei sollte er kein Weichling sein. Einen hatten wir, der hat alle Regeln für seinen Unterricht an die Tafel geschrieben. Von da an wussten wir, was er wollte.«
»Respekt habe ich nur vor dem Lehrer, der auch Respekt vor mir hat, der mich nicht wie ein kleines unmündiges Kind behandelt.«

Verständnis und Anerkennung für die Schüler/innen, Lockerheit, Menschlichkeit sowie Klarheit der eigenen Anforderungen – so lautet die Botschaft der Erwartungen dieser Jugendlichen an ihre Lehrer/innen.

Präzise Informationen zu den Erwartungen erhalten wir aus der Studie von Furtner-Kallmünzer/Sardei-Biermann (1982); die Autorinnen gewinnen aus Gruppendiskussionen mit Schülerinnen und Schülern aller weiterführenden Schularten wichtige Perspektiven und eben auch Erwartungshaltungen der Jugendlichen in Bezug auf ihre Lehrer/innen. Das Hauptresultat lässt sich als *Ambivalenz* der Erwartungen zusammenfassen (Abbildung 26, S. 103) und in einem doppelten »einerseits – andererseits« formulieren:

- *Einerseits* haben die Schüler/innen ein ausgeprägtes Interesse an formaler Gleichheit, Gleichberechtigung und demokratischen Entscheidungen im Umgang mit Lehrer/innen; *andererseits* erwarten sie von ihnen Autorität und Durchsetzungsfähigkeit.
- *Einerseits* wünschen sich die Schüler/innen, dass die Lehrer/innen individuell und persönlich auf sie eingehen; *andererseits* sollen die Lehrer/innen sachlich und gerecht sein.

Diese grundlegende *Widersprüchlichkeit* der Erwartungen resultiert, wie die Verfasserinnen erläutern, aus der institutionell vordefinierten *Struktur schulischer Interaktionen*: Sie begründet sowohl Macht und Überlegenheit der Lehrer/innen – wovor sich die Schüler/innen schützen wollen – als auch umgekehrt die prinzipielle Abhängigkeit der Schüler/innen, die sie nur als sachlich und »objektiv« akzeptieren möchten.

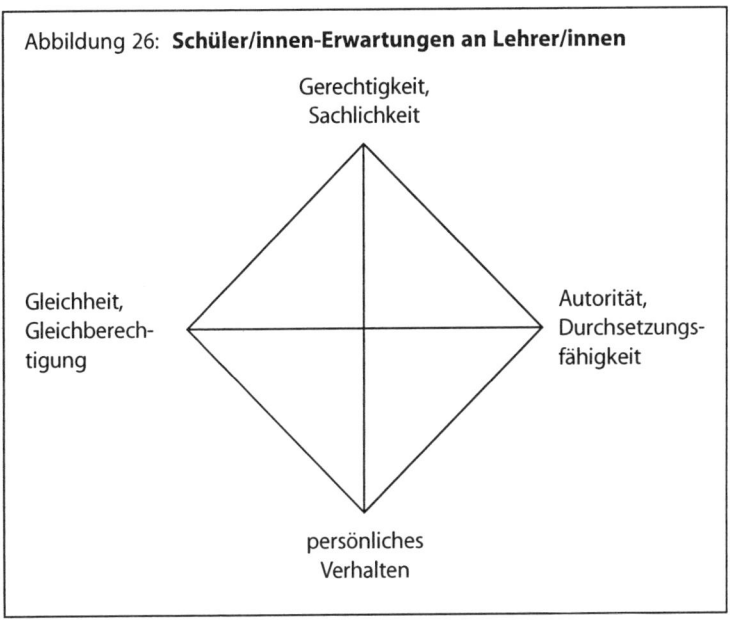

Abbildung 26: **Schüler/innen-Erwartungen an Lehrer/innen**

Gerechtigkeit,
Sachlichkeit

Gleichheit,
Gleichberech-
tigung

Autorität,
Durchsetzungs-
fähigkeit

persönliches
Verhalten

Die grafische Darstellung macht deutlich, dass der Versuch, all diesen widersprüchlichen Erwartungen gleichermaßen nachkommen zu wollen, *nicht gelingen kann*. Gerade Lehrer/innen, die ihr Verhalten gegenüber den Schülerinnen und Schülern am grafischen Zentrum der Erwartungen orientieren, die also allen Beziehungsinteressen ein bisschen entsprechen möchten, werden schnell profillos und gefährden obendrein ihre berufliche Identität. Mir der Unmöglichkeit bewusst zu werden oder zu bleiben, dass ich als Lehrer/in *nie* alle Erwartungen der Schüler/innen erfüllen kann, bedeutet deshalb den ersten und wichtigsten Schritt zu einer *eigenen Linie* in der Beziehung zu ihnen, in der ich mich dann auch als Person wieder finde. Eigene Stärken und Schwächen im Umgang mit Schülerinnen und Schülern akzeptieren, ihre Erwartungen thematisieren und wenn nötig auch relativieren, das könnten die nächsten Schritte sein (zu den spezifischen Erwartungen der Schüler/innen an Klassenlehrer/innen vgl. Martin 1995).

Die Untersuchung von Furtner-Kallmünzer/Sardei-Biermann (1982, S. 32ff.) bestätigt die Ambivalenz auch in den konkreten *Ur-*

teilen der Schüler/innen über ihre Lehrer/innen, die nur höchst selten *eindeutig* positiv oder negativ ausfallen. Einige Beispiele, die Sie in die Erwartungsgrafik einordnen können: »streng, aber gerecht«, »kalt, aber bringt einem etwas bei«, »nett, aber kann sich nicht durchsetzen«. Vielleicht ist das ja auch ein wenig beruhigend: Aus der Sicht der Schüler/innen gibt es kaum totale Nieten unter den Lehrerinnen und Lehrern und ebenso wenig Superlehrer/innen, die alles bringen. »*Ich brauche keinen superman als Lehrer, sondern einen ganz normalen Menschen. Einen, der nicht total fertig ist, sondern immer noch Interesse an seinem Fach hat.*« (Schülerin, 10. Klasse; aus jetzt 1995)

Allerdings beurteilen trotz dieser Ambivalenz die Schüler/innen mit zunehmendem Alter ihre Lehrkräfte *immer negativer,* wie wir an Ergebnissen aus der Untersuchung von Czerwenka u.a. (1990) gesehen haben (S. 19f.). Eine ähnliche Tendenz findet sich auch in einer Längsschnittstudie (Tillmann u.a. 1984, S. 235ff.), nach der sich die Beziehung der Schüler/innen zu den Lehrer/innen von der 5. zur 6. Klasse deutlich verschlechtert hat; ein Beispiel: Der Äußerung »Wenn wir uns in der Schule nicht ordentlich verhalten, drohen uns unsere Lehrer mit schlechten Noten« stimmen 28% der Schüler/innen zu Beginn der fünften Klasse, aber 48% von ihnen zu Beginn der sechsten Klasse zu (ebd., S. 236). Der mögliche Einwand, diese Veränderung sei vor allem auf die Urteile der leistungsschwächeren Schüler/innen zurückzuführen, wird durch weitere Ergebnisse klar widerlegt: Sowohl Schüler/innen mit günstiger als auch die mit ungünstiger Leistungsentwicklung nehmen die Verschlechterung der Beziehung zu Lehrer/innen wahr. Mitverantwortlich für diese Entwicklung ist zweifellos der bereits erwähnte Übergangs- oder Sekundarstufenschock.

Eine neue repräsentative Befragung 14- bis 16-jähriger Schüler/-innen liefert einen genauen Vergleich zwischen ihren Erwartungen an die Lehrer/innen und der Beurteilung des tatsächlichen Verhaltens (Kanders u.a. 1996a, b). Wie die Ergebnisse zeigen (Abbildung 27), driften die Erwartungen der Schüler/innen und das Verhalten der Lehrer/innen aus der Sicht der Schüler/innen ziemlich weit auseinander: Was die Schüler/innen für »gute« Lehrer/innen als wichtig erachten, trifft nach ihrer Einschätzung nur für einen kleinen Teil zu.

Abbilddung 27: **Schüler/innen-Erwartungen an Lehrkräfte im Vergleich mit der Einschätzung des tatsächlichen Verhaltens** (Angaben in Prozent)	Stimmt für die meisten Lehrer	Ist für einen guten Lehrer besonders wichtig
Die Lehrer behandeln alle Schüler gleich	27	77
Die Lehrer können schwierige Sachverhalte gut erklären	20	76
Zu den Lehrern habe ich großes Vertrauen	10	59
Die Lehrer kümmern sich darum, wie es den Schülern geht	19	57
Die Lehrer lassen die Schüler mitbestimmen, wie im Unterricht vorgegangen wird	8	52
Die Lehrer bestimmen im Großen und Ganzen, was wir im Unterricht machen sollen	74	16
Quelle: Kanders u.a. 1996a, S. 37.		

Diese Zahlen bestätigen erneut, was den Schülerinnen und Schülern besonders wichtig ist und was umgekehrt doch nur relativ wenige Lehrer/innen in ihrem Verhalten zeigen: Gerechtigkeit, didaktische Fähigkeiten, persönliches Eingehen auf die Schüler/innen, Mitbestimmung im Unterricht.

Welche Erfahrungen machen Schüler/innen in ihrer *alltäglichen Beziehung* zu Lehrerinnen und Lehrern? Die Schüler/innen sind ja doch von ihren Lehrkräften sehr abhängig: *Sie* sind es, die über Noten, inhaltliche Anforderungen, Belohnungen und Bestrafungen sowie nicht zuletzt über Hausaufgaben entscheiden. »Mit LehrerInnen gut auszukommen ist daher für die SchülerInnen ein wichtiges, im Extremfall existenzielles Problem und es ist anzunehmen, dass von dieser Situation wichtige Einflüsse auf ihr Befinden ausgehen.«

(Eder 1995, S. 70) Als Einstieg für das Folgende bringe ich einige Schüler/innen-Äußerungen aus dem Jugendmagazin jetzt (1995), die sowohl positive als auch negative Erfahrungen verdeutlichen (vgl. Fend 1997, S. 64ff.).

>»Unser Englischlehrer ist einfach der Beste. Der ist cool, macht lockeren Unterricht und kommt auch mal mit seiner Klampfe. Zum Beispiel brachte er vor Weihnachten ein Video mit von einem Bob-Dylan-Gedenkkonzert, den Text von ›Masters of War‹ mussten wir dann übersetzen. Das war schon ungewöhnlich …« (Schüler, 10. Klasse)
>
>»Ich finde Lehrer, die ständig mit Verweisen drohen, einfach lächerlich. Ich habe einen, der führt sogar eine Strichliste, dreimal reden ein Strich und so weiter. Der schickt auch den Eltern Hinweise, wenn man den Unterricht stört.« (Schülerin, 9. Klasse)
>
>»Ich finde es wichtig, dass Lehrer einem was beibringen. Zum Beispiel in Mathe: Da haben wir einen, der wiederholt alles, bis es auch der Letzte verstanden hat.« (Schüler, 13. Klasse)
>
>»Wer seine Versprechen nicht einhält, ist für mich gestorben. Lehrer sagen gern: Das kommt bestimmt nicht dran in der Schulaufgabe, und dann kommt's natürlich dran. Das ist einfach das Letzte.« (Schüler, 12. Klasse)
>
>»Mein Lieblingslehrer ist zwar auch mal streng, aber auch witzig und er bringt einem wirklich etwas bei. Und wenn wir mal Probleme in der Klasse haben, nimmt er sich Zeit und spricht das mit uns durch. Das finde ich gut.« (Schüler, 9. Klasse)
>
>»Ein schlechter Lehrer stempelt einen für immer als schlecht ab, wenn man einmal eine schlechte Note schreibt. Mein Freund zum Beispiel: Der kann in Französisch machen, was er will, der kommt auf keinen grünen Zweig.« (Schülerin, 10. Klasse)

Weil sich die Einschätzung der Lehrer/innen – wie oben erwähnt – mit dem Alter der Schüler/innen verändert, möchte ich ihre Erfahrungen an entsprechenden Untersuchungen präzisieren. Zunächst zur *Grundschule* (Eder/Felhofer 1994, S. 202ff.): Die meisten Kinder in der vierten Klasse mögen ihre Lehrer/innen durchaus, während immerhin ein Fünftel sie »nicht so gern« oder »überhaupt nicht gern« mögen. Der entscheidende Grund dafür liegt im konkreten *Verhalten* der Lehrer/innen: Die Kinder *mögen* nette, freundliche Lehrer/innen und sie stören sich an unfreundlichem Verhalten. Die Kinder schätzen hilfsbereite, gerechte, humorvolle und geduldige Lehrer/innen. Leistungsanforderungen und Unterrichtsstil haben hingegen für die Beziehung zu den Lehrkräften keine nennenswerte Bedeutung.

Für *ältere*, 12- bis 16-jährige Schüler/innen aller Schularten rekonstruiert Holtappels (1987, S. 133ff.) aus Tiefeninterviews vier bedeutsame *Problemfelder im Schüler/innen-Lehrer/innen-Verhältnis*, die wiederum mit den Erwartungen verglichen werden können:

- Ihre Beziehung zu den Lehrerinnen und Lehrern erleben die Schüler/innen als stark *versachlicht*: Die Anforderungen der Unterrichts- und Lernprozesse beherrschen die Beziehung und drängen persönliche Aspekte in Ausnahmesituationen ab (z.B. Klassenfahrt, Schulfest). Zum Teil bemängeln die Schüler/innen, dass die Lehrer/innen »privat ganz anders« sein können, im Unterricht aber zu selten eigene Gefühle zeigen und sich auf ihre formelle Rolle zurückziehen.
- Sehr deutlich artikulieren die Schüler/innen ihre *Abhängigkeit* von der Entscheidungsmacht der Lehrer/innen, also das täglich erfahrene Machtgefälle, zu dem die Mitbestimmungsmöglichkeiten eher peripher bleiben. Die Lehrer/innen »müssen ja fast immer Recht haben«, so drückt es ein Schüler aus. Permanent sehen sich die Schüler/innen den Anforderungen, Entscheidungen und Sanktionen der Lehrer/innen ausgesetzt, ja unterworfen. Sie vermissen häufig das Verständnis für ihre Situation und kritisieren Vorurteile (z.B. bei langen Haaren oder auffälliger Kleidung).
- Die *Erwartungen* der Lehrer/innen an das Schüler/innen-Verhalten werden als ziemlich *restriktiv* erfahren, ebenso die Ausübung sozialer Kontrolle, vor allem Formen wie Zurechtweisungen, Strafen, Bloßstellen etc., auf die die Schüler/innen keinen Einfluss haben. Besonders problematisch sind für sie Sanktionen über schlechte Noten, hinter denen sie persönliche Antipathien vermuten. Viele Schüler/innen verlangen aber auch nach mehr

Durchsetzungsvermögen der Lehrer/innen, damit »richtiger Unterricht« möglich ist.

- Beim *pädagogisch-sozialen Engagement* der Lehrer/innen beklagen einige Schüler/innen die Bevorzugung von Lieblingsschülern und die Benachteiligung der Lern- und Leistungsschwächeren. Viele andere Schüler/innen jedoch nehmen dieses Engagement eher positiv wahr. Das gilt vor allem für Haupt- und Gesamtschulen, weniger hingegen für Realschulen und Gymnasien (ebd., S. 113f.). Überhaupt machen die Schüler/innen an den Hauptschulen mit ihren Lehrkräften durchweg bessere Erfahrungen als jene an den Realschulen und Gymnasien (Projektgruppe Belastung 1998, S. 61ff.).

Insgesamt erfahren rund 15 bis 20% der Schüler/innen die Beziehungen zu ihren Lehrkräften durchgehend als *negativ*. Dazu tragen bei: das Gefühl, bei den Lehrern unbeliebt zu sein, der Eindruck ungerechter Noten, das Herumnörgeln der Lehrer und nicht zuletzt die Angst vor ihnen (Eder 1995, S. 70ff.).

Weil einige dieser ganzen Untersuchungsergebnisse gerade auf angehende Lehrer/innen vielleicht etwas abschreckend wirken könnten, will ich noch ein Argument zur Erklärung und Relativierung bringen. In den Urteilen der Schüler/innen schlagen sich nicht nur ihre bisherigen Erfahrungen mit Lehrerinnen und Lehrern nieder, sondern auch – und womöglich stärker – ihre gesamten bisherigen Erfahrungen mit der *Institution Schule*, deren Forderungen und Zwänge, Chancen und Risiken über die Jahre hinweg nachhaltige Auswirkungen haben (vgl. Ulich 1991). So ist es durchaus möglich oder sogar wahrscheinlich, dass ein eher negatives Erleben von Schule auf die Einschätzung der Lehrer/innen ausstrahlt. Umgekehrt können beide Bewertungen aber auch zugunsten der Lehrer/innen divergieren, wie Elbing (1993, S. 45f.) für bayerische Hauptschüler/innen nachweist: Über die Hälfte von ihnen vertraut den Lehrerinnen und Lehrern und erkennt deren Bemühungen an, aber nur 20% fühlen sich in der Schule zufrieden und sicher. Negative Urteile über die Schule resultieren offensichtlich aus den institutionellen Anforderungen, besonders der Stofffülle und dem Leistungsdruck, die auch engagierte Lehrer/innen nur wenig mildern können.

Geschlechtsspezifische Tendenzen
in der Lehrer/innen-Schüler/innen-Interaktion

In jeder sozialen Organisation, in der Menschen längere Zeit zu-
sammenleben, hat auch die *Geschlechtszugehörigkeit* Auswirkungen
auf das Verhalten und auf die sozialen Beziehungen. Das gilt für Be-
triebe, Hochschulen und genauso für Schulen. So ist es z.b. nicht
unwichtig, und ich bitte die Leser/innen jeweils über mögliche
Konsequenzen kurz nachzudenken,

- ob eine Rektorin oder ein Rektor die Schule leitet,
- ob ein Schulkollegium zu 75% aus Lehrerinnen oder zu 75%
  aus Lehrern besteht,
- ob eine Lehrerin oder ein Lehrer den Mathematik-Leistungskurs
  hält,
- ob eine Klasse zwei Drittel Mädchen und ein Drittel Jungen
  umfasst oder umgekehrt.

Einen Einfluss auf das Verhalten haben zweifellos auch die Bilder
von typisch »weiblich« und typisch »männlich«, die wir alle im
Kopf haben und die den Geschlechtern spezifische Eigenschaften
zuschreiben (Geschlechterstereotype). Solche Bilder machen sich
auch in der Schule bemerkbar, also bei Lehrer/innen wie bei Schü-
ler/innen und in deren Interaktion (vgl. Hilgers 1994). Die Frage
nach möglichen *Unterschieden* im Verhalten von Lehrer/innen gegenüber Schüler/innen wurde zwar von der pädagogisch-psychologischen Forschung lange Zeit vernachlässigt, aber es gibt inzwi-
schen etliche Belege dafür, dass solche Unterschiede tatsächlich auftreten: Die allermeisten Lehrer/innen behandeln Schülerinnen
anders als Schüler und sie erwarten von Mädchen ein tendenziell
anderes Verhalten als von Jungen. Heute steht wohl fest, dass sich
in der Schule geschlechtsspezifische Verhaltensweisen, Einstellungs-
und Interpretationsmuster verfestigen, die in der familiären Erziehung und auch unter dem Einfluss der Massenmedien entstanden
sind. Nicht nur vor, sondern auch in der Schule erfahren die Kinder, dass und wie sie *als* Mädchen bzw. *als* Jungen zu agieren haben.

Zu den geschlechtsspezifischen Unterschieden in der Lehrer/innen-Schüler/innen-Interaktion bringe ich zunächst einige Ergebnisse im Überblick (vgl. Faulstich-Wieland 1995, S. 125ff.; Jungwirth 1997; Ungermann 1993, S. 38ff; kritisch: Breitenbach 1994): In gemischtgeschlechtlichen Klassen dominieren meistens die *Jungen*; Schüler reden häufiger und länger und sie unterbrechen die Schülerinnen öfter als umgekehrt. Die Dominanz der Jungen geht auch zurück auf entsprechende *Erwartungen* und Verhaltensweisen der Lehrer/innen. Von den Mädchen erwarten Lehrer/innen eher Anpassung, Kooperation, Unauffälligkeit, Fleiß, Ordentlichkeit, Disziplin und oft auch noch eine geringere Begabung. Mädchen gelten als konformer gegenüber Lern- und Verhaltensanforderungen der Lehrer/innen und damit als unproblematischer (Horstkemper 1987, S. 72). Von Jungen nehmen Lehrer/innen hingegen eher an, dass sie begabter, fauler und disziplinloser sind als Mädchen und mehr den Unterricht stören. Je starrer und polarisierender solche geschlechtsspezifischen Erwartungen der Lehrer/innen ausfallen, desto unterschiedlicher wird das Verhalten gegenüber Schülerinnen und Schülern sein.

Einige Untersuchungen in verschiedenen Ländern belegen, dass *Jungen* öfter als Mädchen beachtet, angesprochen, aufgerufen, gelobt und getadelt werden. Lehrer/innen verteilen also ihre *Aufmerksamkeit* quantitativ und qualitativ unterschiedlich auf Schüler und Schülerinnen. Dieser Effekt wird kurz gefasst als »Zwei-Drittel-Aufmerksamkeitsgesetz« bezeichnet (Faulstich-Wieland 1995, S. 126). Dabei ist die Tendenz, Jungen öfter aufzurufen, in traditionell »männlichen« Fächern (z.B. Sachunterricht, Mathematik) ausgeprägter. In »weiblichen« Fächern (z.B. in Deutsch und in den Fremdsprachen) findet jedoch keine Umkehrung statt: Mädchen werden hier nur in geringerem Ausmaß nicht-beachtet. Dennoch schätzen *Mädchen* in der Grundschule die Interaktion mit der Lehrerin deutlich günstiger ein als Jungen (Eder/Felhofer 1994, S. 221): Schülerinnen erfahren die Beziehung zur Lehrerin positiver und sie werden viel seltener bestraft als Schüler. Dabei wäre freilich noch zu klären, ob die Mädchen ihre relativ geringere Beachtung durch die Lehrer/innen einfach nicht wahrnehmen oder sie bereits als selbstverständlich hinnehmen.

Nicht nur in der Grundschule, sondern auch in den weiterführenden Schulen ziehen Jungen deutlich häufiger als Mädchen Ermahnungen und Strafen wegen mangelnder Disziplin auf sich; Jungen bleiben häufiger sitzen und werden häufiger wegen Leistungsschwierigkeiten in eine Sonderschule überwiesen. Die häufigere negative Kritik an Jungen wirkt sich jedoch nicht prinzipiell schädlich auf ihr Selbstvertrauen aus, denn zumindest der Disziplintadel enthält ja die Bestätigung, ein »richtiger Junge« zu sein, von dem eben auch abweichendes Verhalten erwartet wird (Horstkemper 1987, S. 77).

Etwas genauer möchte ich die bislang einzige deutsche Untersuchung darstellen, die direkt im Unterricht »geschlechtsspezifische Unterschiede im Lehrer/innenverhalten gegenüber Jungen und Mädchen in der Grundschule« herausgefunden hat, nämlich die Untersuchung von Frasch und Wagner (1982). Die beiden Forscherinnen haben in fast 50 vierten Grundschulklassen das Interaktionsverhalten von (28) weiblichen und (22) männlichen Lehrkräften beobachtet. Die Ergebnisse zeigen als auffälligsten Unterschied (wie oben schon erwähnt): *Jungen* werden nicht nur häufiger getadelt, sondern auch häufiger *gelobt* als Mädchen; weitere Resultate folgen in einer Kurzfassung:

- Obwohl sich Mädchen und Jungen gleich häufig melden, werden Jungen öfter aufgerufen.
- Bei Einzel- und Gruppenarbeit werden Jungen häufiger als Mädchen von Lehrerinnen angesprochen.
- Etwas mehr Jungen als Mädchen nehmen von sich aus Kontakt zur Lehrerin/zum Lehrer auf.
- Die unterschiedliche Behandlung von Mädchen und Jungen ist in Sachkunde am deutlichsten ausgeprägt, etwas geringer in Mathematik und am wenigsten in Deutsch.
- Lehrer/innen verhalten sich im Unterricht sehr ähnlich. Die größere Beachtung der Jungen ist bei Lehrern noch etwas stärker als bei Lehrerinnen.

Frasch und Wagner (1982, S. 275ff.) fassen zusammen und interpretieren: »Einstellungen und selektive Wahrnehmung der Lehrer/-

innen drücken sich darin aus, dass der Unterrichtsbeitrag von Jungen – unbemerkt – als wertvoller eingestuft und Jungen für förderungswürdiger erachtet werden. Lehrer/innen spornen deshalb Jungen mehr an, was zu häufigerem Lob und Tadel und Disziplintadel führen kann, wenn die schulische Mitarbeit der Jungen durch deren aggressives Verhalten gefährdet ist. Möglichst gute Schulleistungen, v.a. bei Jungen, werden für so wichtig erachtet, dass Lehrer/innen sich auch von sich aus den Jungen zuwenden. Mädchen müssen sich die Zuwendung der Lehrer/innen eher selbst holen. Bei Lehrern ist diese Tendenz im Übrigen noch stärker ausgeprägt als bei Lehrerinnen: Auf Jungen achtet man einfach mehr.« Allerdings weist Breitenbach (1994, S. 185) zu Recht darauf hin, dass die von Frasch und Wagner vor 20 Jahren in Grundschulen ermittelte geschlechtsspezifische Aufmerksamkeitsverteilung keineswegs verallgemeinert werden dürfe. Neuere Untersuchungen dazu fehlen jedoch.

Wenn sich Lehrer/innen mit solchen Ergebnissen auseinander setzen, argumentieren sie häufig so, dass Mädchen und Jungen eben »wirklich anders« sind, dass solche Unterschiede »tatsächlich auftreten«. Sie führen also Überzeugungen an, die – und das ist das Vertrackte daran – nicht einfach als falsch zurückgewiesen werden können. Denn, so wurde schon früher erläutert, Kinder kommen bereits *als Mädchen* und *als Jungen* in die Schule, sie haben bei ihrem Schulanfang bereits sechs Jahre *auch* geschlechtsspezifischer Erziehung in Familie und Kindergarten und durch die Medien hinter sich. Auf der anderen Seite tragen aber auch die Überzeugungen und Erwartungen der Lehrer/innen dazu bei, dass sich diese Vorstellungen *selbst bestätigen* und das geschlechtsspezifische Verhalten von Schülerinnen und Schülern weiter festschreiben. Wenn z.B. Schülerinnen in Mathematik für einfache Aufgabenlösungen vom Lehrer sehr gelobt, von einigen Mitschülern hingegen etwas mitleidig behandelt werden, dann dürfte sich das Vertrauen der Mädchen in ihre mathematischen Fähigkeiten eher reduzieren. Der umgekehrte Effekt tritt bei Schülern ein, die auf die richtige Lösung schwieriger Aufgaben lediglich eine neutrale Reaktion der Lehrer/innen erhalten (vgl. Stöckli 1997, S. 86f.). Nicht nur im Leistungsbereich, sondern für das ganze Verhalten der Schülerinnen und Schüler haben jedenfalls die geschlechtsspezifischen Bilder und Erwartungen der Lehrer/innen Folgen, die oft zu wenig bedacht werden. Gerade in den für geschlechtsspezifische Unterschiede besonders sensiblen Fächern Mathematik und Physik kommt es deshalb darauf an, Mädchen *und* Jungen (für Schüler z.B. Jahnke-Klein 1997) entsprechend zu fördern (vgl. Faulstich-Wieland/Nyssen 1998, S. 198f.).

Ein knappes Fazit: Die in vielen gesellschaftlichen Bereichen (Politik, Wirtschaft, Wissenschaft) immer noch gegebene männliche Dominanz schlägt offensichtlich auch in der Schule ziemlich stark durch. Dennoch kann daraus nicht auf eine einseitige und *ausschließliche* Benachteiligung der Mädchen geschlossen werden (vgl. Jungwirth 1997). Dagegen sprechen aus meiner Sicht vor allem zwei Argumente: Erstens hängt die intensivere Beachtung von Jungen nicht etwa mit besseren Schulleistungen zusammen. Jungen sind im Gegenteil in ihren Leistungen etwas schlechter als Mädchen und in der Folge fällt der Anteil der Schülerinnen im Gymnasium etwas höher aus (54%) als der der Schüler, die hingegen an den Hauptschulen mit 55% in der Mehrheit sind (Horstkemper 1995, S. 188). Zweitens: Jungen werden von Lehrerinnen wie Lehrern sehr viel häufiger abgelehnt und negativ etikettiert als Mädchen. Jungen sind auch deutlich öfter als Mädchen von Selektionsmaßnahmen der Schule (Sitzenbleiben, Einweisung in eine Sonderschule) betroffen. Mit diesen Hinweisen will ich nicht die Benachteiligung der Schülerinnen *im Unterricht* herunterspielen, sondern auf *andere* Formen von geschlechtsspezifischer Diskriminierung zuungunsten der Schüler hinweisen.

Verbesserung der Lehrer/innen-Schüler/innen-Interaktion

Zum Schluss dieses Kapitels will ich noch kurz auf die Frage eingehen, wie die Lehrer/innen-Schüler/innen-Interaktion *verbessert* werden kann. Dazu gibt es in der pädagogisch-psychologischen Literatur eine Unmenge an Vorschlägen, die freilich allzu oft die Lehrer/innen schlicht überfordern oder auch an den tatsächlichen Erwartungen und Bedürfnissen der Schüler/innen vorbeigehen. Wenn wir also zunächst noch einmal die *Wünsche der Schüler/innen* zugrunde legen, dann ergeben sich als wichtigste Anhaltspunkte für eine Verbesserung der Beziehungen (und im Übrigen auch für eine Reduktion der Angst der Schüler/innen):

- die Gerechtigkeit der Lehrer/innen,
- ihr fachliches und didaktisches Können sowie
- das persönliche Eingehen auf die Schüler/innen.

Wenn dies Lehrer/innen *annähernd gelingt* oder wenn sie sich in den Augen der Schüler/innen zumindest erkennbar darum bemühen, dann dürften ihre Beziehungen im Schulalltag einigermaßen frei sein von ganz groben Störungen oder Konflikten (es sei denn, Konflikte werden in die Schule importiert). Diese Grundlinie will ich mit den Ergebnissen einer Hauptschuluntersuchung (Mayr u.a. 1991) noch etwas konkreter und differenzierter gestalten. Diese Studie findet spezifische *Handlungsstrategien der Lehrer/innen* heraus, die Unterrichtsstörungen reduzieren, die Mitarbeit der Schüler/innen fördern und so entscheidend zu einer *erfolgreichen* Lehrer/innen-Schüler/innen-Interaktion beitragen können. Nach der Einschätzung der Schüler/innen trifft das vor allem auf Lehrer/innen zu, die

- in ihrem Fach viel können,
- ihren Beruf ernst nehmen (eine »Jobmentalität« kommt bei den Schüler/innen offenkundig nicht gut an),
- die Schüler/innen – nach deren Eindruck – mögen, und zwar im Grundsätzlichen, wenn auch nicht jeden einzelnen,
- den Schüler/innen genau vermitteln, welches Verhalten sie von ihnen erwarten,
- offen und ehrlich gegenüber den Schüler/innen sind,
- Versprechen und Ankündigungen einhalten,
- interessant unterrichten und
- den Schüler/innen viel beibringen.

Als *wenig erfolgreich* und für die Interaktionen nicht förderlich nennen die Schüler/innen u.a. Bestrafungen durch die Lehrer/innen, Kontaktaufnahme mit den Eltern, wenn Schwierigkeiten auftreten, und die Betonung des Abstandes zwischen Lehrer/innen und Schüler/innen.

Selbstverständlich können solche erfolgreichen Handlungsstrategien nicht immer bewusst eingesetzt und schon gar nicht von jungen Lehrer/innen umstandslos erwartet werden. Immerhin könnte es hilfreich sein *zu wissen*, welche Verhaltensweisen und beruflichen Kompetenzen der Lehrer/innen zu einer positiven Interaktion mit den Schüler/innen beitragen. Patentrezepte, die immer klappen, lassen sich aber auch daraus nicht ableiten, weil nicht nur die Lehrer/innen und Schüler/innen, sondern auch die einzelnen Schulen und Klassen zu verschieden sind.

Unstrittig haben jedenfalls die Lehrer/innen nicht nur einen entscheidenden Einfluss auf ihre Interaktion mit den Schülerinnen und Schülern, sondern sie können und sollen auch zu deren Verbesserung einiges tun. Nicht von ungefähr stellt die Projektgruppe Belastung (1998, S. 234f.) das Lehrerverhalten an die Spitze aller Vorschläge zur Schulentwicklung und zur Reduktion der Belastungen der Schüler/innen. Als wichtigste Veränderungen nennen die Autoren: die Förderung eines günstigen emotionalen Klimas im Unterricht, den Aufbau eines wertschätzenden Verhaltens gegenüber den Schülerinnen und Schülern sowie umgekehrt den Abbau aggressiven und kränkenden Lehrerverhaltens. Dabei weisen sie ausdrücklich darauf hin, und ich kann das nur bekräftigen, dass die zunehmende Überforderung vieler Lehrer/innen die Realisierung (auch) beziehungsorientierter Reformen behindert. Eine Entlastung der Lehrer/innen u.a. durch kleinere Klassen, Reduzierung des Unterrichtsdeputats, mehr Fortbildung und weniger Reglementierung, um nur die markantesten Punkte zu erwähnen (Ulich 1996a, S. 197ff.), wäre eben deshalb dringend geboten. Selbstverständlich kostet das etwas, aber wer an der Schule spart, spart letztlich an der Zukunft.

Lerninhalte und Schülerinteressen im Unterricht

Schul- und Alltagswissen: zur Organisation schulischer Lernprozesse

Eine Karikatur von Freimut Wössner in der *Süddeutschen Zeitung* zeigt Mutter und Sohn im Gespräch:

> »*Mutti, jetzt wollen'se Computerunterricht zum Pflichtfach in allen Schulen machen.*« »*Na, das wurde aber auch Zeit, dass man mal was unternimmt gegen Eure Computerbegeisterung.*«

Stimmt das wirklich: Was zum Unterrichtsfach wird, macht keinen Spaß mehr? Und vielleicht auch: Was Spaß machen soll, darf nicht im Unterricht vorkommen?

Eine weitere Frage: Wie kriegen wir das wirkliche Leben, also auch die Natur, in die Schule? Eine mögliche Antwort darauf entnehme ich einem Artikel der *Süddeutschen Zeitung* vom 14. April 1994. Unter der Überschrift »Rollendes Klassenzimmer geht auf Bayern-Tour« berichtet der Text über ein neuartiges Umweltmobil für die Schulen:

> »*Naturerlebnisse ungewöhnlicher Art werden den Kindern in diesem Gefährt mit ausgeklügelter Einrichtung zu vielen Themenkreisen geboten. Sie können z.B. beim ›Lebenskreis Wald‹ an einer Düse Waldboden riechen, in dunklen Löchern unbekannte Objekte tastend erraten – wie Kieselsteine, Hasenfell, Kiefernzapfen – oder dem Zirpen von Heuschrecken (vom Band) lauschen (…). Dies soll den Kindern eigene Erfahrungen mit den vielen Wundern der Natur ermöglichen. Lehrer finden hier eine reiche Materialausstattung für viele Gebiete der Umwelterziehung, wie sie in dieser Vielfalt in keiner Schule zu finden sind. Der Kultusminister rühmte diese Initiative (…).*«

Warum gehen die Lehrer/innen mit ihren Klassen nicht in den Wald, in den Zoo oder auf eine Sommerwiese? Einige tun das sicher, andere denken dabei wahrscheinlich erst mal an die Aufsichtspflicht ... Für mich ist entscheidend, dass das rollende Klassenzimmer ein Klassenzimmer bleibt, also ein artifizieller, isolierter, »didaktisierter« Raum, in dem *primäre* Naturerfahrungen kaum möglich und oft gar nicht erwünscht sind; das Lernen *im* Wald (sehen, hören, riechen) ist etwas anderes als das Lernen *über* den Wald.

Damit nähern wir uns einem grundlegenden Unterschied zwischen Schul- und Alltagswissen. Schulwissen, also die in weitgehend getrennten Fächern kanonisierten Lerninhalte, und Alltagswissen, nämlich alle in außerschulischen Erfahrungsfeldern erworbenen Wissensbestände, unterscheiden sich allein deshalb voneinander, weil die *Lernorte* sehr verschieden sind. Außerhalb der Schule fallen Lernen und Leben praktisch zusammen, z.B. beim Einkaufen, bei einer Fahrradreparatur, bei Ferien im Ausland usw., während in unseren Regelschulen Lernen und Leben ziemlich weit auseinander klaffen. Schulische Lernprozesse sind hoch spezialisiert und weitgehend indifferent gegenüber individuellen Erfahrungen. Lernen in der Schule erfolgt als curricular vorgegebenes, methodisch und zeitlich strukturiertes sowie vor allem auch fremdbestimmtes Arbeiten (Elbing 1993, S. 9). Was inhaltlich in der Schule gelernt wird, das hat mit dem Alltag der Schüler/innen allenfalls am Rande zu tun, das Alltagswissen lässt sich kaum im Unterricht einbringen. Gleichwohl sollte es die Schule als ihre *Aufgabe* verstehen, zwischen der persönlichen Erfahrungswelt der Schüler/innen und der »objektiven« Kultur zu vermitteln (Knab 1995, S. 8).

Zwischen dem Lernen innerhalb und dem außerhalb von Schule gibt es *vier wesentliche Unterschiede* (Prenzel 1990, nach Resnick):

- Die vorherrschende Form des Schullernens läuft über *individuelles* Arbeiten und Denken. Auch wenn Gruppenaktivitäten manchmal in der Schule vorkommen, wird individuell geübt, gelernt, individuell Leistung gefordert und geprüft.
- Die Schule betont die möglichst reine *Geistestätigkeit*, wogegen außerhalb der Schule die Benutzung vielfältiger Hilfsmittel selbstverständlich und nicht wegzudenken ist.

- Schulisches Lernen betont den Umgang mit *Symbolen*, während außerhalb der Schule der Umgang mit Objekten dominiert.
- Schulisches Lernen bezieht sich auf *generelle Fähigkeiten* und Fertigkeiten, außerhalb der Schule müssen sehr viel stärker situationsspezifische Kompetenzen entwickelt werden.

Bereits aus diesen vier Punkten lässt sich die Vermutung ableiten, dass das in der Schule praktizierte Lernen Kinder und Jugendliche nicht eben optimal auf das Leben vorbereitet. Vielleicht ist ja der bekannte Spruch »Nicht für die Schule, sondern für das Leben lernen wir« von einem Lehrer formuliert worden, der die Schüler/innen dennoch bei der Stange halten und sie für die schulischen Lerninhalte motivieren wollte. Nach der Argumentation von Mandl u.a. (1993) dürfte jedenfalls feststehen, dass dieses Sprichwort für unsere Schulen leider nicht zutrifft: Das in der Schule erworbene Wissen kann bei der Bewältigung *praktischer Aufgaben im Alltag* kaum genutzt werden, wofür die Autoren vor allem drei Gründe verantwortlich machen:

- Die Inhalte, die in der Schule gelernt werden, sind ziemlich abstrakt und *anwendungsunspezifisch*. Das im »Stoff« enthaltene Wissen taugt kaum zur Lösung von Alltagsproblemen und bereitet auch nicht gezielt auf berufsrelevante Probleme vor. Zwar wissen die Lehrplanmacher und die Lehrer/innen nicht, für welche künftigen Berufe der Schüler/innen die schulischen Lerninhalte wichtig sein könnten, und deshalb ist es zunächst sinnvoll, diese Inhalte eben ohne spezifische Anwendungsbezüge zu vermitteln. Aber in der Folge gelingt es dann oft überhaupt nicht mehr, das Schulwissen praktisch zu nutzen. So können z.B. die Schüler/innen mathematisches Wissen und Alltagswisssen oft nicht in Verbindung bringen. Als Beispiel dafür eine Rechenaufgabe aus der sechsten Klasse: »130 Schüler und Lehrer machen per Bus einen Ausflug. Jeder Bus hat 50 Plätze. Wie viele Busse werden benötigt?« Sehr häufig lautet die rechnerisch richtige, aber inhaltlich unsinnige Antwort: 2,6 Busse (Renkl 1996, S. 84; vgl. Oerter 1985, S. 209f.).
- Die schulischen Lerninhalte sind in einzelne *Fächer zersplittert*; fachübergreifende, interdisziplinäre Projekte werden nach wie

vor selten bzw. nur an einzelnen Tagen im Schuljahr durchgeführt. Auch aus der Sicht der Schüler/innen haben die Inhalte der Fächer fast nichts miteinander zu tun. Deshalb müssen die Schüler/innen das Fachwissen je für sich getrennt lernen und abspeichern. Eine Integration der verschiedenen Wissensabteilungen, wie sie die meisten Berufe verlangen, kommt auf diese Weise nicht zustande.

- Wegen der Dominanz des Leistungsprinzips sind schulische Lern- und vor allem *Leistungsprozesse* strikt *individualisiert*. Mag es auch gelegentlich, etwa im Gruppenunterricht, Phasen der Kooperation geben, so erfolgt die Leistungsprüfung grundsätzlich individuell (ein Grund, warum die Schüler/innen Gruppenunterricht nicht sonderlich schätzen). Die Fähigkeit zur Zusammenarbeit, die im Berufsleben jedenfalls immer bedeutsamer wird, kann so nicht erworben werden, zumal gerade in Prüfungen Kooperation oder Teamarbeit ausdrücklich untersagt sind (Mandl u.a. 1993).

Die Hauptprobleme des schulischen Lernens sind im Wesentlichen eine Folge der schulischen *Organisation von Lernprozessen*: Schulische Lerninhalte sind in weitgehend voneinander abgeschottete Fächer getrennt, die nach einem starren Zeitplan und in genau einzuhaltenden Zeitportionen unterrichtet werden; die soziale Situation des Lernens ist inhaltsindifferent, gleichförmig und vorgeplant. Aneignen und Durcharbeiten der Inhalte beanspruchen stets dieselben Sinne und Fähigkeiten (Lesen, Schreiben, Hören, Sprechen). Alle Lerninhalte müssen reproduzierbar und prüfbar sein. Unter diesen Bedingungen entwickeln die (allermeisten) Schüler/innen eine Haltung von Gleichgültigkeit und Desinteresse gegenüber den offiziellen Inhalten. Durch die gesellschaftliche Arbeitsteilung und die zunehmende Verwissenschaftlichung hat sich außerdem das *Fach*denken und -lernen in der Schule so weit spezialisiert, dass die Jugendlichen an weiterführenden Schulen oft ein Dutzend oder noch mehr verschiedene Fächer lernen sollen. Das im Unterricht zu vermittelnde und zu lernende Wissen ist also sehr stark parzelliert und nicht gerade von großer Lebensnähe.

Nun gibt es in der Schule ja auch offenkundig »lebensnähere« Fächer, in denen – so könnte ein Einwand lauten – Schul- und Alltagswissen aufeinander beziehbar sind, sich wechselseitig ergänzen und beeinflussen: Verkehrserziehung, Gesellschafts- oder Sozialkunde, Arbeitslehre, Sexualkunde, Erziehungslehre – bei all diesen Lerninhalten *müsste* sich die Trennung zu außerschulischen Erfahrungen und Interessen der Schüler/innen ziemlich weit aufheben lassen. In der Schul*wirklichkeit* und vor allem in der Perspektive der Schüler/innen, ist dies allerdings kaum der Fall: Auch die »lebensnahen« Inhalte sind für die Schüler/innen ziemlich uninteressant, bleiben ohne konkrete Bezüge zum außerschulischen Alltag. Der ausschlaggebende Grund lässt sich mit v. Hentig knapp und treffend formulieren: »Aus dem Leben wird hier Unterricht, ein Schulpensum.« (1979, S. 40)

Anders ausgedrückt: Außerschulische Erfahrungs- und Tätigkeitsfelder werden *verschult*, aus ihrem alltäglichen Zusammenhang gelöst und in einer Form dargeboten, die eben nur noch spezifische kognitive Anforderungen stellt. Das Hauptproblem in Bezug auf die eben erwähnten Fächer liegt also nicht so sehr auf der rein inhaltlichen Ebene, sondern ist viel mehr sozialer, lernorganisatorischer Art. Überall dort nämlich, wo im Schulunterricht auf Lebensbereiche außerhalb der wissenschaftlich klassifizierten Fachwelten eingegangen wird, geschieht dies in der Regel unter *denselben* curricularen, methodischen und sozialen Prinzipien wie im Mathematik-, Englisch- oder Geschichtsunterricht. Versuchen Lehrer/innen beispielsweise, im Rahmen der Medienerziehung Jugendzeitschriften oder Musikstücke in den Unterricht einzubeziehen, so müssen die Schüler/innen die außerhalb der Schule mit diesen Medien gekoppelten Affekte abtrennen, weil sie sonst die schulisch geforderte *rational-kognitive* Auseinandersetzung nicht leisten könnten (Mägdefrau/Vollbrecht 1998, S. 271).

Und noch etwas Entscheidendes kommt hinzu: Auch »lebensnahe« Lerninhalte unterliegen fast immer den Kriterien der Bewertbarkeit und *Prüfbarkeit*, sind also mit der Auslesefunktion der Schule gekoppelt. Wenn aber in unseren Schulen nur solche Inhalte gelehrt und gelernt werden, die auch *geprüft* werden können, *dann* müssen Erfahrungen und Fähigkeiten, die Schüler in außerschulischen Feldern gewinnen, aus dem Spiel bleiben; dies gilt allein schon wegen der formalen Gleichheit schulischer Anforderungen. Wenn, was selten genug der Fall ist, individuelle, vor allem kreative Fähigkeiten in einem Schulfach dennoch zum Zuge kommen, z.B. im Musik-, Kunst- und Sportunterricht, so werden sie gleichwohl nach schulischen Kriterien bewertet und nach Noten zensiert. Nicht wenige Kinder haben als Folge davon bereits in der Grundschule die Lust am Basteln und Malen verloren. Vielleicht sollte, was Spaß macht, eben nicht zensiert werden.

Ich präzisiere mit Rumpf noch einmal die *Organisation* und Vermittlung schulischen Wissens: Die Lerninhalte werden regelmäßig so präsentiert, »dass sie in einem Schulraum von einer Schülergruppe, die auf Stühlen oder Bänken an Pulten oder Tischen sitzt, durchzuarbeiten sind: durch Hören, Lesen, Sprechen, Schreiben, durch das Anschauen von Schaubildern oder didaktischen Präparaten wie ausgestopften Vögeln oder modellhaften Abbildern der Wirklichkeit außerhalb des Schulgebäudes« (Rumpf 1981, S. 160; vgl. Schulze 1993, S. 431f.). Das eingangs erwähnte rollende Klassenzimmer für die Naturerlebnisse bleibt ein Klassenzimmer, eben weil das Zirpen der Grillen vom Tonband läuft …

Zur Frage, wie die *Schüler/innen selbst* die schulische Lernorganisation einschätzen, gibt die schon öfters zitierte Untersuchung von Czerwenka u.a. Auskunft (1990, S. 90). *Positive* Erfahrungen bzw. Wünsche der Schüler/innen zur schulischen Lernorganisation beziehen sich auf:

- die Auflockerung des Unterrichts durch Spiele;
- das Ansehen von Filmen und Dias, Anhören von Kassetten;
- das Lernen außerhalb der Schule in Form von Unterrichtsgängen, Klassenfahrten, Schullandheimaufenthalten und Praktika;
- Projekttage oder -wochen;
- die eigene Durchführung von Versuchen.

Dagegen *kritisieren* die Schüler/innen »langes Abschreiben, langes Stillsitzen und Zuhören, Frontalunterricht, Lehrermonologe, Frage-Antwort-Betrieb, häufiges Aufsatzschreiben, Englisch oder Französisch als Unterrichtssprache in dem betreffenden Fach« (ebd.; vgl. Huth/Schröder 1992). Den gemeinsamen Nenner dieser negativen Erfahrungen bildet die Abhängigkeit der Schüler/innen von den Methodenentscheidungen der Lehrer/innen (Werres 1996a, S. 21f.): Monotone Unterrichtsgestaltung und viel zu seltene Methodenwechsel, die erzwungene Passivität der Schüler/innen wie umgekehrt die Dominanz der Lehrer/innen erschweren das Lernen i.S. einer *aktiven* und *verständnisorientierten* Auseinandersetzung mit Problemen.

Außerschulische Erfahrungen und inhaltliche Interessen der Schüler/innen

Unterricht besteht in erster Linie in der Darstellung, Erarbeitung und Reproduktion vorgegebener Lerninhalte. Die eigenen Erfahrungen der Schüler/innen werden dagegen nicht eigens zum Thema gemacht. Trotz der immer wieder, selbst von schuloffizieller Seite, erhobenen Forderung, im Unterricht – zumindest der Grundschule – die Erfahrungen der Schüler/innen einzubeziehen, gelingt dies faktisch kaum. Zur Konkretisierung bringe ich zunächst ein Beispiel aus einer vierten Klasse (Thiemann 1982, S. 90f.): Am Vergleich zwischen Ruhrgebiet und Münsterland sollen markante Unterschiede zwischen diesen beiden Landschaftsräumen erarbeitet werden. Die Unterscheidungen, die die Kinder nennen, sammelt der Lehrer und schreibt sie an der Tafel auf. Dem entscheidenden Punkt nähert sich das Gespräch langsam, da von den Einzelmerkmalen abstrahiert und das Ruhrgebiet auf den allgemeinen Begriff »Ballungsraum« gebracht werden soll. An dieser Stelle findet das folgende Gespräch statt:

> *Lehrer:*   *Da sind zwei Ausdrücke genannt worden – Ballungszentren und Ballungsraum. Johannes!*
>
> *Johannes: Ich bin schon öfters im Ruhrgebiet gewesen. Also leben möchte ich da nicht. Da muss ich mir dann eine Gasmaske anschaffen, sonst kann ich die Luft nicht mehr riechen.*
>
> *Lehrer:*   *Stopp – wir sind bei Ballungsraum – bei Ballungszentrum.*

> Johannes: *Da wird man zusammengepfercht und es dauert es oft Stunden, dass man zum Kaufhof kommt – und immer gehen die Ampeln – und immer ist Verkehr – und ...*
>
> Lehrer: *Stopp, stopp, Johannes! Nicht so viel über das Ruhrgebiet erzählen – ich will nur wissen – exakt – den Ballungsraum. Georg!*
>
> Georg: *Das ist genau wie beim Strohballen. Das sind ganz viele kleine Halme zusammen – und im Ruhrgebiet wohnen ganz viele Menschen zusammen.*
>
> Lehrer: *Das war eben ein schönes Beispiel. Sehr schön!*

In seiner Interpretation dieser Szene weist Thiemann auf die ganz unterschiedlichen Absichten des Lehrers und des Schülers hin: »Da ist der Lehrer, der einen Jungen, der ausschweifig erzählen will, bremst; da ist ein Lehrer, der eine Frage stellt und eine bestimmte Antwort haben will. Johannes gibt sie nicht, jedenfalls nicht in dem Begriff, den der Lehrer erwartet (...) Da ist der Johannes – ein Junge, der herausstellt, was ihn einmal bedrückt hat: das Gefühl des Zusammengedrücktwerdens, die gewaltige Verkehrsflut, die fast endlosen Entfernungen – Gefühle eines Kindes in einem Raum, der ihm unbekannt ist, dessen Fremdheit und Andersartigkeit ihm Angst machen (...) Was als Definition gefordert ist, wird hier dem Inhalt nach geliefert, nur: Die Definition entspricht nicht den begrifflichen Standards, die da offenbar erwartet werden. Der erwartete Inhalt soll schon gesäubert sein von den affektiven Bezügen ...« (Thiemann 1982, S. 90f.)

Die Schüler/innen erfahren durch Lerninhalte und Lehrerverhalten jedenfalls eine Einschränkung und Kanalisierung ihrer Erlebnisse. Sie erfahren *Widersprüche* zwischen dem, was sie außerhalb der Schule sehen, tun und lernen, und den schulischen Anforderungen. Wenn die aktuelle Erfahrungs- und Lebenswelt der Schüler/innen doch punktuell im Unterricht gefragt ist (»Wer hat oder war schon einmal ...?«), dann wird sie in der Regel bloß für die Präsentation der eigentlichen Lerninhalte funktionalisiert (Engelhardt 1982, S. 105).

Hierin drückt sich nicht allein die Meinung womöglich bösartiger Schulkritiker aus, sondern die *Schüler/innen selbst* haben damit ein gravierendes Problem. Sie erleben fast täglich, dass es sehr schwierig, wenn nicht unmöglich ist, außerschulische Erfahrungen und Interessen in die Schule einzubringen; »das ist halt das Problem, dass man das nicht verbinden kann, Schule und seine Interessen« – so drückt es ein Realschüler aus (Furtner-Kallmünzer/Sardei-Biermann 1978, S. 35). Und wenn sich doch einmal Bezüge zum Lernstoff herstellen lassen, dann geschieht das wohl meistens in der oben beschriebenen verschulten Form, dann wird etwa eine spielerische Tätigkeit oder ein spannender, fantasievoller Text der emotionalen und sinnlichen Qualitäten beraubt und gerät wieder zum bloßen Stoff. Wie das konkret funktioniert, will ich an einem der vielen Beispiele aus dem Buch von Rumpf (1981) demonstrieren. Im Deutschunterricht einer fünften Klasse wird ein Text von Peter Weiss über den Jahrmarkt behandelt:

> »*Ich trieb auf das Dudeln und Brausen des Jahrmarkts zu; in wachsendem Gedränge, der Boden war weich von Konfetti und Papierschlangen, in Buden wurden heiße Würstchen, Brezeln, gesponnener Honig angeboten (…). Ellbogen stießen mich, Füße streiften mich und dann war alles eine einzige kreisende Bewegung von Leibern, ein einziges Brodeln und Johlen von Stimmen und ich gehörte dazu, trieb umher zwischen den Gesichtern, Hüten und Armen, zwischen den schwankenden Trauben von Ballons, zwischen den großen, knatternden Fahnen (…) usf.*«
> »*Die Hausaufgabe zu diesem Stück bestand darin, die Substantive rot, die Verben gelb, die Adjektive blau zu unterstreichen sowie in dem Heft tabellarisch alle Substantive, Verben, Adjektive untereinander zu schreiben. – Welche Leistung wird gefordert und honoriert? Der Text (…) wird zum Feld für Wortbestimmungsübungen gemacht. Es wird den Schülern abverlangt, ihn unter einem Gesichtspunkt zu betrachten, der es erlaubt und fordert, alle Sinnvergegenwärtigungen aufzugeben und ihn als homogenes Material anzusehen, das unter einer vorgegebenen Regel in Elemente zu zergliedern ist, wobei diese Elemente dann unter vorgegebenen Kategorien zu klassifizieren sind. Die entscheidende Leistung liegt darin, von der sinnlichen Identifikation loszukommen, gar nicht in sie hineinzugeraten. Verloren wäre ein Schüler, der es nicht fertig brächte,*

sich von dem Sinnzusammenhang und den von ihm geweckten Fantasien und Gedanken zu lösen.« (Rumpf 1981, S. 167ff.)

An diesem und an dem vorigen Beispiel lässt sich deutlich erkennen, wie Alltagserfahrungen der Schüler/innen im Unterricht ausgeblendet bzw. abgewehrt werden: Es geht eben *nicht* darum, welche Gefühle ein Schüler im Ruhrgebiet erlebt hat oder welche Erinnerungen und Affekte ein Text auslöst; im Vordergrund steht vielmehr die Erarbeitung abstrakter Begriffe und Kategorien, die unabhängig von subjektiven Erfahrungen Gültigkeit beanspruchen. Dieses für die schulischen Lerninhalte und ihre Vermittlung grundlegende Prinzip beschreibt Oerter (1985, S. 208ff.) als *Dekontextualisierung*: Die Inhalte sind aus dem unmittelbaren Lebenszusammenhang der Schüler/innen herausgelöst; eben diese Dekontextualisierung müssen die Schüler/innen vom ersten Schultag an und oft mühsam lernen. In der Folge ändert sich fast zwangsläufig ihre Lernmotivation, denn es kommt ja auf die Beherrschung ganz unterschiedlicher Inhalte an, egal ob sich die Schüler/innen dafür interessieren oder nicht. Deshalb sind, wie Oerter argumentiert (ebd., S. 211), *extrinsisch* motivierte Schüler/innen gegenüber den instrinsisch motivierten eher im Vorteil; darauf komme ich zurück.

Auch wenn sich bereits eine Tendenz abzeichnet, soll nicht unerörtert bleiben, wie es vor diesem Hintergrund um das *Interesse* der Schüler/innen an den offiziellen Lerninhalten der Schule bestellt ist. Alle Untersuchungen, die ich kenne, stimmen darin überein, dass die Beziehungen der Schüler/innen zu den schulischen Lerninhalten ganz überwiegend durch *Desinteresse* und *Gleichgültigkeit* gekennzeichnet sind. So weit vorab das zentrale Resultat, das ich an drei Studien genauer belegen will.

Zunächst eine Untersuchung, die deshalb besonders interessant ist, weil hier Schüler/innen einer 11. Klasse mit einem im Pädagogik-Unterricht entwickelten Leitfaden die Schüler/innen einer 7. Klasse interviewt haben (Hildebrand-Nilshon 1980). In diesen Interviews – vor und nach einem Schulvormittag – äußern sich die Befragten fast überhaupt nicht zu den Inhalten der verschiedenen Unterrichtsstunden. Auf die Frage: »Was machst du in der …stunde?« heißt es z.B.: »In Deutsch, ja, da pass ich eigentlich auf und manchmal rede ich mit meiner Nachbarin«; »Englisch: schreiben wir eine Arbeit«, »Mathe: Hausaufgaben besprechen« (ebd., S. 52f.). *Genauere* Angaben machen die Schüler/innen nur zum Sportunterricht und zu einem Unterrichtsprojekt, in dem Reiseprospekte analysiert wurden. »Die Inhalte der einzelnen Schulstunden stellen sich ... als Lernstoff dar, der benotet wird. Er wird gelernt, weil der Lehrer ihn vorträgt oder weil er im Schulbuch steht. Die dominierende Motivation ist auf Leistung mit wechselnden Inhalten ausgerichtet.« (ebd., S. 54)

Auch in den Schülerreportagen und -dokumentationen des Unterrichts, über die Hagstedt (1980) berichtet, klammern die Schüler immer wieder den Lerngegenstand aus: »Das inhaltliche Angebot, der präsentierte Lehrstoff fällt fast regelmäßig durch das Netz ihrer Wahrnehmung hindurch. Es lässt sich geradezu von einer demonstrierten Gleichgültigkeit gegenüber dem Lerngegenstand sprechen.« (S. 28) Wenn die Schüler z.B. Unterrichtsstunden protokollieren, dann gehen sie dabei zwar ausführlich auf die einzelnen Tätigkeiten und Beschäftigungen ihrer Mitschüler ein, vernachlässigen aber die Unterrichtsinhalte fast ganz. Gelernt, so ließe sich folgern, wird nebenbei.

Von der mangelnden Alltagsrelevanz der Lerninhalte habe ich ja vorhin schon geschrieben und dies will ich jetzt noch aus der Schüler/innenerfahrung untermauern. Nach den Ergebnissen von Eder (1995, S. 81ff.), die sich auf über 4.000 Schüler/innen zwischen der vierten und der zwölften Jahrgangsstufe beziehen, sehen rund 60% der Befragten in den schulischen Lerninhalten *keine praktische Bedeutsamkeit*, keinen Gegenwarts- und auch keinen Zukunftsbezug. Nur rund 10% halten die Schulfächer für interessant, nützlich und persönlich wichtig. Die meisten Schüler/innen lernen also weitgehend mechanisch und erfüllen die Anforderungen lediglich formal (ebd.).

Ich fasse noch einmal den Hauptgrund dafür zusammen, warum sich die Schüler/innen trotz aller Gleichgültigkeit überhaupt die Lerninhalte aneignen: Sie lernen die Gegenstände unabhängig von ihrem aktuellen Lebensbezug, weil das Lernen *an sich*, also vor allem die Gedächtnisleistung, belohnt wird; ihre Motivation ist primär an Leistung orientiert, und das heißt: Die Noten werden zum eigentlichen Ziel der Lernbemühungen. Genau darin, nämlich in der Forderung und Förderung einer abstrakten – eben inhaltsunabhängigen – Leistungsbereitschaft, liegt einer der wichtigsten Sozialisationseffekte der Schule.

Damit haben sich bereits die entscheidenden *Ursachen* für das Desinteresse der Schüler/innen an den Lerninhalten herausgeschält: das Negieren alltäglicher Erfahrungen, die Dekontextualisierung der Inhalte, ihre fehlende praktische Relevanz, der Bruch zwischen außerschulischen Interessen und schulischem Lernen. In engem Zusammenhang damit stehen drei weitere Ursachen, die ich nur knapp benennen will (vgl. Hagstedt 1980, S. 30f.):

- Die *Aufmerksamkeitsverteilung* der Schüler/innen: Das Klassenleben ist oft viel interessanter als der gerade behandelte Stoff.
- Der ständige und zeitlich starre *Wechsel der Lerngegenstände*; ein mögliches inhaltliches Interesse ließe sich ja nicht mit dem Stundengong abstellen.
- Der Unterricht ist inhaltlich wie sozial *lehrer*gesteuert und nicht schülerzentriert.

Vor dem Hintergrund all dieser Argumente ist es nicht mehr sehr überraschend, wenn das *Interesse* der Schüler/innen an schulischen Themen bzw. Fächern mit der Dauer der Schulzeit fast kontinuierlich *abnimmt*. Bereits während der Grundschulzeit lässt die Lernfreude der Kinder – mit einigen geschlechts- und fachspezifischen Variationen – erkennbar nach, ohne dass hier schon von Lernunlust gesprochen werden könnte (Helmke 1993). Die Untersuchung von Todt (1985, S. 366) in Sekundarschulen erbringt für zwei Bereiche der Biologie und der Physik folgende Veränderungen des Interesses (Abbildung 28, S. 128).

Drei Kurven zeigen ziemlich steil nach unten und signalisieren somit ein deutlich *nachlassendes Interesse* von der fünften bis zur neunten Klassenstufe (für eine Erklärung dieser Tendenz vgl. Oerter 1985, S. 210f.). Lediglich das Interesse der Schüler an der Mechanik geht nur wenig zurück. Die *geschlechtsspezifischen Unterschiede* zwischen den Schülerinnen und Schülern fallen sehr groß aus und nehmen im Laufe der fünf Jahre noch zu. Solche Unterschiede treten ebenso bei der Wahl von Leistungskursen in der Kollegstufe auf.

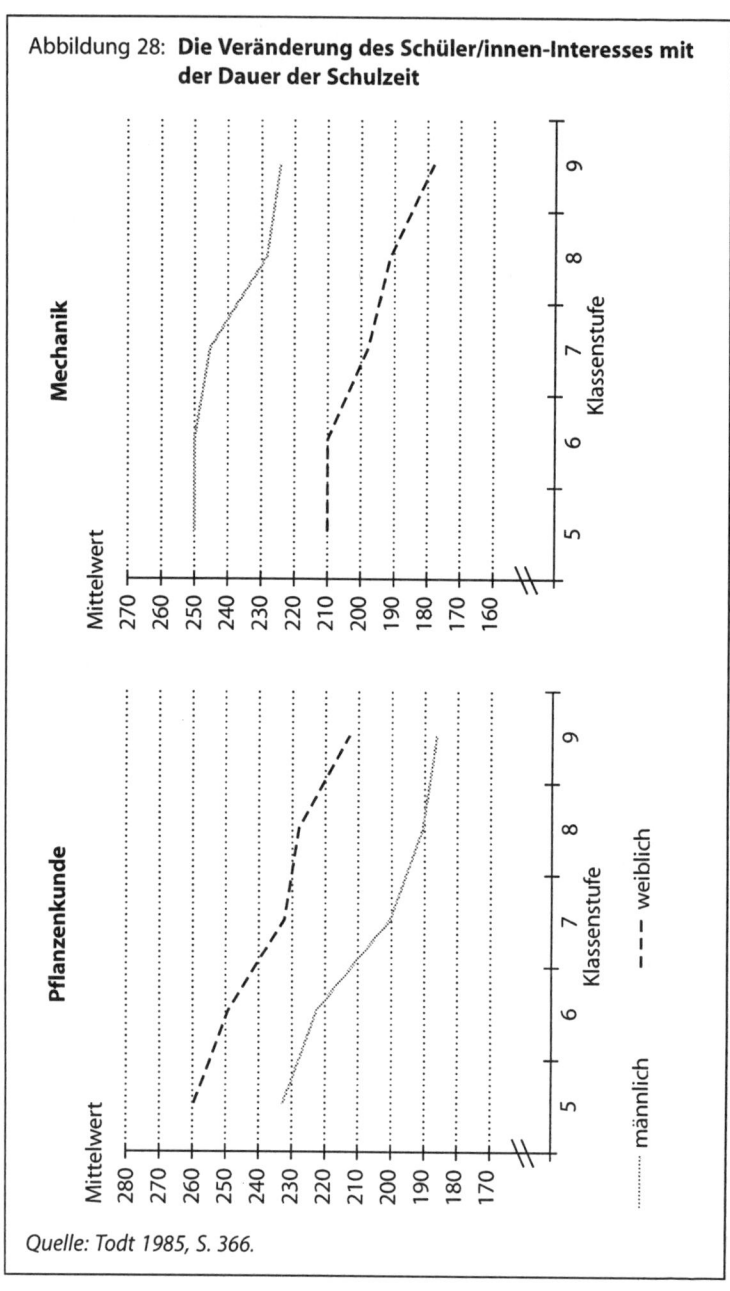

Abbildung 28: **Die Veränderung des Schüler/innen-Interesses mit der Dauer der Schulzeit**

Quelle: Todt 1985, S. 366.

Um zwei Extreme zu nennen: In den Physikkursen sitzen nur rund 10% Schülerinnen gegenüber 90% Schülern, in Französisch hingegen 75% Schülerinnen und nur 25% Schüler (Horstkemper 1995, S. 190; vgl. Faulstich-Wieland/Nyssen 1998, S. 169f.). Diese weit auseinander driftenden Präferenzen sind mit Sicherheit *auch* eine Folge des *koedukativen Unterrichts*, der allerdings durch unterrichtsorganisatorische Maßnahmen gegengesteuert werden kann, etwa durch die zeitweise fachspezifische Trennung der Schülerinnen und Schüler (vgl. Abschnitt »Geschlechtsspezifische Beziehungsmuster ...«, S. 65ff.).

Im Blick auf die Ergebnisse von Todt ist die Frage notwendig, was denn zur Erhaltung und *Förderung inhaltlicher Interessen* an den schulischen Inhalten getan werden kann und soll (zur umgekehrten Frage, nämlich wie Lernende häufig *demotiviert* werden, vgl. Prenzel 1997). Am Beispiel des Unterrichtsinteresses für Physik in den Jahrgangsstufen 7 bis 9 ermittelt Todt (1985, S. 372) vier Bedingungen für die Interessiertheit aus der Sicht der Schüler/innen, in der Rangfolge ihres Einflusses:

- *Kompetenz und Motivation der Lehrer/innen:* Wichtig sind hier vor allem die subjektiven Lernfortschritte der Schüler/innen, das gute Erklären des Stoffes und der logische Aufbau des Unterrichts.
- *Interessenorientierter Unterricht:* Es kommt naheliegenderweise darauf an, im Unterricht Themen zu behandeln, die für Schüler/innen interessant sind, und auch auf Fragen der Schüler/innen einzugehen.
- *Eigene Experimente der Schüler/innen:* Auch die Gelegenheit für die Schüler/innen, selbst Versuche durchzuführen, wirkt sich positiv auf das Interesse aus.
- *Geringe Anforderungen:* Dieser Faktor hat fast kein Gewicht; für das Interesse kommt es also *nicht* darauf an, ob gute Noten ohne großen Aufwand erreichbar sind und ob wenige Hausaufgaben gestellt werden.

Für das Interesse der Schüler/innen haben demnach also die Lehrer/innen ausschlaggebende Bedeutung: *Ihre* Kompetenz und Motivation, *ihre* Themenauswahl und – dies möchte ich mit Prenzel (1997, S. 41) ergänzen – *ihr* eigenes Interesse an den Lehrinhalten sind die wichtigsten Bedingungen. Der dritte Faktor wirkt auf den ersten Blick eher fachspezifisch, hat aber im Sinne der Eigentätigkeit der Schüler/innen sicher allgemeines Gewicht.

Diese Ergebnisse verlangen noch eine Ergänzung bzw. Relativierung: Es gibt in verschiedenen Untersuchungen Anhaltspunkte dafür – und vielleicht haben einige Leser/innen diese Erfahrung selbst gemacht –, dass die *Interessantheit* eines Unterrichtsfachs und die *Leistung* in diesem Fach zusammenhängen (Krapp 1992, S. 25ff.): Je interessanter das Fach aus Sicht der Schüler/innen ist, desto besser ist ihre Leistung darin. In Fächern wie Mathematik, Biologie und Sozialkunde ist dieser Zusammenhang deutlicher ausgeprägt als in den Sprachen, bei Schülern ist der Zusammenhang meist etwas enger als bei Schülerinnen. Freilich darf dabei kein einseitiges Ursache-Wirkungs-Verhältnis unterstellt werden. Es kann nämlich sein, dass ein interessantes Fach zu mehr Anstrengung motiviert, die wiederum die Leistung verbessert. Es ist umgekehrt aber auch denkbar, dass gute Leistungen das fachliche Interesse steigern.

Interessante Lerninhalte haben auch viel mit der *Aufmerksamkeit* der Schüler/innen und mit der Unterrichtsdisziplin in der Klasse zu tun, was Matthias bereits vor 90 Jahren sehr treffend formuliert hat: »Wenn die in der Schule behandelten Lerngegenstände durch die Art ihrer Behandlung und ihres Inhalts eine so fesselnde und bildende Kraft hätten, dass jeder andere Anreiz unnötig wäre, so würde man besonderer Mittel zur Herstellung des Fleißes und guter Zucht nicht mehr bedürfen, sondern die Persönlichkeit des Lehrers und die Sache selber in ihrer rechten Behandlung würden genügen. (…) Aber leider ist die Schule von solcher Vollkommenheit noch weit entfernt.« (Matthias 1908, S. 179) An der »fesselnden Kraft« mangelt es wohl auch heute noch den meisten Lerninhalten. Die häufigen und eher noch zunehmenden Klagen der Lehrer/innen über Konzentrationsschwächen ihrer Schüler/innen sind insofern verständlich, aber sie lenken die Ursachensuche wohl eher in die falsche Richtung (z.B. die »Reizüberflutung« durch die Medien oder Defizite in der familiären Erziehung). Konzentration und Aufmerksamkeit lassen sich – nicht allein, aber entscheidend –

durch *Interesse* fördern, also durch ein »Tun am Inhalt, das als Herausforderung erlebt wird und frei ist von Misserfolgsängstlichkeit« (Eckerle 1994, S. 166f.; vgl. Schiefele 1986).

Diese Überlegung lässt sich nahtlos weiterführen zu einer ganz zentralen motivationspsychologischen Einsicht und Kritik. Der übliche Unterricht in unseren Regelschulen zeichnet sich dadurch aus, dass *Leistungssituationen* gegenüber den *Lernsituationen* dominieren: »Manche Lehrer machen aus jedem kleinsten Frage- und Antwortspiel, jeder Stillarbeit und aus jeder gemeinsamen Aufgabenlösung an der Tafel (...) eine leistungsthematische Situation.« (Weinert 1998, S. 109f.) In solchen Situationen bemühen sich die (meisten) Schüler/innen um Erfolge (oder sie versuchen zumindest, Misserfolge zu vermeiden), und genau dadurch werden Neugier, Interesse und inhaltliches Verstehen blockiert. Ein Unterricht, so Weinert, der nur noch eine Leistungssituation an die andere reiht, behindert letztlich das Lernen, weil er einen permanenten Leistungs- und Konkurrenzdruck schafft. Nur die strikte *Trennung* von Lern- und Leistungssituationen ermöglicht ein interessen- und verständisorientiertes Lernen. (vgl. Schiefele/Schiefele 1997)

Auch wenn die letzten Abschnitte über Zusammenhänge zwischen Interesse, Motivation, Lernen und Leistung für mich selbst und hoffentlich auch für die Leser/innen sehr spannend sind, bewegen wir uns damit schon am Rande des sozialpsychologischen Terrains. Deshalb kann ich abschließend nur noch ein paar (Literatur-)Hinweise anbringen. Immer häufiger und nachdrücklicher werden in den letzten Jahren die – z.T. oben erwähnten – Defizite der schulischen Unterrichts- und Lernorganisation kritisiert und unter Stichworten wie »Lernen für die Zukunft« (Klafki 1996), »neues Lernen in der Schule« (Knab 1995, S. 8ff.) oder »Wissensmanagement in der Schule« (Reinmann-Rothmeier/Mandl 1998, S. 56ff.) werden Alternativen entwickelt. In der Tat gibt es zahlreiche Ideen für *neue* Lernformen, Unterrichtskonzepte und Lehrmethoden (Mandl u.a. 1993; Weinert 1998), die allerdings überwiegend noch auf ihre Umsetzung warten. Nach meinem Eindruck mangelt es jedenfalls nicht der Wissenschaft (vor allem Psychologie und Pädagogik) an Kreativität, sondern der Politik an echtem Veränderungswillen.

Geschlechtsspezifische Aspekte der Lerninhalte

Selbstverständlich wird in der Schule trotz des Desinteresses der Schüler gelernt, sehr viel sogar: deutsche Grammatik, englische Vokabeln, Bruch- und Prozentrechnen, Dur- und Moll-Tonarten, die Weimarer Verfassung, das Skelett der Hauskatze, um nur ein paar zufällige Beispiele zu nennen. Die kognitive Verarbeitung solcher Lerninhalte wird bei allen Schülern regelmäßig überprüft und in Ziffernnoten festgehalten, in denen sich gleichsam die offiziellen Lernwirkungen niederschlagen. Zugleich und untrennbar verbunden mit den fachspezifischen Lerninhalten wird freilich vieles indirekt und implizit *mitgelernt*, was nicht ausdrücklich in den offiziellen Lehrplänen und Schulbüchern steht, nämlich Werthaltungen, Verhaltens- und Einstellungsmuster sowie normative Orientierungen. Durch diesen *heimlichen Lehrplan* kommt nun durchaus Leben in die Schule, erhält der Lernstoff eine soziale und *sozialisatorische* Komponente, die ich exemplarisch an den geschlechtsspezifischen Aspekten der Lerninhalte darlegen möchte.

In fast allen Unterrichtsfächern und Schulbüchern sind stereotype Vorstellungen von weiblichem und männlichem Verhalten nachweisbar, die an den Inhalten mitgelernt werden. Für die meisten Schüler/innnen und Lehrer/innen dürfte *diese* Bedeutung der Lerninhalte noch ziemlich unbekannt sein, obwohl auch in Deutschland seit rund 20 Jahren darüber geforscht wird. Im Übrigen zeigen manche Männer und wohl auch Lehrer gegenüber dieser Forschung manchmal eine Haltung, die in der Sozialpsychologie als Wahrnehmungsabwehr beschrieben wird: Was mich beunruhigt oder meinen Überzeugungen zuwiderläuft, nehme ich nicht zur Kenntnis. Heute lässt sich mit Sicherheit feststellen, dass viele Schulbücher geschlechtsspezifische Differenzierungen vornehmen, die historisch oft überholt sind, die Gleichberechtigung der Geschlechter eher behindern und Schülerinnen wie Schüler auf eine strikte Rollentrennung festlegen (vgl. u.a. Brehmer 1991; Faulstich-Wieland 1995). Allerdings ist die sozialisatorische *Wirkung* der Geschlechterdarstellungen in den Schulbüchern noch kaum nachgewiesen; sie wird in manchen Untersuchungen schlicht unterstellt, in anderen finden sich Annahmen über fehlende Identifikationsmöglichkeiten für Schülerinnen, die jedoch dazu nicht befragt werden (Ulich 1987). Mit dieser Einschränkung präsentiere ich einige Ergebnisse von Schulbuchuntersuchungen aus den 1970er- und 1980er-Jahren und anschließend von zwei ganz neue Studien.

Am deutlichsten werden geschlechtsspezifische Tendenzen wohl in den *Deutsch-Lesebüchern* sichtbar (vgl. Bittmann 1977; Wagner u.a. 1978, S. 44ff.; Barz 1982): In den Büchern ganz verschiedener Jahrgangsstufen spielen Frauen quantitativ wie qualitativ eine klar untergeordnete Rolle; in etwa 80 bis 90% aller Geschichten und Berichte sind Männer bzw. Jungen die Hauptpersonen, die interessante, vielfältige Berufe haben bzw. sehr aktiv sind, während die Frauen meist als Randfiguren und dann überwiegend als Mütter und Märchengestalten fungieren und die Mädchen mit Puppen und Hausarbeit(spielen) beschäftigt sind. Schülerinnen, die mit solchen Lesebüchern unterrichtet werden, haben daher keine oder nur sehr eingeschränkte Identifikationsmöglichkeiten. Männliche Verhaltensweisen und Tätigkeiten erscheinen insgesamt abwechslungsreicher und positiver. Es entsteht also *auch* für die Schüler ein schiefes Bild.

Überraschender, wenngleich kaum weniger deutlich, fallen die Ergebnisse inhaltsanalytischer Untersuchungen von *Englischbüchern* aus, weil man in diesem Fach eigentlich gar keine Geschlechtsspezifik vermuten würde. Für Schülerinnen und Schüler, die sich primär mit den Schwierigkeiten einer Fremdsprache auseinander setzen müssen, bleiben Geschlechterrollen-Stereotype auf Englisch wohl noch verborgener als in deutschen Lesebüchern. Bei genauem Hinsehen bietet sich aber auch hier eine sehr klare Tendenz (Wagner u.a. 1978, S. 47ff.; Zumbühl 1982): Frauen stehen selten im Mittelpunkt, werden meist als »wife of« (bzw. »sister of«) eingeführt und haben höchst selten einen Beruf: In einem Buch kommen 85 Männer-, jedoch nur drei Frauenberufe vor! Jungen und Männer werden als vielseitig, tapfer, aktiv und dynamisch dargestellt, Mädchen und Frauen hingegen als hilfsbereit, ängstlich, passiv. »Mädchen sind lieb und etwas dumm, im Übrigen tragen oder kaufen sie schöne Kleider und decken den Tisch.« (Wagner u.a. 1978, S. 56, über eine englische Diktatsammlung)

Wenn die geschlechtsspezifische Erziehung in der Familie nach denselben Klischees verläuft, dann wird Jungen und Mädchen eine zwar konsistente, für die Beziehungen untereinander aber eher belastende Vorstellung von den geschlechtsspezifischen Verhaltens- und »Wesens«-Unterschieden vermittelt. Dies könnte und sollte auch im Englischunterricht einmal problematisiert werden, um den heimlichen Lehrplan ein Stückchen transparenter zu machen.

Sehr ähnliche Einseitigkeiten lassen sich sogar in den Lehrbüchern des angeblich objektiven und rein logischen Faches *Mathematik* feststellen. Auch in Rechenaufgaben sind die Hauptpersonen und Berufe fast nur männlich; Frauen kommen allenfalls beim Einkaufen und Backen vor, Mädchen häkeln und sticken (Glötzner 1982).

Ilse Brehmer (1991, S. 28f.) fasst die Kritik an den geschlechtsspezifischen Einseitigkeiten unserer Schulbücher auf dem Stand von 1990 zusammen:

- Rein zahlenmäßig sind Mädchen und Frauen in unseren Schulbüchern unterrepräsentiert.
- Frauen sind überwiegend in traditionell »weiblichen« Berufen dargestellt; Schülerinnen erhalten so nur ein sehr eingeschränktes Bild ihrer heutigen Berufsmöglichkeiten.
- Die Hausarbeit wird fast ausschließlich von Frauen erledigt.
- »Weibliche« Eigenschaften und Tätigkeiten liegen primär im emotionalen und privaten Bereich.
- In historischen Darstellungen wird die Bedeutung von Frauen weitgehend vernachlässigt oder ganz ignoriert.
- Nicht zuletzt sind Frauen bei der Produktion von Schulbüchern deutlich unterrepräsentiert.

Diese Kritik hat zweifellos (auch in manchen Ministerien und Schulbuchverlagen) dazu beigetragen, dass solche Tendenzen in den *heutigen* Schulbüchern *weniger extrem* auftreten. Ich bringe zwei aktuelle Studien als Beispiele.

Eine Studentin hat kürzlich in ihrer Zulassungsarbeit fünf Mathematikbücher für die dritte Klasse ausgewertet, die zwischen 1974 und 1995 erschienen sind, und dabei einige bemerkenswerte Unterschiede gefunden (Pickl-Arnold 1998). So ist in den neuesten Büchern das Zahlenverhältnis zwischen weiblichen und männlichen Personen *annähernd ausgeglichen*, und auch die Handlungsträger/innen sind fast gleichmäßig auf beide Geschlechter verteilt. Beim Rechnen sind die Jungen nicht mehr grundsätzlich den Mädchen überlegen; auch »schlaue« Schülerinnen kommen vor. In dem geschlechtsspezifisch besonders sensiblen Bereich der Hausarbeit werden heute etwas mehr Männer und Jungen als vor 20 Jahren dargestellt. Bei den (beruflichen) Tätigkeitsfeldern dominieren allerdings nach wie vor Männer, wenngleich berufstätige Frauen etwas häufiger als früher vorkommen.

Eine zweite Untersuchung bezieht sich ebenfalls auf Mathematikbücher, diesmal aus der Hauptschule (Preinsperger/Weisskircher 1997; sieben Bücher zwischen 1990 und 1995). Die quantitative Verteilung der Geschlechter in den Texten und Illustrationen zeigt – bei großen Differenzen zwischen den Büchern – folgendes Bild: 44% Mädchen, 56% Jungen; 30% Frauen, 70% Männer. Die Hausarbeit ist nach dieser Studie immer noch weitgehend Sache der Frauen, die auch nur selten berufstätig sind. Mädchen und Jungen helfen immerhin gleichermaßen im Haushalt mit und sind auch bezüglich ihrer Schullaufbahn gleichberechtigt dargestellt. Im Vergleich mit älteren Büchern hat sich also, wie auch die Autorinnen feststellen, durchaus manches verändert, *aber* von einer faktischen Gleichberechtigung kann noch kaum die Rede sein. Vor allem bei der *quantitativen* Darstellung beider Geschlechter hat sich – etwa zwischen 1970 und 1995 – wohl eine Annäherung ergeben, die nach meiner *Schätzung* ungefähr so aussieht (Abbildung 29):

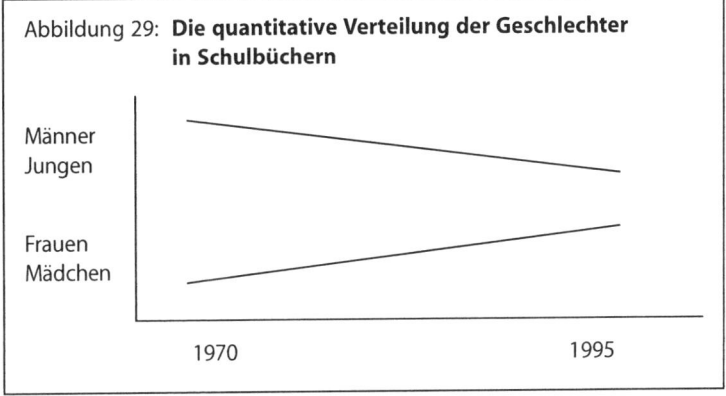

Abbildung 29: **Die quantitative Verteilung der Geschlechter in Schulbüchern**

Männer
Jungen

Frauen
Mädchen

1970   1995

Offenkundig wird in den Schulbüchern die gesellschaftliche Wirklichkeit der Geschlechterverhältnisse in Beruf und Familie immer noch nicht angemessen dargestellt. Eben deshalb, so meine abschließende Bitte an die Leser/innen, ist es ungemein wichtig und lohnend, die geschlechtsspezifischen Tendenzen und Stereotype in den Schulbüchern, Unterrichtsmaterialien und Lehrplänen aufzuspüren und sie mit den Schülerinnen und Schülern zu besprechen. Nur so lässt sich bei der nachwachsenden Generation ein Bewusstsein schaffen für die – nicht nur in der Schule – nach wie vor häufige Diskriminierung von Frauen und Mädchen.

Leistung und Versagen, Beurteilung und Auslese

Zum Stellenwert schulischer Leistungen: Erfahrungen und Belastungen der Schüler/innen

Für die Schüler/innen gehören die Leistungsforderungen sowie die Beurteilungs- und Ausleseprozesse zu den bedeutsamsten und nachhaltigsten Erfahrungen, die sie überhaupt in der Schule machen. Die Leistung beeinflusst nicht nur die soziale *Anerkennung* durch Lehrer, Mitschüler und Eltern, sondern sie hat auch weit reichende Konsequenzen für die *Berufs- und Lebenschancen*.

»Berichten Schülerinnen und Schüler über die Schule, stehen für sie die immer wiederkehrenden Anforderungen im Zusammenhang mit der schulischen Leistungsbeurteilung … im Vordergrund: Lernen für Schulaufgaben und Prüfungen, Hausaufgaben, Vorbereitungen für das Ausgefragtwerden usw. – letztlich (ist es) immer wieder ein Lernen für Noten, weil es in ihrer Erfahrung darauf ankommt. Gleichzeitig ist der schulische Leistungsbereich für die Schülerinnen und Schüler aber auch sehr *belastend* und wird von einem Großteil der Jugendlichen als sehr *negativ* erlebt. Für fast die Hälfte der Schülerinnen und Schüler … sind Prüfungen und Klassenarbeiten mit Ängsten verbunden; 44 Prozent von ihnen beklagen sich über zu hohen Leistungsstress in der Schule.« (Sardei-Biermann 1992, S. 289) Ein konkretes Beispiel aus dem Schulalltag eines Kollegstufenschülers:

»Axel denkt mit Unbehagen an die zwei bevorstehenden Informatikstunden und zögert daher den Gang zum Computerraum noch hinaus. Informatik macht ihm (…) keinen sonderlichen Spaß. Zwar verursacht ihm auch der trockene Stoff Probleme, aber hauptsächlich ist es die Lehrerin, mit der er nicht gut zurechtkommt. Sie wirkt oft desinteressiert und gleichgültig und nach Axels Ansicht fehlt es ihr an Engagement und Einsatzfreudigkeit.

Sie kann ihn und die meisten anderen nicht für den Stoff begeistern und so beteiligen sich nur die Könner an ihrem Unterricht. Vor allem aber bemängelt er, dass die Lehrerin nach fast einem Jahr noch nicht einmal die Namen der KursteilnehmerInnen kannte. Wie soll sie denn da Noten vergeben?

Axel erreicht den Computerraum zur gleichen Zeit wie die Lehrerin. Er setzt sich auf seinen Platz vor dem Computer, den er sich mit einem Mitschüler teilt. Als er sieht, dass die Lehrerin die Klausurhefte aus der Tasche holt, fühlt er sich nicht gerade wohl, denn er erwartet eine schlechte Zensur. Die Lehrerin verteilt die Hefte und es entsteht ein kurzes Durcheinander, weil die Schülerinnen und Schüler ihre Noten untereinander vergleichen. Axel ist erleichtert, er hat doch sieben Punkte erreicht und die Klausur ist insgesamt schlecht ausgefallen. ›Das Notensystem zwingt mich dazu, von Klausur zu Klausur zu lernen, um mir die Endnote nicht zu versauen, und durch diese Paukerei vergesse ich das meiste nach der Klausur sofort wieder‹, meint er, ›die Inhalte kommen dabei oft zu kurz, entscheidend ist die Zensur‹. Auf der anderen Seite sieht er aber keine Möglichkeit, eine Schule ohne Noten zu organisieren, denn ›wie sollen denn dann Leistungen miteinander verglichen werden?‹« (Schnack 1992, S. 28)

Schon in der vierten Klasse der Grundschule reagieren viele Kinder auf die Leistungsbeurteilung mit negativen Emotionen bzw. mit Gefühlen von Belastung, wie Eder und Felhofer (1994) mit den folgenden Ergebnissen (Abbildung 30) nachweisen.

Abbildung 30:	**Reaktionen auf die Leistungsbeurteilung** (Mehrfachnennungen)
ist mir egal	39%
macht mich nervös	31%
gefällt mir	27%
gefällt mir nicht	20%
bedrückt mich	15%
macht mir Angst	12%
Quelle: Eder/Felhofer 1994, S. 211.	

Wenn die gleichgültigen Reaktionen nicht berücksichtigt werden, überwiegen die *negativen* Äußerungen etwa im Verhältnis 3 zu 1 die *positiven*. Es kommt hinzu, dass schon in der Grundschule das Bemühen der Kinder um gute Noten das Selbstbewusstsein und die Konzentration beeinträchtigen kann, was etliche Beispiele von Beck und Scholz zeigen (1995, S. 137f. und S. 189f.).

Der hohe Stellenwert schulischer Leistungen für *Jugendliche* manifestiert sich klar in einer Untersuchung von Engel und Hurrelmann (1989, S. 42f.). Die befragten Schüler/innen aus der 7. und 9. Jahrgangsstufe halten die schulischen Leistungen

- zu 36% für sehr wichtig,
- zu 59% für wichtig und nur
- zu 5% für unwichtig.

Im Hinblick auf persönlich empfundene Probleme steht bei den Jugendlichen die Schulleistung ganz oben (ebd.): Für 82% sind die Leistungen problematisch; es folgen Geldprobleme mit 55%, Spannungen mit Eltern zu 51% und eine Reihe weniger oft genannter Probleme.

Als weitere Belastung kommt hinzu, dass etwa jeder zweite Jugendliche *unsicher* ist, den angestrebten Schulabschluss tatsächlich zu erreichen; diese Unsicherheit äußern 57% der Schüler/innen in der 7. und 41% in der 9. Jahrgangsstufe. Bei den unsicheren treten deutlich häufiger als bei den abschlusssicheren psychosomatische Beschwerden auf, also Kopfschmerzen, Magenbeschwerden, Konzentrationsprobleme u.a. (Holler-Nowitzki 1994, S. 190f.). Fast zwei Drittel aller Schüler/innen sind außerdem darüber unsicher, später den angestrebten Beruf zu bekommen.

Allein vor dem Hintergrund dieser Resultate liegt es nahe, wenn in den sprachlichen und mathematisch-naturwissenschaftlichen Fächern sehr viele Schüler/innen (rund 40%) die schulischen Leistungsanforderungen als *zu hoch* einstufen (Kanders u.a. 1996b, S. 67f.). Unterschiede zwischen Schülerinnen und Schülern treten bei den beiden genannten Fächergruppen in einer Größenordnung von etwa acht Prozentpunkten auf. Die mittlerweile kundigen Leser/innen wissen damit, welche Differenz gemeint ist.

Eine besondere Schwierigkeit ergibt sich für viele Jugendliche auch durch die *Schulabschlusswünsche*, zu deren Realisierung gute Noten benötigt werden. Um dies zu verdeutlichen, habe ich in der folgenden Tabelle die Schüleranteile in Hauptschule, Realschule und Gymnasium den jeweiligen Schulabschlusswünschen der Schüler/innen und der Eltern gegenübergestellt (Abbildung 31). Die Unterschiede zwischen dem tatsächlichen Schulbesuch und den Abschlusswünschen lassen ein beachtliches Belastungspotenzial vermuten.

Abbildung 31: **Schülerzahlen (nach Schulart) und Schulabschlusswünsche von Schülern und Eltern**			
	Hauptschule	Realschule	Gymnasium
Schüleranteile	26%	28%	36%
Abschlusswunsch der Schüler	25%	13%	51%
Abschlusswunsch der Eltern	14%	40%	45%
Quellen: Zeile 1: Bellenberg/Klemm 1995, S. 218 (Rest zu 100%: Gesamt- und Sonderschüler). Zeile 2: Hurrelmann/Mansel 1998, S. 173 (Rest zu 100%: »weiß nicht«). Zeile 3: IFS-Umfrage 1998, S. 16.			

Besonders belastend ist die Situation vieler Hauptschüler/innen, deren Eltern einen höheren Schulabschluss möchten: Der Hauptschulabschluss wird von den Eltern deutlich seltener gewünscht, als es dem Anteil und den Wünschen der Schüler/innen entspricht. Außerdem wollen erheblich mehr Schüler/innen und auch Eltern das Abitur als Abschluss, als den Schülerzahlen im Gymnasium entspricht (vgl. Holler-Nowitzki 1994, S. 158ff.). Es dürfte also eine ganze Menge Familien geben, in denen ein – gegenüber dem faktischen Schulbesuch – *höherer* Schulabschluss angestrebt wird. Das ist eine Divergenz, die bei Eltern wie Schülern Leistungsdruck oder Enttäuschungen auslösen kann.

Nun könnte ein Einwand gegen diese Prognose lauten, dass es ja etliche Schüler/innen gibt, die von der Hauptschule in die Realschule oder von hier in das Gymnasium *aufsteigen* und so doch noch einen höheren Schulabschluss erreichen. Allerdings ist das eine Hoffnung, die sich nur bei sehr wenigen erfüllen wird: Abstufungen sind tatsächlich rund neunmal so häufig wie Aufstufungen (Mauthe/Rösner 1998, S. 103). Die immer wieder behauptete Durchlässigkeit unseres Schulsystems erweist sich also viel mehr als Abstiegs- denn als Aufstiegsdurchlässigkeit.

Im Folgenden werde ich noch ein paar *konkrete Erfahrungen* der Schüler/innen mit Leistungen und Noten darstellen; zunächst ein weiteres Beispiel:

Ein Schüler der vierten Klasse Grundschule bekommt im Oktober die erste Mathematikprobe zurück; Note: 3. Er heult und sagt: »Jetzt habe ich mir mein ganzes Übertrittszeugnis verpatzt.« Dabei wird das Übertrittszeugnis für das Gymnasium erst im April ausgestellt.

Ein seltenes, ein extremes Beispiel? Ich fürchte: nein. Es zeigt sehr deutlich den hohen Stellenwert, den Schulleistungen und Noten für die meisten Schüler heute haben.

Ergänzend bringe ich einige Schüler/innen-Äußerungen aus der Mittelstufe eines Gymnasiums, bezogen auf die Frage, was die Jugendlichen in der Schule stört (Schüler 1984, S. 13; vgl. auch Fend 1997, S. 71ff.):

»Mich stört in der Schule die Notengebung, vor allem in Fächern wie Sport, Kunst und Musik.«
»Was mich in der Schule stört, ist, dass die Lehrer häufig mit zu viel Notendruck arbeiten. In manchen Fächern könnte man die Noten vielleicht ganz abschaffen.«
»Es bewerten einfach zu viele Lehrer nach Sympathie. Wenn man immer schon die Meinung der Lehrer vertritt (…), bekommt man in vielen Fällen bessere Zensuren.«
»Mich stört in der Schule, dass Schüler von den Lehrern nicht nach Bemühung, sondern nur nach Leistung beurteilt werden, dass Lehrer einen Schüler nur den Noten nach kennen.«

Der überragende Stellenwert von Leistungsforderungen und Schulaufgaben kommt fast beiläufig auch in den Interviews zum Ausdruck, die in der Untersuchung von Hildebrand-Nilshon (1980) Schüler/innen einer elften Klasse mit einer siebten Klasse durchgeführt haben: Auf die Frage, was ihnen zu dem bevorstehenden Schulvormittag als Erstes einfällt, nennen 27 von 30 Schülern einer Klasse die für diesen Tag angekündigte Englisch-Schulaufgabe. Es ist nicht erstaunlich, trotzdem aber zu bedauern, dass schon 11- bis 12-jährige Schüler/innen einen eigenen Schulaufgaben-Terminkalender führen (müssen).

Prinzipien, Probleme und Folgen der Leistungsbeurteilung

Die schulische Leistungsbeurteilung stellt sozialpsychologisch einen Kernbereich der Lehrer/innen-Schüler/innen-Interaktion dar. Leistungsanforderungen der Schule vermitteln sich an die Schüler/innen ja erst und vor allem über entsprechende Erwartungen der *Lehrer/innen*, die als Träger der Beurteilungsprozesse fungieren. Ihre Beziehung zu den Schülerinnen und Schülern wird jedenfalls durch die Beurteilungsmacht beeinflusst und nicht selten beeinträchtigt (Fend 1997, S. 75; Lempp 1983, S. 70). Noch etwas zugespitzt sieht Holzkamp (1993, S. 457) die Leistungsbewertung als *die* grundlegende Interaktion, weil es kaum ein Verhalten, eine Äußerung der Schüler/innen gibt, die *nicht* in irgendeiner Form durch die Lehrer/innen bewertet würde. Darauf komme ich gleich zurück.

Grundprobleme und Bezugsnormen der Leistungsbeurteilung

Für eine Auseinandersetzung mit der Leistungsbeurteilung formuliere ich drei Fragen und die üblicherweise gegebenen Antworten:

- *Was* wird in der Schule beurteilt? Die Leistung.
- *Wie* wird in der Schule beurteilt? Nach Noten.
- *Wozu* wird in der Schule beurteilt? Zur Information und Kontrolle des Lernerfolges.

So kurz diese Antworten sind, so *falsch* sind sie auch. Es gibt keine *reine* Leistungsbeurteilung, sondern die Beurteilung konstituiert erst die Leistung (Kalthoff 1996). Es gibt auch keine eindeutigen Maßstäbe: Das Notensystem ist willkürlich festgelegt, die einzelnen Noten und erst recht die Abstände zwischen ihnen lassen sich nicht definitorisch regeln; ein Beispiel: »Die Note ›ausreichend‹ soll erteilt werden, wenn die Leistung zwar Mängel aufweist, aber im Ganzen den Anforderungen noch entspricht.« (Schulordnung für die Gymnasien in Bayern, § 49) Allein die Unschärfe dieser und ähnlicher Formulierungen macht wohl die Noten zu einem ziemlich untauglichen Instrument der Leistungs-»Messung« (vgl. Holzkamp 1993, S. 367ff.). Selbstverständlich braucht der Lehrer einen Interpretations- und Ermessensspielraum, um zumindest annähernd die Normalverteilung der Noten sicherstellen zu können. Eine 1 signalisiert einen recht klaren Unterschied gegenüber einer 6, vermutlich auch im Lernerfolg, aber hat ein Schüler mit einer 2 wirklich besser gelernt als der mit einer 3, bedeutet nicht dieselbe Note für einen Aufsatz, eine Turnübung am Reck und für einen Biologietest jedes Mal etwas völlig *anderes* im Hinblick auf den Lernerfolg?! Was sagt z.B. die Note 3? Stammt sie von einem hochintelligenten Schüler, der sich kaum anstrengt, oder von einem mäßig begabten, der aber sehr fleißig lernt?

Die Behauptung, es gebe keine reine Leistungsbeurteilung, muss noch genauer begründet werden, und dazu formuliere ich ein erstes sozialpsychologisches Prinzip: *Beurteilung und Wahrnehmung* von Personen sind gerade in der Schule eng miteinander gekoppelt. Zum einen setzt die Beurteilung der Leistungen selbstverständlich voraus, dass Lehrer/innen Mitarbeit, Antworten und schriftliche Arbeiten der Schüler/innen wahrnehmen; zum anderen sind die Wahrnehmungen der Lehrer/innnen immer *auch* von der Notwendigkeit beeinflusst, Schüler/innen beurteilen zu müssen. Fast zwangsläufig fließen so in die Beurteilung *leistungsfremde* Kriterien mit ein. Das können z.B. (angenommene) Eigenschaften der Schüler/innen sein oder ihre schulische Arbeitshaltung, z.T. aber auch rein äußerliche Merkmale wie Aussehen oder Kleidung, die jedenfalls in der Wahrnehmung der Lehrer/innen auffallen (Lissmann 1987; Ulich 1976, S. 70). Matthias beschrieb diesen Zusammenhang folgendermaßen: »Der lebhafte Schüler, der sein Auge nicht immer gerade auf den Lehrer richtet, kommt schlechter weg in der Beurteilung als der Phlegmatikus, der mit offenen Augen schläft und doch einen Vertrauen erweckenden Eindruck macht. Und der Augendiener, der dann gerade zur Hand ist, wenn's der Lehrer bemerkt, steht sich ebenso gut oder besser noch als der gleichmäßig Achtsame, der auch dann bei der Sache ist, wenn's der Lehrer nicht gerade bemerkt.« (1908, S. 180f.) Im Übrigen beinhalten diese Argumente keineswegs einen Vorwurf an die Lehrer/innen, denn sie treffen auf alle sozialen Situationen zu, in denen Menschen über mehrere andere Eindrücke gewinnen und Urteile abgeben müssen (also unterliegen z.B. auch Hochschullehrer/innen solchen Mechanismen).

Der nun möglicherweise entstehende Eindruck, die Leistungsurteile der Lehrer/innen seien *rein subjektiver* Natur, lässt sich mit einem zweiten sozialpsychologischen Prinzip korrigieren, wenn auch nicht ganz aufheben: Die Leistungsbeurteilung in der Schule hat zur Voraussetzung, dass die Schüler/innen *formal gleich* behandelt und miteinander *verglichen* werden. Erst die Bewertung erzeugt *Leistungsunterschiede*, die durch die Notenskala hierarchisiert (vgl. Kalthoff 1996; Lempp 1983) und den Schülern als Person zugeschrieben werden. Die Schüler/innen erfahren also mit der Beurteilung durch die Lehrer/innen eine Bewertung ihrer Leistung in Relation zur Leistung ihrer Mitschüler/innen und zusätzlich in Relation zu einem vorgegebenen Lerngegenstand. Diesen beiden Kriterien unterliegen sie unabhängig davon, ob sie selbst einen Lernfortschritt erzielt haben oder nicht. Damit sind bereits die zentralen *Bezugsnormen der Schülerbeurteilung* genannt; die Beurteilung kann sich orientieren

- an den *Lernzielen* und inhaltlichen Kriterien (z.B. die sichere Beherrschung der Grundrechenarten im Zahlenraum bis 100): kriteriumsorientierte Bezugsnorm;
- an der Leistung der anderen Schüler/innen, also an einem *Vergleich* der Personen: soziale Bezugsnorm;
- an den individuellen Fähigkeiten und Fortschritten des einzelnen Schülers, an seiner persönlichen *Leistungsentwicklung*: individuelle Bezugsnorm.

Dass diese drei Beurteilungsmaßstäbe miteinander konkurrieren und deshalb die Beurteilung einzelner Leistungen ungemein schwierig ist, hat bereits Georg Simmel (1922) sehr deutlich gesehen. Ich gebe seine Formulierung der drei Maßstäbe kurz wieder, auch um zu zeigen, dass es sich hier keineswegs nur um ein Problem unserer Zeit handelt: »der absolute Maßstab, die Vorstellung von der sachlich besten Leistung; der relative, der durch ... das Klassenniveau gegeben ist, (und) der individuelle, der sich aus der Relation der Leistung zu den bisherigen Leistungen gerade dieses Schülers ergibt« (S. 71).

In der *Wirklichkeit der Leistungsbeurteilung* kommt in unseren Regelschulen dem individuellen Lernfortschritt wohl das geringste Gewicht zu. Üblicherweise beurteilen die Lehrer/innen die Leistungen ihrer Schüler/innen nach einer *Kriterienkombination* aus inhaltlichen Maßstäben und dem Klassendurchschnitt, also dem Vergleich der Schüler/innen miteinander. Eine stärkere Berücksichtigung des individuellen Lernfortschritts wird durch die eingespielte und selten hinterfragte Noten(normal)verteilungspraxis und durch »Gerechtigkeitsansprüche« der Schüler/innen und ihrer Eltern sehr erschwert. Ein Beispiel: Im Diktat in der dritten Klasse erhält ein Schüler mit 17 Fehlern Note 6; im nächsten Diktat verbessert er sich auf 12 Fehler, erhält jedoch wieder eine 6, weil er nach wie vor der deutlich schlechteste in der Klasse ist. – Eine Frage zum Nachdenken: Hilft es diesem Schüler, wenn die Lehrerin unter das Diktat schreibt: »Du hast dich verbessert«?

Es hängt mit eben dieser Beurteilungspraxis zusammen, dass schlechte Leistungen, Misserfolge oder Schulversagen in aller Regel den Schülerinnen und Schülern zugeschrieben werden. Obwohl wir alle wissen, dass ein und dieselbe Leistung in der einen Klasse mit einer 5 benotet wird, in einer anderen jedoch – mit einem niedrigeren Leistungsniveau – mit einer 3, ist es bei der 5 immer der Schüler, der scheitert. Der Pädagoge Helmut Heid kritisiert dies prinzipiell und scharf:

»Deklarierter Zweck des Unterrichts ist doch, den Schülern etwas beizubringen. Wenn Schüler versagen, dann ist es dem Lehrer nicht gelungen, diesen Zweck zu erfüllen. Bei jedem ›Ungenügend‹ müsste man eigentlich den Lehrer fragen: ›Was sagst du zu deinem

Misserfolg?«« Für seine folgende Argumentation geht er von der Frage aus:»Was ist ein guter Lehrer?‹ Derjenige, bei dem alle Schüler einer Klasse nur sehr gute und gute Leistungen nachweisen oder derjenige, bei dem das Durchschnittsurteil eher zwischen ›befriedigend‹ und ›ausreichend‹ liegt? Was würde passieren, wenn ein Lehrer (besonders ein junger Lehrer oder gar ein Referendar) bei einer Schulaufgabe nur ›sehr gut‹ herausbekäme? ›Eigentlich‹ müsste ein solcher Lehrer begeistert sein; denn der deklarierte Zweck seines Unterrichts wäre optimal erfüllt. Aber was passiert tatsächlich? Eine solche Praxis und ein solcher Lehrer wären auf die Dauer unhaltbar (auch wenn eine solche Praxis durch keine Rechtsnorm ›verboten‹ ist). Was heißt das praktisch? Unter gegebenen gesellschaftlichen und entsprechenden schulischen Bedingungen ist ein Lehrer (innerhalb bestimmter Grenzwerte) tendenziell umso besser, je weniger er das deklarierte Ziel seiner Arbeit erfüllt. Und wir alle (Schüler, Schülereltern, Lehrer und Öffentlichkeit) haben diese ›perverse‹ Orientierung völlig verinnerlicht; wir finden das ganz normal.« (Heid 1988, S. 16f.; vgl. Bartelmann 1996; Holzkamp 1993, S. 371f.)

Pro und contra Ziffernnoten

Im nächsten Schritt möchte ich eine grundsätzliche Kritik an den Ziffernnoten formulieren, was durch die letzten Argumente schon vorbereitet ist (vgl. Becker/Hentig 1983; Saldern 1997, S. 113ff.). Damit will ich den Leserinnen und Lesern gewiss nicht die ohnehin schon schwierige Aufgabe der Leistungsbeurteilung zusätzlich erschweren, sondern zum Nachdenken über das in unseren Schulen gängige Bewertungsverfahren anregen. Einige fortschrittliche Pädagogen und Verbände, z.B. der Grundschulverband (vgl. Arbeitskreis Grundschule 1994) und der Deutsche Kinderschutzbund, fordern nach wie vor die Abschaffung der Ziffernnoten. Dies stößt nicht nur bei vielen Lehrern auf Widerstand, sondern auch bei Eltern und sogar bei etlichen Schülern. Konservative Schulpolitiker und Schulbehörden lehnen diese Abschaffung oft sehr scharf ab. Um die unterschiedlichen Positionen der Befürworter und Gegner von Ziffernnoten zu verdeutlichen, zitiere ich zwei Texte, die zunächst unkommentiert bleiben sollen, um dem eigenen Urteil der Leser/innen nicht vorzugreifen.

> *»Ziffernnoten kennt jedes Kind. Mit der Skala von 1 bis 6 wird täglich millionenfach Leistung in den Schulen gemessen. Kritiker sagen, das sei inhuman. Als Ersatz bieten sie Wortgutachten an. Fährt die Schule damit besser oder wird neue Verwirrung gestiftet (…)? Eine Leistung mit Worten exakt zu würdigen, das kostet dem Lehrer viel Zeit. Und läuft zuletzt nicht doch alles nur auf Leerformeln und Schablonen hinaus (…)? Noten lassen Personen und Charakter des Schülers aus dem Spiel. Wortgutachten nehmen sich hier kein Blatt vor den Mund.«* (Schule & Wir 1982, H. 2, S. 3ff.)

> *»Schulangst ist vor allem Notenangst. Die Zensuren lassen nicht mehr um der Sache willen lernen (…). Zensuren messen die Schüler einer Klasse unter- und aneinander mit unzulänglichen Maßstäben. Günstiger wäre es, den persönlichen Lernzuwachs des einzelnen Kindes festzustellen. Der Schüler bekommt aufgezeigt, wie er auf einer Leistungsstufe vorangekommen ist. Der Lehrer kann im Sinne einer ermutigenden Erziehung arbeiten (…) und gibt bei einer schülergerechten Beurteilung nicht vor, objektiv zu sein. Er bekennt sich zu einer genauen, subjektiven pädagogischen Stellungnahme, die einzig zum Ziel hat, den Schüler zu fördern.«* (Singer 1982)

Für die weitere Diskussion der Noten ist, um Missverständnisse auszuschließen, erst einmal auf den entscheidenden Unterschied zwischen *Beurteilung* und *Benotung* aufmerksam zu machen: Wer gegen Noten argumentiert, lehnt noch nicht die Leistungsbeurteilung überhaupt ab (vgl. Lempp 1983, S. 71). Beurteilung im Sinne einer individuellen Rückmeldung zu Lernerfolgen – und notfalls auch zu Misserfolgen – ist sicher notwendig; Benotung, zumal ohne erklärende und pädagogisch hilfreiche Hinweise, ist (vielleicht mit der Ausnahme von Abschlussprüfungen) nicht notwendig.

Die Verfechter der Ziffernnoten führen immer wieder ins Feld, dass allein dieses Beurteilungsverfahren *Vergleichbarkeit* von Schulleistungen und *Objektivität* in ihrer Bewertung gewährleiste. Beides lässt sich schnell entkräften. Die *mangelnde Vergleichbarkeit* erweist sich zum einen in den recht unterschiedlichen Benotungstendenzen in verschiedenen *Fächern*: Deutsch, Fremdsprachen und Mathematik werden in der Regel strenger zensiert als die übrigen Fächer. Mangelnde Vergleichbarkeit bestätigt sich zweitens an der *schulartspezifischen* Notenverteilung. So wurde z.B. nachgewiesen (Klink 1978), dass Hauptschüler – trotz der schulartverschiedenen Anforderungen – deutlich *seltener* als Gymnasiasten die Noten »sehr gut« und »gut« erhalten. Dies gilt nicht nur für die Hauptfächer, sondern auch für Kunsterziehung, Musik und Sport. Hauptschüler »sind« also im Durchschnitt schlechter als Gymnasiasten – tatsächlich werden sie, so der Titel von Klinks Untersuchung, durch unser Schulsystem und seine Zensuren doppelt benachteiligt.

Die *mangelnde Objektivität* von Noten, ihre fehlende Zuverlässigkeit und Gültigkeit sollten eigentlich spätestens seit Ingenkamps Sammelband über »die Fragwürdigkeit der Zensurengebung« (1971) nicht mehr in Zweifel gezogen werden. Ich führe einige Beispiele und Belege an (vgl. auch Becker/Hentig 1983; Hanke 1980, S. 726ff.; Ingenkamp 1991; Jopt 1981, S. 15ff.):

- Bei der Beurteilung von *Aufsätzen* wird die Nicht-Objektivität wohl am krassesten sichtbar. Wenn mehrere Lehrer denselben Aufsatz zensieren, dann liegen die Noten ziemlich weit und manchmal über alle sechs Stufen auseinander. Die Beurteilung hängt auch stark ab von den Informationen des Lehrers über die jeweiligen Schüler/innen und ihre Eltern. Besonders der Beruf der Eltern bzw. die Schichtzugehörigkeit beeinflussen die Note. Selbst wenn *ein* Lehrer denselben Aufsatz nach einiger Zeit erneut beurteilt, fällt die Note oft anders aus (Singer 1981, S. 185).
- Die immer noch weit verbreitete Orientierung an der Gaußschen Normalverteilung führt dazu, dass dieselbe Leistung, Punkt- oder Fehlerzahl in einer Klasse z.B. mit der Note 3, in einer *anderen Klasse* jedoch mit der Note 2 oder 4 bewertet wird. Wohl deswegen, weil sie sich der Unmöglichkeit einer objektiven Beurteilung ohnehin bewusst sind, setzen viele Lehrer/innen erst *nach* der Korrektur, nach dem Fehlerzählen die Noten(grenzen) fest. Zensuren werden also in Abhängigkeit vom Niveau

der Klasse »gemacht«. Die Arbeit am Durchschnitt (Kalthoff 1996, S. 113f.) sorgt dafür, dass weder ein »zu gutes« noch ein »zu schlechtes« Klassenergebnis herauskommt.

- Zweifelsfrei nachgewiesen ist auch die Abhängigkeit der Benotung von den *bisherigen* Leistungen der Schüler/innen sowie, und dies hängt ja zusammen, von der Sympathie oder Antipathie des Lehrers ihnen gegenüber. Bei Arbeiten von bislang immer als »gut« oder »sehr gut« beurteilten Schülern werden, zumal wenn sie dem Lehrer sympathisch sind, häufiger Fehler übersehen als bei den Arbeiten der »schlechten«, eher unsympathischen Schüler. Beim Korrigieren am häuslichen Schreibtisch treten *Erwartungseffekte* auf (Kalthoff 1996, S. 112), die allein schon durch das Lesen des Schülernamens auf einer Klassenarbeit und durch das damit assoziierte Bild der bisherigen Leistungen entstehen; »bei einem guten Schüler korrigiert man schneller, da lese ich dann vielfach diagonal« (Gymnasiallehrer; Gotschlich 1997).

- Als problematisch und unzuverlässig haben sich besonders die Beurteilungen für den *Übertritt* an eine weiterführende Schule erwiesen. Sowohl in Bezug auf den späteren Schulerfolg als auch im Vergleich mit wissenschaftlichen Leistungstests sind die primär durch Noten begründeten Übertrittsempfehlungen reichlich *ungenau* (vgl. Hopf 1980, S. 908). In Bayern z.B. erreicht nur etwas mehr als die Hälfte der für das Gymnasium empfohlenen Kinder tatsächlich das Abitur. Diese Feststellung richtet sich nicht gegen die Grundschullehrer/innen, sondern gegen den Anspruch – der für die Lehrer/innen zum Zwang gerät –, für zehnjährige Kinder Prognosen der Leistungsentwicklung über mehrere Jahre hinweg zu stellen.

All diese Beispiele und Ergebnisse stellen jedenfalls die Objektivität der üblichen Beurteilung durch Noten ziemlich radikal infrage. Lehrer/innen allerdings, und das lässt sich wohl nur als Selbstschutz und -rechtfertigung interpretieren, schätzen den Einfluss der Verzerrungsfaktoren auf die Objektivität ziemlich gering ein. Sie wollen (oder können?) dieses Problem kaum realistisch sehen oder sie verharmlosen es (Ziegler u.a. 1998b).

Ein weiteres Defizit der Ziffernnoten liegt darin, dass die Leistungsbewertung den Schülerinnen und Schülern ja eine *Rückmeldung* über ihren Lernerfolg vermitteln und ihr Lernen fördern *soll*. Genau das aber leisten die Noten *nicht*, weil sie lediglich Ergebnisse (Punkte oder Fehlerzahlen) ausdrücken, jedoch in der Regel keine Erläuterungen und Verbesserungshinweise enthalten. Ein Beispiel von Ingenkamp verdeutlicht diese Schwäche der Zensuren: »Wenn ein Fahrlehrer mit seinem Schüler Anfahren am Berg übt, käme er nie auf den Gedanken, die Versuche des Fahrschülers mit der Verkündung von Zensuren, z.B. 3, 2, 5, zu begleiten. Stattdessen sagt er z.B.: ›Handbremse langsam lösen, Gas geben, Kupplung kommen lassen‹« (1991, S. 8), und gibt damit konkrete Hilfen zum Lernen. Wären Noten die einzige Rückmeldung des Fahrlehrers, würden viele die Fahrprüfung wohl nie bestehen ...

Ein letztes kritisches Argument: Erfolgt die Leistungsbewertung *ausschließlich* in Form von Ziffernnoten (vgl. Art. 31 des Bayerischen Gesetzes über das Erziehungs- und Unterrichtswesen), so werden damit allein Ergebnisse *im Vergleich* zum Klassendurchschnitt festgehalten. Was die Schüler/innen wirklich können, wofür sie sich interessieren, wie ihre Leistungen entstanden sind und wie sie sich entwickeln – das alles können Zensuren überhaupt nicht erfassen (vgl. Berg 1996; Brandt 1994; Graupner 1992).

Eine Möglichkeit dazu bieten jedoch die – noch sehr wenig verbreiteten – *Lernentwicklungsberichte*, die ich an dieser Stelle wenigstens erwähnen will. Die Verbalzeugnisse während der ersten beiden Schuljahre der Grundschule können Ähnliches leisten, wenn die Beschreibung der individuellen Lernfortschritte und der Verhaltensentwicklung der Kinder nicht bloß zur Ausformulierung von Notenstufen gerät. Differenzierte Lernentwicklungsberichte bringen zweifellos einen höheren Arbeitsaufwand für die Lehrer/innen mit sich, aber sie ermöglichen nicht nur in der Grundschule (vgl. Arbeitskreis Grundschule 1994; Faust-Siehl u.a. 1996, S. 122ff.), sondern auch in den weiterführenden Schulen (vgl. Becker/Hentig 1983; Thurn 1996) spezifische, individuelle Rückmeldungen und Förderungsperspektiven, die ohne den permanenten Klassenvergleich auskommen.

Sämtliche Einwände gegen die Ziffernnoten sind *nicht*, das will ich noch einmal ausdrücklich sagen, an die Lehrer/innen adressiert,

die allein an diesem Bewertungsverfahren kaum etwas ändern können und nicht selten ja auch ihre liebe Not mit den Noten haben.
Allerdings sollten (angehende) Lehrer/innen die Schwächen der üblichen Notengebung reflektieren und vor allem die Objektivitäts-
ansprüche aufgeben. Die *Subjektivität* der Beurteilung anzuerken-
nen, ja bewusst zu handhaben, würde vor allem bedeuten, eben die
Bedingungen jeder einzelnen Leistung zu berücksichtigen. Für Georg Simmel liegt darin eine ganz wichtige Forderung: »Freilich gehören zu den Faktoren, die in (die Beurteilung) einzutreten haben,
alle Umstände, die das Zustandekommen der Leistung mitbestimmt haben.« (1922, S. 74; vgl. Brandt 1994, S. 265) Etwas unge-
wöhnlich, aber durchaus treffend, nennt Simmel dann einen »mil-
den Lehrer« denjenigen, der eben alle Umstände einer Leistung berücksichtigt, einen »strengen Lehrer« hingegen den, der allein auf
das Ergebnis achtet. Er plädiert konsequent für eine Leistungsbeurteilung nach bestem Wissen (über diese Umstände) und Gewissen
der Lehrer/innen, wobei aus meiner Sicht das Gewissen nicht zuletzt dadurch zur Geltung kommt, dass auch die Folgen der Beurteilung für die Betroffenen mitbedacht werden. Dieser sozialpsychologisch interessanten Frage will ich jetzt nachgehen.

Beurteilungsfolgen und die Ursachenzuschreibung der Schüler/innen

Dass an der Beurteilung durch Ziffernnoten nach wie vor festgehalten und ihre Objektivität wider alle wissenschaftlichen Erkenntnisse
immer wieder behauptet wird, ist vor allem angesichts der *negativen Konsequenzen* (vgl. Lempp 1983) für die Schüler/innen kaum
zu rechtfertigen. Das psychische Befinden von Kindern und Jugendlichen, ihr Selbstwertgefühl und ihre Motivation (Fend 1997,
S. 265f.) sowie ihre Beziehungen zu Mitschülern, Lehrern und Eltern werden doch in ganz entscheidender Weise durch die Schulno-
ten geprägt. Bereits das erste Zeugnis mit Noten in der dritten Klasse beeinflusst nachhaltig das Selbstkonzept der Kinder (Haußer/
Kreuzer 1994). Negativ davon betroffen sind zwar vor allem leistungsschwache Schüler/innen, aber auch leistungsstarke spüren

Verunsicherungen und vor allem einen gewissen Druck, »gut« zu bleiben. Eben aus diesem Grund fallen die Urteile der Schüler/innen über die Noten ganz überwiegend *negativ* aus, und zwar fast unabhängig vom eigenen Leistungsstand, wie zwei Zahlen belegen können: 27% der überdurchschnittlichen Schüler/innen und 30% der unterdurchschnittlichen Schüler/innen geben solche negativen Urteile über Zensuren ab (Czerwenka u.a. 1990, S. 202), d.h., leistungsstarke und leistungsschwache unterscheiden sich hier kaum. Dies entzieht dem oft vorgebrachten Argument den Boden, dass nämlich nur »schlechte« Schüler/innen oder »Sitzenbleiber« aus vermeintlich nahe liegenden Gründen etwas an den Noten auszusetzen hätten.

Im Blick auf die *sozialen Beziehungen* der Schüler/innen sind allerdings bemerkenswerte Unterschiede zwischen leistungsmäßig »guten« und »schlechten« auszumachen. Was die *Mitschüler/innen* betrifft, erfahren sowohl die »zu guten« als auch die »ganz schlechten« Schüler/innen ablehnende Reaktionen und geraten in Gefahr, zu Außenseitern in der Klasse zu werden. Abgelehnt werden insbesondere leistungsschwache *und* aggressive Jungen (vgl. S. 69).

Auch in der Beziehung der Schüler/innen zu ihren *Lehrer/innen* kommt der Schulleistung einiges Gewicht zu. Wie früher ausführlich beschrieben, entscheidet die Leistung der Schüler/innen – in Verbindung mit ihrer Konformität – darüber, ob sie bei den Lehrerinnen und Lehrern beliebt sind oder nicht. »Gute« Schüler/innen haben jedenfalls eine wesentlich höhere Chance, beliebt zu sein als »schlechte«. Entsprechend machen »gute« eindeutig positivere Erfahrungen mit Lehrerinnen und Lehrern als »schlechte«, die den weitaus größten Teil negativer Sanktionen der Lehrer/innen auf sich ziehen. Schließlich beeinflusst die Schulleistung auch die Qualität der Beziehung der Schüler/innen zu ihren *Eltern* (Ulich 1993, S. 165ff.). Zwar sind gute Noten noch keine Garantie für ein positives Verhältnis, aber sie reduzieren die innerfamiliären Konflikte ganz erheblich. Schüler/innen, deren Noten nicht den Erwartungen der Eltern entsprechen, haben häufiger »Zoff« mit ihnen und leiden häufiger unter psychosomatischen Beschwerden (Mansel 1992). Besonders schwer haben es Schüler/innen, wenn die Eltern ihre Zuwendung nach den jeweiligen Noten dosieren.

Die psychosozialen Konsequenzen der Leistungsbewertung (vgl. Schmid 1977) für die Schüler/innen hängen entscheidend davon ab, wie sie selbst ihre Leistungen *subjektiv erklären*, welche *Ursachen* sie dafür annehmen. Aufschluss darüber kann uns ein kurzer Blick in die Theorie der *Kausalattribution* vermitteln. Unter Kausalattribuierung versteht die Psychologie »subjektive Zuschreibungen von Ursachen für wahrgenommene Ereignisse« (Hofer 1986, S. 197). Psychologische Bedeutung erhalten solche Ursachenzuordnungen vor allem dadurch, dass sie *verhaltenssteuernde Wirkungen* haben können. So entstehen aus der Art und Weise, wie Schüler/innen schulische Erfolge oder Misserfolge erklären, Konsequenzen für ihre Leistungsmotivation, ihr Selbstbild, ihre Schulangst und somit auch für künftige Leistungen. Bezüglich der Kausalattribution von Schulleistungen sind vier Ursachenfelder relevant, die sich aus der zeitlichen Veränderbarkeit und der Ursachenlokation ergeben (Abbildung 32):

Abbildung 32:	**Muster der Kausalattribution für schulische Leistungen**	
Stabilität in der Zeit	**Ursachenlokation**	
	intern	*extern*
Stabil	Begabung	Schwierigkeit
Variabel	Anstrengung	Zufall
Quelle: Heckhausen 1980, S. 561.		

Je nachdem, welche Ursachen nun die Schüler/innen für gute oder schlechte Noten annehmen, hat dies im Kontext ihrer bisherigen Leistungen für sie günstige oder ungünstige Folgen: Wenn z.B. ein »guter« Schüler eine schwache Leistung als Zufall (oder mit purer Faulheit) erklärt, wird sein Selbstvertrauen kaum negativ tangiert, wenn er eine erneut hervorragende Leistung auf seine hohe Begabung zurückführt, stabilisiert sich sein Selbstbewusstsein. Wenn umgekehrt z.B. ein »schlechter« Schüler die Ursache für eine ausnahmsweise gute Leistung in der besonders leichten Aufgabe sieht, wird sein Selbstvertrauen kaum gestärkt, und wenn er wiederum einen Fünfer oder gar Sechser seiner schwachen Begabung zuschreibt, dürfte dies sein negatives Selbstkonzept weiter stabilisieren. Über die Schuljahre hinweg entwickeln so die Schüler/innen ein – u.U. fachspezifisches – Selbstbild ihrer eigenen Leistungsfähigkeit und sie entwickeln relativ stabile Attributionsmuster. Einige Schüler/innen werden eher leistungs- und erfolgsmotiviert, andere hingegen eher misserfolgsorientiert. Wie die Beispiele schon andeuten, unterscheiden sich die Folgen danach, dass *erfolgsmotivierte* Schüler/innen

- gute Leistungen eher auf ihre hohe Begabung,
- schlechte Leistungen eher auf Zufall oder auf mangelnde Anstrengung zurückführen,

während *misserfolgsorientierte* Schüler/innen

- gute Leistungen eher mit Zufall oder niedrigen Anforderungen,
- schlechte Leistungen mit ihrer mangelnden Begabung erklären.

Diese Zusammenhänge seien zur Verdeutlichung noch einmal tabellarisch dargestellt (Abbildung 33):

Abbildung 33:	**Attributionstendenzen erfolgsmotivierter und misserfolgsmotivierter Schüler/innen:**	
	gute Leistungen	schwache Leistungen
erfolgsmotivierte	hohe Begabung	Zufall oder geringe Anstrengung
misserfolgsmotivierte	Zufall oder geringe Anforderung	geringe Begabung
Quellen: nach Möller/Köller 1996 und Möller/Jerusalem 1997.		

Bei den Misserfolgsorientierten besteht eben das Hauptproblem darin, dass schlechte Leistungen als selbst verursacht gedeutet, gute hingegen externen – und damit nicht beeinflussbaren – Bedingungen zugeschrieben werden (Möller/Jerusalem 1997, S. 155). Genau diese Attribuierung ist dem Selbstwertgefühl abträglich, führt zur

Erwartung weiterer Misserfolge und lässt das eigene Anspruchsniveau noch tiefer sinken. Empirisch nachgewiesen ist das Auftreten einer solchen negativen Spirale vor allem bei Klassenwiederholern und bei leistungsschwachen *Schülerinnen* in Fächern wie Mathematik und Physik (Tiedemann/Faber 1995). In Verbindung mit geschlechtsspezifischen Attributionsmustern fand Horstkemper (1987) bei Schülerinnen ein wesentlich geringeres Selbstvertrauen als bei Schülern; nur wenn Mädchen klar bessere Leistungen bringen als Jungen, erreichen sie das gleiche Niveau des Selbstvertrauens (vgl. Helmke/Schrader 1998; Rustemeyer 1999).

Ohne Zweifel haben die geschlechtsspezifischen Erwartungen und Kausalattributionen der *Lehrer/innen* einen wesentlichen Anteil an dieser Situation der Schülerinnen (wie umgekehrt auch an der relativ günstigeren Lage der Schüler). Aus Leistungskommentaren und -rückmeldungen ihrer Lehrer/innen müssen Schülerinnen tendenziell andere Attributionsschlüsse ziehen als Schüler (Horstkemper 1987, S. 77ff.): Mädchen werden bei guten Leistungen eher für Fleiß und Anstrengung gelobt, Jungen hingegen eher als »begabt« eingestuft, während schwache Leistungen bei Mädchen häufiger auf geringe Begabung und bei Jungen auf fehlende Anstrengung zurückgeführt werden (diese Zusammenhänge können außerdem in fach- und altersspezifischer Weise variieren; vgl. Heckhausen 1980, S. 562ff.). Generell haben Lob und Tadel der Lehrer/innen als Reaktion auf einzelne Leistungen Auswirkungen auf die Schüler/innen, weil sie Hinweise auf deren Begabung und Fähigkeiten enthalten.

Nun lösen Leistungsbewertungen sicher *nicht nur* und auch *nicht immer* rein attributionsbezogene Folgen bei den Schülerinnen und Schülern aus. Was etwa die Rückgabe einer Klassenarbeit in Kopf und Bauch der Schüler/innen alles bewirken kann, daran können sich die Leser/innen aus ihrer eigenen Schulzeit wahrscheinlich gut erinnern. Gute wie schlechte Zensuren haben eine ganze Menge mit *Emotionen* zu tun, zumal sie meist von positiven oder negativen Reaktionen der Lehrer/innen, der Mitschüler/innen und zu Hause dann auch der Eltern begleitet sind: Freude und Stolz oder Trauer und Neid, Hoffnungen oder Ängste, Bestätigung oder Abwertung (vgl. Pekrun/Jerusalem 1996). Die Attributionsforschung hat – trotz des unbestrittenen Wertes ihrer Erkenntnisse – die kognitiv-kausalen Folgen von Leistungsurteilen zu stark in den Vordergrund gerückt und darüber andere Konsequenzen vernachlässigt. Wie die Studie von Möller und Köller (1997) nachweist, beziehen sich die Gedanken der Schüler/innen unmittelbar nach der Rückgabe einer Klassenarbeit häufiger auf *emotional-bewertende* Einschätzungen als auf kausal-attributive. Im Zusammenhang mit dem Schulversagen komme ich gleich auf diese Überlegungen zurück.

Formen und Folgen des schulischen Versagens

Das Versagen in der Schule gehört zweifellos zu den einschneidendsten und belastendsten Erfahrungen, die Schüler/innen überhaupt machen können. Vor allem das Sitzenbleiben, aber auch der Schulwechsel in eine niedrigere Schulart – vom Gymnasium in die Realschule oder von der Realschule in die Hauptschule – beeinträchtigen in der Regel das psychische Befinden der Betroffenen. Das quantitative Ausmaß des Schulversagens – oder doch wohl: Schüler/innen-Versagens – will ich zunächst mit einigen Zahlen umreißen:

- Jährlich bleiben in den bundesdeutschen Schulen ungefähr 350.000 Schüler/innen sitzen. Im Schuljahr 1993/94 sind sitzengeblieben
  - 1,9% der Grundschüler/innen,
  - 3,3% der Hauptschüler/innen,
  - 5,4% der Realschüler/innen und
  - 2,5% der Schüler/innen an Gymnasien.
  Der Anteil der Schüler*innen* an allen Sitzenbleibern liegt in jeder Schulart um durchschnittlich ein Prozent unter dem Anteil der Schüler (Böttcher 1995, S. 58; vgl. Projektgruppe Belastung 1998, S. 52).
- Rund 5% aller Schulanfänger werden regelmäßig wegen »mangelnder Schufreife« vom Schulbesuch *zurückgestellt*; nur ein Drittel von ihnen wird danach gezielt gefördert.

- Jugendliche in der Sekundarstufe II haben in ihrer bisherigen Schullaufbahn folgende *Misserfolgs- und Versagenserlebnisse* hinter sich (Mansel/Hurrelmann 1991, S. 108f.):
  - Bei 46% der Schüler/innen war mindestens einmal die Versetzung gefährdet;
  - 30% mussten eine Klasse wiederholen;
  - ungefähr jeder zehnte Jugendliche musste wegen schlechter Leistungen einen Schulwechsel in Kauf nehmen.

  Zumindest *eine* dieser Erfahrungen machten in den zurückliegenden Schuljahren mehr als 50% der Schüler/innen. Solche Versagenserlebnisse oder Bedrohungen beschränken sich also keineswegs auf eine Minderheit (ebd., S. 109). Im Zeitvergleich zwischen 1986 und 1996 haben die Klassenwiederholungen und Versetzungsgefährdungen vor allem bei den Schülern zugenommen (Hurrelmann/Mansel 1998, S. 175).

- Jeder elfte Jugendliche verlässt die Schule ohne Abschluss. 1996 waren das in Deutschland immerhin 70.000 Jugendliche. Dabei ist die Abbruchquote der Schülerinnen mit 6% deutlich niedriger als die der Schüler mit 12%.

Wenn Schüler/innen durch eine Entscheidung der Schule nicht versetzt werden, so intendiert und unterstellt diese Maßnahme selbstverständlich, dass sich dadurch Lernschwächen beheben und *Leistungen verbessern* lassen. Genau das ist allerdings keineswegs garantiert. Eine Untersuchung an Hauptschulen (Hildeschmidt 1982a, S. 153ff.) bringt genaue Tendenzen für die *Notenentwicklung* von Sitzenbleibern: Im Jahr des Sitzenbleibens fallen die Noten zwar deutlich schlechter aus als im Schuljahr *zuvor*, aber im Jahr *nach* der Nichtversetzung haben in Deutsch sogar etwas mehr Schüler/innen die Note 5 als zwei Jahre vorher, während in Mathematik der Anteil der »Fünfer« (nur?) von 41% auf 26% zurückgegangen ist. Auch bei schwachen Leistungen in den Nebenfächern führt das Sitzenbleiben nicht zu Verbesserungen. Zu Recht sieht die Verfasserin in der Ähnlichkeit der Zeugnisse vor und nach der Nichtversetzung »einen Beleg für die Unwirksamkeit des ›Sitzenlassens‹ als Mittel zur Bewältigung schulischer Lernschwierigkeiten« (ebd., S. 159).

Verantwortlich für diese Entwicklung ist zum einen die *ungünstige Beurteilung* der Sitzenbleiber durch die Lehrer/innen, also auch ein Erwartungseffekt: Die Lehrer/innen wissen ja, wer nicht versetzt wurde, und rechnen bei diesen Schülern nicht mit guten Leistungen. Zum anderen fehlt es weitgehend an einer gezielten *Förderung* der Sitzenbleiber: Die Ursachen der Leistungsschwächen werden nur selten aufgeklärt und können insofern auch nicht konkret angegangen werden. Da die nicht versetzten Schüler/innen vor allem bezüglich ihrer *Lerntechniken* den erfolgreichen unterlegen sind (Hildeschmidt 1982a, S. 163f.), läge hier ein Ansatzpunkt für eine wirksame Förderung. Soweit Lehrer/innen aus Zeit- und Kompetenzgründen dazu nicht in der Lage sind, können und sollen Schulpsychologen diese Aufgabe übernehmen. Es ist beileibe kein Eingeständnis eigener Schwäche, wenn sich Lehrer/innen um einen Rat an Experten wenden!

Das Sitzenbleiben – als gleichsam klassischer Fall von Leistungsversagen – hat für die betroffenen Schüler/innen sowohl in sozialer wie in psychischer Hinsicht ziemlich *negative Folgen*: Die Eltern reagieren häufig mit Strafen und vermehrtem Leistungsdruck. Viele Schüler/innen verlieren durch das Wiederholen ihre Freunde und fühlen sich in der neuen Klasse – zumindest für einige Zeit – nicht wohl. Das Selbstwertgefühl und die Lernmotivation werden beeinträchtigt, psychosomatische Beschwerden nehmen zu (vgl. Haußer 1995, S. 150ff.; Holler-Nowitzki 1994, S. 191ff.).

Manche Schüler/innen bewältigen die Situation nach außen hin ganz gut, entwickeln Immunisierungs- und Verharmlosungstaktiken (»hab mal 'ne Runde doppelt gedreht«). Nur wenigen gelingt eine konstruktive Bewältigung des Versagens (Mantzicopoulos 1997). Die meisten sind psychisch tief getroffen. Das Sitzenbleiben kann heute jedenfalls nur als eine pädagogisch überholte Maßnahme mit sehr unsozialen und lernstörenden Konsequenzen (Singer 1981, S. 24) beurteilt werden. Auch unter *ökonomischen* Aspekten stellt sich die Frage, »ob es sinnvoll ist, Schülerinnen und Schüler einen ganzen Jahrgang wiederholen zu lassen, wenn sie in lediglich zwei Fächern ›das Klassenziel nicht erreicht haben‹« (Böttcher 1995, S. 56) und wenn die dafür benötigten Lehrkräfte einen jährlichen Aufwand von 1,5 Milliarden Mark erfordern (Flitner/Klemm

1995). Wenn über 70% der Lehrer/innen es ablehnen, das Sitzenbleiben abzuschaffen, so mag dies unter dem Aspekt des Planstellen- und Machterhalts noch verständlich sein; wenn aber auch Eltern (60%) und sogar Schüler/innen (51%) mehrheitlich diese Auffassung vertreten (Kanders u.a. 1996b, S. 106), dann offenbart sich darin ein fataler Gewöhnungseffekt und – mit Verlaub – eine mangelnde Aufgeklärtheit.

Welche subjektiven Erfahrungen und Belastungen die Sitzenbleiber im Unterschied zu den Nicht-Wiederholern treffen, hat Holtappels (1987) genauer ermittelt (Abbildung 34):

Abbildung 34:	**Zum Zusammenhang von Schulversagen und subjektiven Schülerproblemen** (Prozentwerte der Zustimmung)	
Vorgaben:	**Klassen-wiederholer**	**»Regel-schüler«**
»Ich glaube, gerade mir traut man immer wieder Dummheiten zu.«	36	21
»Ich habe das Gefühl, die Lehrer behalten mich dauernd im Auge.«	33	20
»Ich glaube fast, ich bin immer dabei, wenn Strafen verteilt werden.«	25	11
»Ich habe wenig Chancen, trotz Anstrengungen gute Noten zu bekommen.«	36	19
»Meine Chancen, einen guten Schulabschluss zu bekommen, sind gering.«	44	22
»Die Lehrer geben mir zu wenig Hilfestellung.«	26	16
Quelle: Holtappels 1987, S. 283/329.		

Klassenwiederholer sind also eindeutig größeren subjektiven *Belastungen* ausgesetzt und vor allem fühlen sie sich stärker *kontrolliert* und benachteiligt. In der Folge entwickeln diese Schüler/innen auch eine andere Einstellung zur Schule, was entsprechende Ergebnisse exemplarisch belegen können (Czerwenka u.a. 1990, S. 199); ein Vergleich zwischen Sitzenbleibern und nicht gescheiterten Schülern liefert beachtliche Unterschiede: Bei den Wiederholern ist einmal die Freude an der Schule deutlich *geringer* als bei den anderen (Abbildung 35) und zum Zweiten geben die Sitzenbleiber ein negativeres Gesamturteil über die Schule ab (Abbildung 36).

Abbildung 35: **Freude an der Schule und Sitzenbleiben**		
	Freude an der Schule	keine Freude an der Schule
noch nie gescheitert	29,2%	17,6%
schon einmal gescheitert	20,5%	30,1%
Quelle: Czerwenka u.a. 1990, S. 199.		

Abbildung 36: **Schulversagen und Gesamturteil über die Schule**		
	positives Urteil	negatives Urteil
noch nie gescheitert	31,4%	20,2%
schon einmal gescheitert	22,0%	37,5%
Quelle: ebd.		

Diese Unterschiede, die ja als Effekte des Versagens zu interpretieren sind, würden mit Sicherheit nicht auftreten, wenn die Betroffenen das Sitzenbleiben als hilfreich, als pädagogisch sinnvoll erleben würden.

Welche *Folgen* das Schulversagen für die Betroffenen hat, hängt – ebenso wie die Folgen der Leistungsbeurteilung überhaupt – davon ab, wie sich die Schüler/innen ihr Versagen *subjektiv erklären*, welche *Ursachen* sie dem Versagen zuschreiben. Die im letzten Abschnitt erläuterten Muster der Kausalattribution sind also grundsätzlich auch für das schulische Versagen relevant. So hat sich in einer Untersuchung (Hildeschmidt 1982b) herausgestellt, dass der gravierende *Unterschied* zwischen den Attributionen der erfolgreichen und der nicht versetzten Schüler/innen in der als gut bzw. als

mangelhaft eingeschätzten *eigenen Begabung* liegt. Für die Sitzenbleiber hat diese Ursachenzuschreibung sehr problematische Folgen
(ebd., S. 217): Der angenommene Begabungsmangel gilt als *stabil*
und führt zur Erwartung weiterer schlechter Leistungen. Zudem
fühlen sich die Schüler/innen für diesen Mangel selbst verantwortlich, was Gefühle der Inkompetenz und Unzufriedenheit auslöst.
Als sekundäre Konsequenzen stellen sich häufig eine nachlassende
Anstrengungsbereitschaft und eine Handlungsblockierung in Leistungssituationen ein. Verstärkt werden diese Tendenzen durch die
Erklärung *guter* Leistungen als zufallsbedingt, denn auch das ist eine Zuschreibung, die außerhalb der eigenen Einflussmöglichkeiten
der Schüler/innen liegt und deshalb das Selbstvertrauen kaum stärken kann.

Solche Resultate sollen freilich nicht den Eindruck suggerieren,
die Klassenwiederholer seien eine völlig homogene Gruppierung,
die ihr Versagen stets auf die gleiche Weise erklärt. Eine amerikani-
sche Grundschulstudie gibt vielmehr Aufschluss darüber, von welchen Faktoren die *Bewältigung* des Misserfolgs abhängt, und ermittelt dazu auch verschiedene Attributionsmuster (Mantzicopoulos
1997). So konnte die Forscherin eine Gruppe von Kindern identifizieren, die das Schulversagen im Unterschied zu den anderen *kon-
struktiv*, also ohne die gerade geschilderten negativen Folgen, bewältigt. Es handelt sich dabei gleichermaßen um Schülerinnen wie
Schüler, die für ihr Versagen *variable* Ursachen annehmen, stärker
leistungsorientiert eingestellt sind und sich durch das Versagen
kaum bedroht oder verletzt fühlen. Den Gegenpol bilden jene Kinder, die sich selbst die ganze Schuld zuschreiben (self-blame group):
Sie attribuieren auf mangelnde Begabung, sind wenig leistungsorientiert und erleben den Misserfolg als gravierende Verletzung.

Die Untersuchungen von Mantzicopoulos und Hildeschmidt
liefern implizit auch Anhaltspunkte dafür, wie den versagenden
Schülerinnen und Schülern geholfen werden könnte. Der Königs-
weg, der allerdings ziemlich steil ist, kann nur darin bestehen, den
negativen Kreisprozess von Schulversagen, Selbstzuschreibung, Inkompetenz und schließlich auch Misserfolgsangst zu durchbrechen.
Der erste und wichtigste Schritt ist dann getan, wenn die Betroffenen (zunächst) kleine *Erfolge* erleben, die sie sich selbst zuschreiben

können. Unbedingt notwendig ist dazu die Hilfe der Lehrer/innen und Eltern; hierzu ein treffender Merksatz: *Der Misserfolg ist der Todfeind der Lernmotivation* (Hans Aebli). Eine schlechte Note allein muss noch kein Misserfolg sein und muss die Lernmotivation nicht beeinträchtigen, wenn vor allem die Lehrer/innen dem Kind Ursachenzuschreibungen ermöglichen, die es zu aktivem Handeln anregen und sein Selbstvertrauen stärken (vgl. die konkreten Förderungsvorschläge von Kaiser 1993 und Stöckli 1997, S. 71). Gerade gegenüber versagenden Kindern, aber auch gegenüber allen anderen sollte deshalb als oberstes Prinzip gelten: *Mut machen statt Angst.* Ein letzter Hinweis: Erfolgreich, allerdings aufwendig und nur von psychologischen Fachleuten durchzuführen sind gezielte Reattributionstrainings (Möller/Jerusalem 1997; Ziegler/Schober 1998), die u.a. die Selbstverantwortlichkeit der Schüler/innen erhöhen und die Begabungszuschreibung bei Misserfolgen reduzieren können.

Leistungsbeurteilung und die soziale Selektion in der Schule

In diesem Abschnitt werde ich eine der drei Hauptfunktionen der Schule, nämlich die *Auslese der Schüler/innen*, in Zusammenhang bringen mit den Urteilen der Lehrer/innen über die Schulleistungen. Die Schule soll die Jugendlichen im Hinblick auf unterschiedliche Schulabschlüsse und auf den Zugang zu beruflichen Ausbildungswegen *auslesen*. Diese Aufgabe erfordert individuelle Leistungsbewertungen und Notenzuteilungen. Ich möchte vor allem zeigen, dass die Auslese zu einer *sozialen Selektion* wird, insofern auch Kriterien der sozialen Herkunft bzw. der Schichtzugehörigkeit der Schüler/innen in die Beurteilung eingehen.

Soziale Ungleichheit (auch) in unserer Gesellschaft reproduziert sich stets, wenngleich nicht ausschließlich, über die ungleiche Vergabe von Bildungschancen (vgl. grundlegend Hansen/Pfeiffer 1998). Während sich vor etwa 30 Jahren mit der Kunstfigur des »katholischen Arbeitermädchens vom Land« noch die vier bedeutsamsten Faktoren der Bildungsungleichheit (Konfession, Schicht, Geschlecht, Region) zusammenfassen ließen, sind bezüglich der

Bildungsbeteiligung zwei davon, nämlich Konfession und Geschlecht, heute kaum mehr relevant. Es gibt kein »katholisches Bildungsdefizit« mehr und die Schülerinnen, die bis in die 70er-Jahre an den Gymnasien mit ca. 40% klar unterrepräsentiert waren, haben gegenüber den Schülern nicht nur aufgeholt, sondern sie beim Niveau des Schulbesuchs sogar *überholt*, wie die folgenden Zahlen belegen (Abbildung 37; vgl. Horstkemper 1995): Im Gymnasium sind die Schülerinnen in der Überzahl, in der Hauptschule hingegen die Schüler. Die extreme Differenz bei den Sonderschulen erklärt sich daraus, dass eben deutlich mehr Jungen als »erziehungsschwierig«, als lern- oder »verhaltensgestört« gelten.

Abbildung 37: **Anteile der Schülerinnen und Schüler in verschiedenen Schularten**		
	Mädchen	Jungen
Sonderschule	36%	64%
Hauptschule	45%	55%
Realschule	51%	49%
Gymnasium	54%	46%
Quelle: Statistisches Jahrbuch 1997, S. 385.		

Die positive Schulbesuchsbilanz für Mädchen setzt sich mittlerweile bei den Studienzahlen fort, relativiert sich allerdings durch ihre nach wie vor schlechteren Berufschancen vor allem bei höheren Positionen (vgl. Faulstich-Wieland/Nyssen 1998).

Im weiteren Verlauf dieses Abschnitts möchte ich besonders die schichtspezifische Auslese in der Schule genauer betrachten. Zunächst stelle ich den Zusammenhang dar zwischen dem Besuch weiterführender Schulen und der beruflichen Stellung des Familienvorstandes (Abbildung 38, S. 164).

In das Gymnasium geht also jedes zehnte Arbeiterkind und jedes zweite Beamtenkind, in die Hauptschule hingegen jedes zweite Arbeiterkind und jedes siebte Beamtenkind. Dieser *enorme Unterschied* lässt sich wohl kaum mit entsprechenden Begabungsdifferenzen erklären. Arbeiterkinder sind also am Gymnasium unter- und an der Hauptschule überrepräsentiert, bei Angestellten- und vor allem Beamtenkindern ist dies genau umgekehrt. Solche Zahlen werden übrigens in Zukunft nur noch beschränkt zur Verfügung stehen, weil die entsprechenden Erhebungen (Mikrozensus) seit 1991 nur noch die Verteilung der Schüler/innen in der Sekundarstufe II berücksichtigen. Es wird nicht mehr abgefragt, »was sich so offensichtlich nicht verändert: die Chancenungleichheit im deutschen Schulsystem« (Bellenberg/Klemm 1995, S. 223).

Abbildung 38:	**Schulbesuch nach Schularten und Berufsstellung des Familienvorstandes**		
Schulart	berufliche Stellung des Familienvorstandes		
	Beamte	Angestellte	Arbeiter
Hauptschule	14%	23%	59%
Realschule	23%	30%	26%
Gymnasium	59%	44%	11%
Quelle: Hansen/Rolff 1990, S. 61 (Rest zu 100%: Gesamtschüler).			

Es kommt noch hinzu, dass diese Einteilungen nach der beruflichen Stellung ziemlich unscharf sind. *Arbeiter* können z.B. sowohl Hilfs- als auch Facharbeiter sein, zu den *Beamten* zählt der Verwaltungsinspektor genauso wie der Ministerialrat. Wenn solche Unterscheidungen in einem entsprechenden Modell sozialer Schichten berücksichtigt werden, gibt es noch deutlichere Differenzen bei der *schicht*spezifischen Bildungsverteilung. Extremgruppen bilden dann einerseits die Kinder ungelernter Arbeiter und andererseits Akademikerkinder. Im Zusammenhang damit spielt auch – das darf gerade heute nicht verschwiegen werden – die *Armut* eine wichtige Rolle für den Schulbesuch: Kinder aus armen Familien gehen deutlich seltener auf ein Gymnasium und häufiger auf eine Hauptschule als der Durchschnitt (Lauterbach/Lange 1998, S. 123).

In den letzten 25 Jahren hat sich zwar der *Übertritt* von Arbeiter- bzw. Unterschichtkindern in die Realschulen und Gymnasien durchaus *erhöht* (Hansen/Rolff 1990, S. 61), aber dieser Anstieg ist in erster Linie der allgemeinen Bildungsexpansion zuzuschreiben, von der auch Angestellten- und Beamtenkinder profitiert haben (Ditton 1995, S. 94ff.). Außerdem geht der Anteil der Arbeiterkinder im Verlauf der Schulzeit in diesen Schulen wieder überproportional zurück: Nicht nur beim Übertritt zu Realschulen und Gymnasien findet eine *soziale Selektion* statt (mehr dazu unten), sondern auch *innerhalb* dieser Schulen.

Präzise Informationen zur Auslese in den Gymnasien bringt die Untersuchung von Bofinger (1990). Er ermittelt für den Übertrittsjahrgang 1981/82 an bayerischen Gymnasien folgende Veränderungen zwischen drei unterschiedlichen Sozialgruppen der Schülereltern (Abbildung 39; zur Gruppe 1 gehören vor allem Arbeiter mit Volksschulabschluss, zur Gruppe 2 Facharbeiter, Angestellte und Beamte mit mittlerem Schulabschluss und zur Gruppe 3 höhere Angestellte, Beamte, Selbstständige mit einem gymnasialen Abschluss; ebd., S. 56).

Abbildung 39:	**Die Selektion im Gymnasium** **nach verschiedenen Sozialgruppen**		
	Gruppe 1	Gruppe 2	Gruppe 3
5. Klasse	16%	36%	37%
11. Klasse	11%	34%	45%
Quelle: Bofinger 1990, S. 57 (Rest zu 100%: keine Antwort).			

Der Anteil der Schüler/innen aus Gruppe 1 geht also von der 5. bis zur 11. Klasse zurück, obwohl ihnen wie allen anderen Kindern die Eignung für das Gymnasium attestiert wurde. Der Anteil der Schüler/innen aus Gruppe 3 nimmt hingegen deutlich zu. Anders und etwas zugespitzt formuliert: Die Chancen von Arbeiterkindern, das Gymnasium erfolgreich zu durchlaufen, sind erheblich geringer als die Chancen von Akademikerkindern.

Als zentrale Schaltstelle für schulischen Erfolg und Aufstieg müssen im dreigliedrigen Schulsystem die *Eignungsurteile der Grundschule* gelten. Gerade an diesem, für die künftige Schullaufbahn aller Schüler/innen ausschlaggebenden Punkt lässt sich nachweisen, wie stark das Urteil der Lehrer/innen von der sozialen Herkunft der Schüler/innen beeinflusst ist. Preuss (1970) hat dazu die Eignungsurteile der Lehrer/innen mit den Ergebnissen eines Schulleistungstests verglichen und die jeweilige Eignung von 4.000 Grundschülern für das Gymnasium in Abhängigkeit von der Schichtzugehörigkeit ermittelt (Abbildung 40).

Abbildung 40: **Eignungsurteile für das Gymnasium –** **ein Vergleich zwischen Lehrerurteil und Testergebnis**		
Schichtzugehörigkeit der Schülereltern	Für das Gymnasium geeignet nach	
	Lehrerurteil	Testergebnis
Untere Unterschicht	8%	15%
Obere Unterschicht	13%	20%
Selbstständige und Landwirte	24%	20%
Untere Mittelschicht	27%	27%
Obere Mittelschicht	59%	40%
Quelle: Preuss 1970, S. 42.		

Wenn wir unterstellen, dass der Leistungstest die Fähigkeitsunterschiede zwischen den Kindern aus verschiedenen Schichten einigermaßen adäquat erfasst, dann belegt dieses Resultat eine klare *Benachteiligung der Unterschichtschüler/innen* durch das Lehrerurteil und eine ebenso klare Bevorzugung der Schüler/innen aus der oberen Mittelschicht. Dieser Effekt vergrößert sich noch durch die Entscheidung der Eltern, ihre Kinder *tatsächlich* in das Gymnasium zu schicken: In der unteren Unterschicht sind es nur noch 5%, in der oberen Mittelschicht hingegen 71%. Die Entscheidung der Eltern weicht also in schichtspezifischer Weise von der Empfehlung des Lehrers nach »unten« bzw. »oben« ab (vgl. dazu auch Fauser/Schreiber 1987, S. 46ff.).

Dass diese 30 Jahre alten Ergebnisse keineswegs überholt sind, zeigt Ditton (1992) für die Schulempfehlungen bayerischer Grundschullehrer/innen (Abbildung 41); die Unterscheidung verschiedener sozialer Lagen entspricht in etwa der Gruppeneinteilung von Bofinger (s.o.).

Abbildung 41:	**Schulempfehlungen der Lehrer/innen in Abhängigkeit von der sozialen Lage**		
Empfehlung für Schulart	untere soziale Lage	mittlere soziale Lage	obere soziale Lage
Hauptschule	50%	34%	6%
Realschule	28%	28%	28%
Gymnasium	22%	38%	67%
Quelle: Ditton 1992, S. 128.			

Danach werden zwei Drittel der Kinder aus der oberen sozialen Lage für das Gymnasium empfohlen, aber nur ein Fünftel der Kinder aus der unteren; bei der Empfehlung für die Hauptschule ergibt sich ein umgekehrter Trend. Wird zusätzlich der Notendurchschnitt der Schüler/innen berücksichtigt, schwächt sich dieser Zusammenhang zwar ab, bleibt aber grundsätzlich erhalten: Erreichen Kinder aus der unteren sozialen Lage den für das Gymnasium erforderlichen Durchschnitt von 2,3 werden 74% von ihnen für den Übertritt empfohlen, hingegen fast 90% der Kinder aus der oberen sozialen Lage (ebd., S. 132). Gerade bei mittleren und schwächeren Leistungen ist »ein bedeutsamer Sozialbonus für die obere Sozialgruppe nachweisbar (…). Dem Lehrer sind die sozialen und familialen Bedingungen seiner Schüler nicht unbekannt und sie fließen auch in seine Bildungsempfehlungen mit ein.« (Ebd., S. 133)

Diese Resultate dürfen *nicht als Vorwurf* an die Lehrerinnen und Lehrer interpretiert werden, die mit den Übertrittsempfehlungen eine ungeheuer schwierige und oft auch belastende Aufgabe zu erfüllen haben. Sie sollen ja mit ihren Urteilen eine *Prognose* abgeben über die künftige Leistungsentwicklung von Kindern, und dies ist bei 10-jährigen fast zwangsläufig mit erheblichen Unsicherheiten verbunden. Auf der anderen Seite gelten die berechtigten Forderungen nach mehr *Chancengerechtigkeit* auch für die Schule und für die Lehrer/innen und das bedeutet, dass eben die Leistungs- und Eignungsurteile der Lehrer/innen kritisch hinterfragt und dazu erst einmal genauer *erklärt* werden müssen.

Zunächst macht sich gerade bei der Beurteilung der Übertritts-eignung der Schüler/innen ein doppelter Einfluss der sozialen Herkunft bzw. ein *doppelter Schichteffekt* in den Urteilen der Leh-rer/innen bemerkbar (Wiese 1982, S. 58f.):

- Weil die Schichtzugehörigkeit der Schüler/innen ihre Schulno-ten beeinflusst, und weil sich die Übertrittsempfehlungen der Lehrer/innen eng an den Noten orientieren, werden häufiger Kinder aus oberen Sozialschichten für die höhere Schule als ge-eignet beurteilt. Hierbei handelt es sich also um einen *indirekten Schichteffekt*, der sich als Folge der Leistungs- und Notenorien-tierung einstellt (empirische Belege dafür liefern Wiese selbst sowie Wild/Krapp 1995).
- Im Unterschied zum indirekten machen sich beim *direkten Schichteffekt* Annahmen, Erwartungen, vielleicht sogar Vorurtei-le der Lehrer/innen bemerkbar, die ihre Empfehlungen *auch* an den sozialen Bedingungen des Elternhauses ausrichten, die eben mit der Schichtzugehörigkeit ziemlich stark variieren.

Dieser direkte Schichteffekt kann von einem anderen sozialpsycho-logischen Zugang her genauer erklärt werden, und zwar durch die Wirkung der *impliziten Persönlichkeitstheorien* der Lehrer/innen. Ausgangspunkt ist die Tatsache, dass praktisch *alle* Leistungsurteile der Lehrer/innen, also nicht nur die Übertrittsbeurteilung, *auch* von nicht leistungsbezogenen Faktoren beeinflusst sind, die mit der Schichtzugehörigkeit zusammenhängen. Lehrer/innen sehen die Schüler/innen zwar immer, aber *nie ausschließlich* unter Leistungs-aspekten (vgl. Brandt 1994, S. 261). Sie nehmen im Schulalltag – meist unbewusst – wahr,

- dass z.B. der Arztsohn oder die Unternehmertochter adrett ge-kleidet sind und im Unterricht aufmerksam mitarbeiten;
- dass der Schüler aus einer Arbeiterfamilie, der dauernd stört, wieder eine schlechte Schulaufgabe geschrieben hat;
- dass eine Schülerin, deren Eltern journalistisch arbeiten, hervor-ragende Aufsätze formuliert.

All solche Wahrnehmungen verdichten sich in der impliziten Persönlichkeitstheorie zu einem spezifischen Bild der Schüler/innen, auf dessen Grundlage die Lehrer/innen Verhaltens- und Leistungserwartungen an die Schüler/innen entwickeln.

Implizite Persönlichkeitstheorien gehören zu den Alltagstheorien, zum psychologischen Alltagswissen. Sie bestehen aus Annahmen des Wahrnehmenden über die Ausprägung und den Zusammenhang von Eigenschaften beim Wahrgenommenen. Sie enthalten teils objektive *Daten*, z.B. den Beruf der Schülereltern, teils *Analogieschlüsse*, z.B. »korrekte Hochsprache ist ein Zeichen von Intelligenz«, und schließlich auch *Ursache-Wirkungs-Vermutungen*, z.B. »(...) weil die Mutter berufstätig ist (...).« (Hofer 1997, S. 224f.; Ulich/Mertens 1973, S. 99ff.). Zur *inhaltlichen Struktur* der impliziten Persönlichkeitstheorie der Lehrer/innen gibt es eine ganze Reihe empirischer Arbeiten, die recht ähnliche Beurteilungsdimensionen ausfindig machen. In einer Zusammenfassung von Hanke (1980, S. 731) lauten diese:

- Schulbegabung: Lernfähigkeit, Gedächtnis, Intelligenz, Leistungsmotivation, Rechtschreibung (Fähigkeit).
- Schulisch erwünschte Arbeitshaltung: Zuverlässigkeit, Gewissenhaftigkeit, Fleiß, Ordentlichkeit, Gründlichkeit, brave Pflichterfüllung (Schüler-Schulziel-Verhältnis).
- Extravertierte soziale Dominanz: Extraversion, soziale Vitalität, Durchsetzungskraft, Gruppenführer, zwischenmenschliche Reife (Schüler/innen-Schüler/innen-Verhältnis).
- Persönlichkeitsschwierigkeiten: Neurotizismus, emotionale Labilität, Gefühle (Schüler-Selbst-Verhältnis).

In mehreren Untersuchungen hat sich gezeigt, dass die *Arbeitshaltung* der Schüler als wichtigste Dimension in der impliziten Persönlichkeitstheorie der Lehrer fungiert. Gute Beurteilungen erhalten also in erster Linie Schüler/innen, die sich dem Schulziel weitgehend anpassen. Ohne Frage hat auch die vom Lehrer vermutete *Begabung* des Schülers große Bedeutung als Urteilskriterium. Wenn allerdings diese beiden Dimensionen auseinander fallen, dann gibt wahrscheinlich das Arbeitsverhalten den Ausschlag: Ein mäßig begabter, braver, ordentlicher Schüler wird wohl positiver beurteilt als ein gut begabter, schlampiger und unangepasster.

Für die Wirkung der impliziten Persönlichkeitstheorien ist nun entscheidend, dass *alle* Schüler/innen nach *derselben* Idealvorstellung beurteilt werden und dass dies nach vorwiegend *mittelschichttypischen* Maßstäben geschieht, die die meisten Lehrer/innen für sich selbst vertreten. Die impliziten Persönlichkeitstheorien sind nicht schichtneutral, weil sie sich primär auf Verhaltens- und Leistungskriterien beziehen, die bereits vor der Schule bei verschiedenen Schülern sehr unterschiedlich erfüllt sind. Die impliziten Persönlichkeitstheorien differenzieren nicht nach verschiedenen Sozialschichten, d.h., die Lehrer/innen wenden bei der Beurteilung von Schülern aus *verschiedenen* Schichten dieselben Kriterien und nur *eine* implizite Theorie an (Hanke u.a. 1975).

Die Lehrer/innen selbst konstruieren Zusammenhänge zwischen Schichtzugehörigkeit und Schulabschlussmöglichkeiten. Grundschullehrer/innen orientieren ihre Übertrittbeurteilungen an einem leicht elitären Bild des geeigneten Gymnasiasten und identifizieren damit vor allem Kinder aus der oberen Mittelschicht (Preuss 1970, S. 62f.). Niemand wird diesen Lehrerinnen und Lehrern deshalb Vorsätzlichkeit oder gar Böswilligkeit vorwerfen, denn die impliziten Persönlichkeitstheorien sind notwendig und nützlich bei der Bewältigung der Beurteilungs- und Selektionsentscheidungen. *Aber* sie bergen eben auch die Gefahr in sich, eine letztlich ungerechte und wenig objektive Auslesepraxis festzuschreiben. Deshalb besteht der erste und entscheidende Schritt zu einer Änderung darin, sich diese Wahrnehmungs- und Beurteilungsmechanismen bewusst zu machen und die eigenen Urteile – nicht nur, aber gerade – bei Übertrittsempfehlungen sorgfältig zu überdenken.

Zu Beginn des 21. Jahrhunderts wurden wir von unzähligen Prognosen und Reformvorschlägen überschwemmt, die natürlich auch die Schule nicht ausklammern. Im Blick auf das Hauptthema dieses letzten Kapitels möchte ich abschließend zwei wirklich ernst zu nehmende Zukunftsforderungen aus einem Text von Keller/ Wirth (1999) zitieren:

- Wir müssen dringend »unser Konzept von Schulleistung neu fassen und Leistung als etwas sehr viel Breiteres anschauen, als dies heute der Fall ist«. Die immer größere (auch kulturelle) Heterogenität der Schüler/innen verlangt von der zukünftigen Schule ein differenzierteres Lern- und Förderungsangebot. – Es liegt auf der Hand, dass dies bei den heute üblichen Klassengrößen kaum zu realisieren ist.

- Die Schule der Zukunft muss »dringend einen neuen Umgang mit der Selektion finden (…) und sie muss von ihrer Bewertungssucht geheilt werden, will sie ihren Wert steigern. Kein einziger Erwachsener würde so viel permanente Bewertung ertragen, wie wir sie Kindern zumuten. Selbstverständlich wird auch die kommende Schule die Paradoxie ihres gesellschaftlichen Auftrags nicht auflösen können, zugleich fördern und auslesen zu müssen.« Dabei ist nach meiner Überzeugung die Rangfolge entscheidend: erst fördern und dann auslesen.

Literaturverzeichnis

Arbeitsgruppe Schulforschung: Leistung und Versagen. München: Juventa 1980.

Arbeitskreis Grundschule – Der Grundschulverband e.V.: Standpunkte zur Grundschulreform. Frankfurt: o.V. 1994.

Astleitner, H./Feichtinger, R.: Elternreaktionen auf erfolgreiche Zensuren ihrer Kinder. In: Psychologie in Erziehung und Unterricht 42/1995, S. 131–141.

Bachmair, G.: Normen der Schülerbeurteilung. In: Die Deutsche Schule 71/1979, S. 598–608.

Bartelmann, K.: Von der hohen Kunst der Notengebung. In: E. Rösner u.a. (Hrsg.): Lehreralltag – Alltagslehrer. Weinheim: Beltz 1996, S. 188–191.

Bartnitzky, H.: Die Grundschule als pädagogische Leistungsschule. In: Prüfen und beurteilen (Jahresheft der pädagogischen Zeitschriften). Seelze: Friedrich 1996, S. 44–47.

Barz, M.: Körperliche Gewalt gegen Mädchen. In: U. Enders-Dragässer/C. Fuchs (Hrsg.): Frauensache Schule. Frankfurt: Fischer 1990, S. 92–119.

Bauer, K.-O.: Erziehungsbedingungen von Sekundarschulen. Weinheim: Beltz 1980.

Beck, G./Scholz, G.: Soziales Lernen – Kinder in der Grundschule. Reinbek: Rowohlt 1995.

Becker, H./Hentig, H. v. (Hrsg.): Zensuren. Lüge, Notwendigkeit, Alternativen. Frankfurt: Klett-Cotta 1983.

Beisenherz, H.G.: Soziale Typisierungen durch Schüler im Zusammenhang mit Leistungsdifferenzierung. In: K. Haußer (Hrsg.): Modelle schulischer Differenzierung. München: Urban & Schwarzenberg 1981, S. 65–78.

Beisenherz, H.G./Feil, C.: Die Probleme der Lehrer: Rückzug der Person des Lehrers als Kritik an der Schule. In: H.G. Beisenherz u.a.: Schule in der Kritik der Betroffenen. München: Juventa 1982, S. 63–127.

Bellenberg, G.: Aufwachsen in dieser Zeit. Die Familiensituation von Kindern und Jugendlichen. In: Die Deutsche Schule 87/1995, S. 313–326.

Bellenberg, G./Klemm, K.: Bildungsexpansion und Bildungsbeteiligung. In: W. Böttcher/K. Klemm (Hrsg.): Bildung in Zahlen. Weinheim: Juventa 1995, S. 217–226.

Berg, H.C.: Noten '96 – Wider die Gehorsamkeit gegenüber Noten. In: Prüfen und beurteilen (Jahresheft der pädagogischen Zeitschriften). Seelze: Friedrich 1996, S. 106f.

Bernfeld, S.: Sisyphos oder die Grenzen der Erziehung. Frankfurt: Suhrkamp 1973 (zuerst 1925).

Bierhoff, H.W.: Lehrer-Erwartungseffekte aus sozialpsychologischer Sicht. In: Zeitschrift für Pädagogische Psychologie 4/1990, S. 167–171.

Biskup, C. u.a.: »Weil man da über seine Probleme reden kann …« Partielle Geschlechtertrennung aus der Sicht der Schülerinnen und Schüler. In: Zeitschrift für Pädagogik 44/1998, S. 753–767.

Bittmann, F.: Empirische Untersuchungen zum geschlechtsrollenspezifischen Verhalten in deutschen Lesebüchern. In: Psychologie in Erziehung und Unterricht 24/1977, S. 365–369.

Böttcher, W.: Soziale Auslese im Bildungswesen. In: Die Deutsche Schule 83/1991, S. 151–161.

Böttcher, W.: Schule und Unterricht. In: W. Böttcher/K. Klemm (Hrsg.): Bildung in Zahlen. Weinheim: Juventa 1995, S. 40–62.

Bofinger, J.: Wandel des Schullaufbahnverhaltens im gegliederten Schulwesen Bayerns. München: Ehrenwirth 1982.

Bofinger, J.: Neuere Entwicklungen des Schullaufbahnverhaltens in Bayern. München: Ehrenwirth 1990.

Bofinger, J.: Familiensituation und Schulbesuch. München: Ehrenwirth 1994.

Bohse-Wagner, N./Strittmatter, P.: Angst in der Schule – Bericht einer Interventionsstudie. In: Unterrichtswissenschaft 14/1986, S. 232–253.

Brandt, H.: Schülerbeurteilung und Schulreform. In: Die Deutsche Schule 86/1994, S. 260–271.

Braun, A.: Erwartungen und Perspektiven von Schulanfängern. In: Empirische Pädagogik 1/1987, S. 53–59.

Brehmer, I. (Hrsg.): Sexismus in der Schule. Weinheim: Beltz 1982.

Brehmer, I.: Schule im Patriarchat – Schulung fürs Patriarchat? Weinheim: Beltz 1991.

Breidenstein, G./Kelle, H.: Geschlechteralltag in der Schulklasse. Weinheim: Juventa 1998.

Breitenbach, E.: Geschlechtsspezifische Interaktion in der Schule. In: Die Deutsche Schule 86/1994, S. 179–191.

Brophy, J.E./Good, T.L.: Die Lehrer-Schüler-Interaktion. München: Urban & Schwarzenberg 1976.

Bründel, H./Hurrelmann, K.: Einführung in die Kindheitsforschung. Weinheim: Beltz 1996.

Bundesministerium für Bildung und Wissenschaft: Grund- und Strukturdaten 1997/98. Bonn 1998.

Burtscheidt, C.: Ohne Buben macht auch Mathe Spaß. In: Süddeutsche Zeitung vom 17.6.1996.

Christian, W.: Das Geld der Schule: Die Noten. In: E. Rösner u.a. (Hrsg.): Lehreralltag – Alltagslehrer. Weinheim: Beltz 1996, S. 192–194.

Czerwenka, K. u.a.: Schülerurteile über die Schule. Frankfurt: Lang 1990.

Combe, A./Helsper, W.: Was geschieht im Klassenzimmer? Weinheim: Deutscher Studien Verlag 1994.

Dambach, K.E.: Mobbing in der Schulklasse. München: Reinhardt 1998.

Dauenheimer, D./Frey, D.: Soziale Vergleichsprozesse in der Schule. In: J. Möller/O. Köller (Hrsg.): Emotionen, Kognitionen und Schulleistung. Weinheim: Beltz 1996, S. 155–174.

Ditton, H.: Familie und Schule als Bereiche des kindlichen Lebensraumes. Frankfurt: Lang 1987.

Ditton, H.: Ungleichheit und Mobilität durch Bildung. Weinheim: Juventa 1992.

Ditton, H.: Ungleichheitsforschung. In: H.-G. Rolff (Hrsg.): Zukunftsfelder der Schulforschung. Weinheim: Deutscher Studien Verlag 1995, S. 89–124.

Dobrick, M./Hofer, M.: Aktion und Reaktion. Die Beachtung des Schülers im Handeln des Lehrers. Göttingen: Hogrefe 1991.

Döpp, W.: Lebensprobleme und Lernprobleme. In: Pädagogik 1997, H. 7/8, S. 6–9.

Dumke, D.: Lehrererwartungen als sich selbst erfüllende Prophezeihungen. In: R. Hinsch u.a. (Hrsg.): Der Lehrer in Erziehung und Unterricht. Hannover: Schroedel 1980, S. 87–103.

Eckerle, G.-A.: Schulsituationen. Göttingen: Hogrefe 1994.

Eder, A./Eder, F.: Gespräche mit Schülerinnen und Schülern. In: F. Eder (Hrsg.): Das Befinden von Kindern und Jugendlichen in der Schule. Innsbruck: Studien-Verlag 1995, S. 208–231.

Eder, F.: Schulische Umwelt und Strategien zur Bewältigung von Schule. In: Psychologie in Erziehung und Unterricht 34/1987, S. 100–110.

Eder, F.: Das Befinden von Schülerinnen und Schülern in den öffentlichen Schulen. In: F. Eder (Hrsg.): Das Befinden von Kindern und Jugendlichen in der Schule. Innsbruck: Studien-Verlag 1995, S. 24–168.

Eder, F. u.a.: Maßnahmen zur Verbesserung des Befindens in der Schule. In: F. Eder (Hrsg.): Das Befinden von Kindern und Jugendlichen in der Schule. Innsbruck: Studien-Verlag 1995, S. 232–251.

Eder, F./Felhofer, G.: Schule als Lebenswelt. In: L. Wilk/J. Bacher (Hrsg.): Kindliche Lebenswelten. Opladen: Leske + Budrich 1994, S. 197–251.

Elbing, E.: Das Soziogramm in der Schulklasse. München: Reinhardt 1975.

Elbing, E.: Lebensraum Schule im Urteil der Schüler. Regensburg: Roderer 1993.

Engel, U./Hurrelmann, K.: Psychosoziale Belastung im Jugendalter. Berlin: de Gruyter 1989.

Engel, U./Hurrelmann, K.: Was Jugendliche wagen. Weinheim: Beltz 1993.

Engelhardt, M.v.: Die pädagogische Arbeit des Lehrers. Paderborn: Schöningh 1982.

Faulstich-Wieland, H.: Schule: ein unbekannter Lebensraum. In: Pädagogik 1992, H. 7&8, S. 14–17.

Faulstich-Wieland, H.: Geschlecht und Erziehung. Darmstadt: Wiss. Buchgesellschaft 1995.

Faulstich-Wieland, H.: Wissenschaft ohne Orientierung? Zu Heiner Drerups Koedukationsrezeption. In: Zeitschrift für Pädagogik 44/1998, S. 243–252.

Faulstich-Wieland, H./Horstkemper, M.: »Ohne Jungs fehlt der Klasse der Pep!« – Koedukation aus der Sicht von Schülerinnen und Schülern. In: Die Deutsche Schule 84/1992, S. 348–360.

Faulstich-Wieland, H./Nyssen, E.: Geschlechterverhältnisse im Bildungssystem – Eine Zwischenbilanz. In: H.-G. Rolff u.a. (Hrsg.): Jahrbuch der Schulentwicklung, Bd. 10, Weinheim: Juventa 1998, S. 163–199.

Fauser, R./Schreiber, N.: Schulwünsche und Schulwahlentscheidungen in Arbeiterfamilien. In: Bolder, A./Rodax, K. (Hrsg.): Das Prinzip der aufge(sc)hobenen Belohnung. Bonn 1987: Verlag Neue Gesellschaft, S. 31–58.

Faust-Siehl, G. u.a.: Die Zukunft beginnt in der Grundschule. Reinbek: Rowohlt 1996.

Fend, H.: Theorie der Schule. München: Urban & Schwarzenberg 1980.

Fend, H.: Vom Kind zum Jugendlichen. Bern: Huber 1990.

Fend, H.: Schule und Persönlichkeit: Eine Bilanz der Konstanzer Forschungen zur »Sozialisation in Bildungsinstitutionen«. In: R. Pekrun/H. Fend (Hrsg.): Schule und Persönlichkeitsentwicklung. Stuttgart: Enke 1991, S. 9–32.

Fend, H.: Der Umgang mit Schule in der Adoleszenz. Bern: Huber 1997.

Fend, H. u.a.: Sozialisationseffekte der Schule. Weinheim: Beltz 1976.

Fend, H./Helmke, A.: Zur Verarbeitung ängstigender Erfahrungen im sozialen Kontext: Zur relativen Bedeutung von Elternhaus und Schule. In: J. Berndt u.a. (Hrsg.): Schulstreß – Schülerstreß – Elternstreß. Bremen: Universität Bremen 1988, S. 169–194.

Flaake, K.: Berufliche Orientierungen von Lehrerinnen und Lehrern. Frankfurt: Campus 1989.

Flitner, A./Klemm, K.: Was ist das Produkt der Schule? In: DIE ZEIT 1995, Nr. 31, S. 25.

Fölling-Albers, M.: Kinder heute – aus der Sicht von Lehrerinnen und Lehrern. In: M. Fölling-Albers (Hrsg.): Veränderte Kindheit – Veränderte Grundschule. Frankfurt: Arbeitskreis Grundschule e.V. 1989, S. 126–133.

Fölling-Albers, M.: Erziehung in der Schule – eine alte Aufgabe neu gestellt. In: Grundschule 24/1992, H. 2, S. 10–12.

Fölling-Albers, M.: Der Individualisierungsanspruch der Kinder – eine neue pädagogische Orientierung »vom Kinde aus«? In: Neue Sammlung 33/1993, S. 465–478.

Fölling-Albers, M.: Schulkinder aus Lehrersicht. In: H. Eberwein/J. Mand (Hrsg.): Forschen für die Schulpraxis. Weinheim: Deutscher Studien Verlag 1995, S. 88–102.

Frasch, H./Wagner, A.: »Auf Jungen achtet man einfach mehr …« In: I. Brehmer (Hrsg.): Sexismus in der Schule. Weinheim: Beltz 1982, S. 260–278.

Fromberg-Koch, L. v.: Stellungnahme des Deutschen Kinderschutzbundes. In: Die Deutsche Schule 84/1992, S. 5–9.

Furtner-Kallmünzer, M.: Wenn Du später was werden willst ... Berufsbezug und Sinn der Schule. München: Deutsches Jugendinstitut 1983.

Furtner-Kallmünzer, M./Sardei-Biermann, S.: Schüler über Schule. In: betrifft: erziehung 1978, H. 7, S. 35–42.

Furtner-Kallmünzer, M./Sardei-Biermann, S.: Schüler: Leistung, Lehrer, Mitschüler. In: H.G. Beisenherz u.a.: Schule in der Kritik der Betroffenen. München: Juventa 1982, S. 21–62.

Glötzner, J.: Heidi häkelt Quadrate, Thomas erklärt die Multiplikation. In: I. Brehmer (Hrsg.): Sexismus in der Schule. Weinheim: Beltz 1982, S. 154–158.

Gluszcynski, A./Krettmann, U.: Koedukation und Sexualerziehung aus der Sicht 9- bis 13jähriger Jungen und Mädchen. In: A. Kaiser (Hrsg.): Koedukation und Jungen. Weinheim: Deutscher Studien Verlag 1997, S. 29–52.

Gotschlich, J.: Schülerwahrnehmung und -beurteilung aus der Sicht der Lehrer. München 1997 (Hausarbeit Schulpsychologie).

Graumann, C.F.: Interaktion und Kommunikation. In: C.F. Graumann (Hrsg.): Handbuch der Psychologie, Bd. 7/II: Sozialpsychologie – Forschungsbereiche. Göttingen: Hogrefe 1972, S. 1109–1262.

Graupner, H.: Warum die Schule krank macht. In: Süddeutsche Zeitung 1992, Nr. 32, S. 4.

Grell, J.: Techniken des Lehrerverhaltens. Weinheim: Beltz 1974.

Grell, J.: Etikettieren, aber richtig! In: betrifft: erziehung 1983, H. 7/8, S. 49–56.

Groddeck, N./Wulf, C.: Die Schule als Feld sozialen Lernens und als Konfliktfeld. In: W. Hornstein u.a. (Hrsg.): Beratung in der Erziehung (Funk-Kolleg), Bd. 1. Frankfurt: Fischer 1977, S. 179–215.

Gudjons, H.: Handlungsorientierter Unterricht. In: Pädagogik 1997, H. 1, S. 6–10.

Häußler, P./Hoffmann, L.: Physikunterricht – an den Interessen von Mädchen und Jungen orientiert. In: Unterrichtswissenschaft 23/1995, S. 107–126.

Hagstedt, H.: Naive Unterrichtstheorien von Schülern. In: H. Hagstedt/M. Hildebrand-Nilshon (Hrsg.): Schüler beurteilen Schule. Düsseldorf: Schwann 1980, S. 27–42.

Hagstedt, H.: Kinder mit Lehrfunktionen. In: Die Grundschulzeitschrift 84/1995, S. 16–19.

Hagstedt, H./Hildebrand-Nilshon, M./Reilly, G.: Schüler dokumentieren ihren Schulalltag. In: H. Hagstedt/M. Hildebrand-Nilshon (Hrsg.): Schüler beurteilen Schule. Düsseldorf: Schwann 1980, S. 9–25.

Hanke, B.: Lehrererwartungen und Lehrerverhalten. In: Die Psychologie des 20. Jahrhunderts, Bd. XI. Zürich: Kindler 1980, S. 714–748.

Hanke, B./Lohmöller, J.-B./Mandl, H.: Schichtspezifische Faktorenstrukturen in Schülerbeurteilungen? In: Unterrichtswissenschaft 1975, H. 2, S. 19–29.

Hansen, R./Rolff, H.-G.: Abgeschwächte Auslese und verschärfter Wettbewerb. In: H.-G. Rolff u.a. (Hrsg.): Jahrbuch der Schulentwicklung, Bd. 6. Weinheim: Juventa 1990, S. 45–79.

Hansen, R./Pfeiffer, H.: Bildungschancen und soziale Ungleichheit. In: H.-G. Rolff u.a. (Hrsg.): Jahrbuch der Schulentwicklung, Bd. 10, Weinheim: Juventa 1998, S. 51–86.

Haußer, K.: Die Einteilung von Schülern. Weinheim: Beltz 1980.

Haußer, K.: Identitätspsychologie. Berlin: Springer 1995.

Haußer, K./Kreuzer, M.: Schülerbeurteilung und Entwicklung des Selbstkonzepts bei Grundschulkindern. In: Die Deutsche Schule 86/1994, S. 469ff.

Heckhausen, H.: Lehrer-Schüler-Interaktion. In: F.E. Weinert u.a. (Hrsg.): Funkkolleg Pädagogische Psychologie. Frankfurt: Fischer 1980, S. 547–573.

Heid, H.: Was hindert Lehrerinnen und Lehrer daran, Pädagogen zu sein? In: Gewerkschaft Erziehung und Wissenschaft (Hrsg.): Lehrerarbeit. Frankfurt: o.V. 1988, S. 12–18.

Heinz, W.R.: Sozialpsychologie. In: R. Asanger/G. Wenninger (Hrsg.): Handwörterbuch der Psychologie. Weinheim: Beltz 1992, S. 708–713.

Helmke, A.: Die Entwicklung der Lernfreude vom Kindergarten bis zur 5. Klassenstufe. In: Zeitschrift für Pädagogische Psychologie 7/1993, S. 77–86.

Helmke, A./Schrader, F.-W.: Entwicklung im Grundschulalter. In: Pädagogik 1998, H. 6, S. 24–28.

Hentig, H. v.: Die Reform der Schule war nicht radikal genug. In: betrifft: erziehung 1979, H. 10, S. 38–58.

Hentig, H. v.: Die Schule neu denken. München: Hanser 1993.

Hildebrand-Nilshon, M.: Schulleistung und Schullaufbahnperspektive – Indizien aus Schülerinterviews. In: H. Hagstedt/M. Hildebrand-Nilshon (Hrsg.): Schüler beurteilen Schule. Düsseldorf: Schwann 1980, S. 43–71.

Hildeschmidt, A.: Nichtversetzung – eine pädagogische Maßnahme? In: R. Fischer u.a.: Hauptschulversagen. Saarbrücken: o.V. 1982, S. 125–174(a).

Hildeschmidt, A.: Wie erklären sich Schüler nach negativen Schulereignissen Erfolge und Mißerfolge in der Schule? In: R. Fischer u.a.: Hauptschulversagen. Saarbrücken: o.V. 1982, S. 205–234(b).

Hildeschmidt, A.: Schulversagen als Entwicklungsproblem. In: R. Oerter/L. Montada (Hrsg.): Entwicklungspsychologie. München: Urban & Schwarzenberg 1987, S. 854–881.

Hilgers, A.: Geschlechtersterotype und Unterricht. Weinheim: Juventa 1994.

Hofer, M.: Schülergruppierungen in Urteil und Verhalten des Lehrers. In: M. Hofer (Hrsg.): Informationsverarbeitung und Entscheidungsverhalten von Lehrern. München: Urban & Schwarzenberg 1981, S. 192–221.

Hofer, M.: Sozialpsychologie erzieherischen Handelns. Göttingen: Hogrefe 1986.

Hofer, M.: Lehrer-Schüler-Interaktion. In: F.E. Weinert (Hrsg.): Psychologie der Schule und des Unterrichts. Göttingen: Hogrefe 1997, S. 213–250.

Holler, B./Hurrelmann, K.: Die psychosozialen Kosten hoher Bildungserwartungen: Eine Vier-Jahres-Studie über das Bildungsverhalten im Jugendalter. In: R. Pekrun/H. Fend (Hrsg.): Schule und Persönlichkeitsentwicklung. Stuttgart: Enke 1991, S. 254–271.

Holler-Nowitzki, B.: Psychosomatische Beschwerden im Jugendalter. Weinheim: Juventa 1994.

Holtappels, H.G.: Abweichendes Verhalten oder Schulalltagsbewältigung? In: Die Deutsche Schule 76/1984, S. 18–30.

Holtappels, H.G.: Schulprobleme und abweichendes Verhalten aus der Schülerperspektive. Bochum: Schallwig 1987.

Holtappels, H.G.: Wieviel Schule brauchen wir? In: Zeitschrift für Sozialisationsforschung und Erziehungssoziologie 12/1992, S. 341–364.

Holtappels, H.G./Meier, U.: Gewalt an Schulen. Erscheinungsformen von Schülergewalt und Einflüsse des Schulklimas. In: Die Deutsche Schule 89/1997, S. 50–62.

Holzkamp, K.: Lernen. Frankfurt: Campus 1993.

Hoos, K.: Das Dilemma mit den Hausaufgaben. In: Die Deutsche Schule 90/1998, S. 50–63.

Hopf, D.: Pädagogische Diagnostik. In: Die Psychologie des 20. Jahrhunderts, Bd. XI. Zürich: Kindler 1980, S. 896–919.

Horstkemper, M.: Schule, Geschlecht und Selbstvertrauen. Weinheim: Juventa 1987.

Horstkemper, M.: Mädchen und Frauen im Bildungswesen. In: W. Böttcher/K. Klemm (Hrsg.): Bildung in Zahlen. Weinheim: Juventa 1995, S. 188–216.

Horstkemper, M.: Was dürfen Mädchen, was sollen Jungen? In: Staatsinstitut für Schulpädagogik und Bildungsforschung: Typisch Junge? Typisch Mädchen? München 1997, S. 121–132.

Hurrelmann, K.: Erfassung von Alltagstheorien bei Lehrern und Schülern. In: D. Lenzen (Hrsg.): Pädagogik und Alltag. Stuttgart: Klett-Cotta 1980, S. 45–60.

Hurrelmann, K.: Probleme mit dem Erwachsenwerden: Trotz materiellem Überfluß zunehmende psychosoziale Belastung? In: Deutsche Jugend 35/1987, S. 544–551.

Hurrelmann, K.: Die Belastung von Jugendlichen durch die Schule. In: Kind – Jugend – Gesellschaft 36/1991, S. 14–18.

Hurrelmann, K.: Frühe Flucht in den Rausch. In: Publik-Forum 1994, H. 3, S. 5f.

Hurrelmann, K./Mansel, J.: Gesundheitliche Folgen wachsender schulischer Leistungserwartungen. In: Zeitschrift für Sozialisationsforschung und Erziehungssoziologie 18/1998, S. 168–182.

Hurrelmann, K. u.a.: Statusunsicherheit und psychosomatische Beschwerden im Jugendalter. In: Zeitschrift für Sozialisationsforschung und Erziehungssoziologie 7/1987, S. 44–59.

Huth, M./Schröder, C.-J.: Was Schüler lernen wollen. In: Pädagogik 1992, H. 7/8, S. 23–25.

Ingenkamp, K. (Hrsg.): Die Fragwürdigkeit der Zensurengebung. Weinheim: Beltz 1971.

Ingenkamp, K.: Die Bedeutung von Schultests für moderne Bildungssysteme. Weinheim: Beltz 1991.

Institut für Schulentwicklungsforschung: IFS-Umfrage: Die Schule im Spiegel der öffentlichen Meinung. In: H.-G. Rolff u.a. (Hrsg.): Jahrbuch der Schulentwicklung, Bd. 10, Weinheim: Juventa 1998, S. 13–50.

Ipfling, H.J. u.a.: Wie zufrieden sind die Lehrer? Bad Heilbrunn: Klinkhardt 1995.

Jahnke-Klein, S.: Soziale Förderung von Jungen im Mathematikunterricht. In: A. Kaiser (Hrsg.): Koedukation und Jungen. Weinheim: Deutscher Studien Verlag 1997, S. 108–120.

Jerusalem, M.: Schulklasseneffekte. In: F.E. Weinert (Hrsg.): Psychologie der Schule und des Unterrichts. Göttingen: Hogrefe 1997, S. 253–277.

Jerusalem, M./Schwarzer, R.: Entwicklung des Selbstkonzepts in verschiedenen Lernumwelten. In: R. Pekrun/H. Fend (Hrsg.): Schule und Persönlichkeitsentwicklung. Stuttgart: Enke 1991, S. 115–128.

jetzt (Jugendmagazin der Süddeutschen Zeitung), 1995, Nr. 7.

Johannsen, H.-W.: Die sechsjährige Grundschule. In: Die Deutsche Schule 88/1996, S. 280–297.

Jungwirth, H.: Koedukation von innen: Geschlechtersozialisation in der Schule. In: L. Lassnigg/A. Paseka (Hrsg.): Schule weiblich – Schule männlich. Innsbruck: Studien Verlag 1997, S. 63–88.

Kaiser, W.: Leistungsversagen und Selbstwertgefühl. In: Die Deutsche Schule 85/1993, S. 236–243.

Kalthoff, H.: Das Zensurenpanoptikum. Eine ethnographische Studie zur schulischen Bewertungspraxis. In: Zeitschrift für Soziologie 25/1996, S. 106–124.

Kanders, M. u.a.: Schülerschelte für die Lehrer. In: ZEIT-Punkte 1996, H. 2, S. 34–37(a).

Kanders, M. u.a.: Das Bild der Schule aus der Sicht von Schülern und Lehrern. In: H.-G. Rolff u.a. (Hrsg.): Jahrbuch der Schulentwicklung, Bd. 9. Weinheim: Juventa 1996, S. 57–113(b).

Keller, H.-J./Wirth, H.: Zukunft der Schule – Schule der Zukunft. In: Neue Zürcher Zeitung vom 28.1.1999, S. 53.

Keupp, H.: Abweichung und Alltagsroutine. Hamburg: Hoffmann & Campe 1976.

Klafki, W.: Lernen für die Zukunft. In: Die Deutsche Schule 88/1996, S. 156–170.

Klink, J.-G.: Die Benachteiligung von Hauptschülern durch unser Schulsystem und seine Noten. In: Die Deutsche Schule 70/1978, S. 656–665.

Knab, D.: Schule als Arbeitsplatz – nicht zum Aushalten? In: Pädagogik 1995, H. 9, S. 6–10.

Krapp, A.: Konzepte und Forschungsansätze zur Analyse des Zusammenhangs von Interesse, Lernen und Leistung. In: A. Krapp/M. Prenzel (Hrsg.): Interesse, Lernen, Leistung. Münster: Aschendorff 1992, S. 9–52.

Krappmann, L./Oswald, H.: Alltag der Schulkinder. Weinheim: Juventa 1995.

Kraus-Dietz, G.: Berufliche Sozialisation von Lehrern. Eine Interviewstudie mit berufserfahrenen LehrerInnen. München 1993 (Diplomarbeit Psychologie).

Lang, S.: Lebensbedingungen und Lebensqualität von Kindern. Frankfurt/New York: Campus 1985.

Lassnigg, L./Paseka, A. (Hrsg.): Schule weiblich – Schule männlich. Innsbruck: Studien Verlag 1997.

Lauterbach, W./Lange, A.: Aufwachsen in materieller Armut und sorgenbelastetem Familienklima. Konsequenzen für den Schulerfolg von Kindern am Beispiel des Übertritts in die Sekundarstufe I. In: J. Mansel/G. Neubauer (Hrsg.): Armut und soziale Ungleichheit bei Kindern. Opladen: Leske + Budrich 1998, S. 106–128.

Lemmermöhle, D.: Persönlichkeitsentwicklung und Geschlecht. In: Die Deutsche Schule 88/1996, S. 192–197.

Lempp, R.: Wer will und wer braucht eigentlich Zensuren? In: H. Becker/H. v. Hentig (Hrsg.): Zensuren. Lüge, Notwendigkeit, Alternativen. Frankfurt: Klett-Cotta 1983, S. 65–74.

Lenz, M./Tillmann, K.-J.: Familienformen im Spiegel empirischer Daten. In: Pädagogik 1997, H. 7/8, S. 11–15.

Lissmann, U.: Lehrergedanken zur Schülerbeurteilung: Dimensionalität und Struktur. In: Zeitschrift für Entwicklungspsychologie und Pädagogische Psychologie 19/1987, S. 266–284.

Lösel, F.: Prozesse der Stigmatisierung in der Schule. In: M. Brusten/J. Hohmeier (Hrsg.): Stigmatisierung, Bd. 2. Neuwied: Luchterhand 1975, S. 7–32.

Lösel, F. u.a.: Gewalt zwischen Schülern der Sekundarstufe. In: Empirische Pädagogik 11/1997, S. 327–349.

Lohaus, A.: Gesundheit und Krankheit aus der Sicht von Kindern. Göttingen: Hogrefe 1990.

Lohr, S.: Mensch: Schüler. In: Schüler. Herausforderungen für Lehrer. Seelze: Friedrich 1984 (Jahresheft der pädagogischen Zeitschriften), S. 6f.

Mägdefrau, J./Vollbrecht, R.: Medienkompetenz als Bildungsaufgabe. In: Die Deutsche Schule 90/1998, S. 266–279.

Mandl, H. u.a.: Das träge Wissen. In: Psychologie heute 1993, H. 9, S. 64–69.

Mandl, H. u.a.: Lerngeschichten. Lernerfahrungen als wirksamer Zugang zum Lernen. Lengerich: Pabst 1995.

Mann, I.: Schlechte Schüler gibt es nicht. München: Urban & Schwarzenberg 1981.

Mansel, J.: Familiale Konflikte und ihre Auswirkungen auf die psychosoziale Befindlichkeit von Jugendlichen. In: Zeitschrift für Familienforschung 4/1992, S. 49–88.

Mansel, J.: Zur Reproduktion sozialer Ungleichheit. In: Zeitschrift für Sozialisationsforschung und Erziehungssoziologie 13/1993, S. 36–60.

Mansel, J./Hurrelmann, K.: Alltagsstreß bei Jugendlichen. Weinheim: Juventa 1991.

Mantzicopoulos, P.: How Do Children Cope With School Failure? In: Psychology in the Schools 34/1997, S. 229–237.

Martin, L.R.: Klassenlehrer und Tutoren: Was die Schüler von ihnen erwarten. In: Pädagogische Rundschau 49/1995, S. 199–217.

Matthias, A.: Praktische Pädagogik für höhere Lehranstalten. München: Beck ³1908.

Mauthe, A./Rösner, E.: Schulstruktur und Durchlässigkeit. In: H.-G. Rolff u.a. (Hrsg.): Jahrbuch der Schulentwicklung, Bd. 10, Weinheim: Juventa 1998, S. 87–125.

Mayr, J. u.a.: Ein Versuch zur Verminderung von Prüfungsangst und Schulunlust durch positive Verstärkung und Reform der Leistungsbeurteilung. In: Zeitschrift für Empirische Pädagogik und Pädagogische Psychologie 8/1984, S. 23–34.

Mayr, J. u.a.: Mitarbeit und Störung im Unterricht: Strategien pädagogischen Handelns. In: Zeitschrift für Pädagogische Psychologie 5/1991, S. 43–55.

Menzel, W.: Kreativität und Schule. In: Die Deutsche Schule 84/1992, S. 28–41.

Meyer, W.-U.: Das Konzept von der eigenen Begabung. Bern: Huber 1984.

Möller, J./Jerusalem, M.: Attributionsforschung in der Schule. In: Zeitschrift für Pädagogische Psychologie 11/1997, S. 151–166.

Möller, J./Köller, O.: Attributionen und Schulleistung. In: J. Möller/O. Köller (Hrsg.): Emotionen, Kognitionen und Schulleistung. Weinheim: Beltz 1996, S. 115–136.

Möller, J./Köller, O.: Nicht nur Attributionen: Gedanken von Schülerinnen und Schülern zu Ergebnissen von Klassenarbeiten. In: Psychologie in Erziehung und Unterricht 44/1997, S. 125–134.

Münchmeier, R.: Die Lebenslage junger Menschen. In: Jugendwerk der deutschen Shell (Hrsg.): Jugend '97. Opladen: Leske + Budrich 1997, S. 277–302.

Negt, O.: Kindheit und Schule in einer Welt der Umbrüche. Göttingen: Steidl 1997.

Nolting, H.-P./Paulus, P.: Psychologie lernen. München: Psychologie Verlags Union ³1993.

Nuhn, H.-E.: Schüler organisieren ihr Lernen selbst. Ein Projekt im englischen Anfangsunterricht. In: Die Deutsche Schule 74/1982, S. 35–43.

Oerter, R.: Die Formung von Kognition und Motivation durch Schule: Wie

Schule auf das Leben vorbereitet. In: Unterrichtswissenschaft 13/1985, S. 203–219.

Pekrun, R.: Schulleistung, Entwicklungsumwelten und Prüfungsangst. In: R. Pekrun/H. Fend (Hrsg.): Schule und Persönlichkeitsentwicklung. Stuttgart: Enke 1991, S. 164–180.

Pekrun, R./Helmke, A.: Schule und Persönlichkeitsentwicklung: Theoretische Perspektiven und Forschungsstand. In: R. Pekrun/H. Fend (Hrsg.): Schule und Persönlichkeitsentwicklung. Stuttgart: Enke 1991, S. 33–56.

Pekrun, R./Jerusalem, M.: Leistungsbezogenes Denken und Fühlen: Eine Übersicht zur psychologischen Forschung. In: J. Möller/O. Köller (Hrsg.): Emotionen, Kognitionen und Schulleistung. Weinheim: Beltz 1996, S. 3–22.

Pekrun, R./Schiefele, U.: Emotions- und motivationspsychologische Bedingungen der Lernleistung. In: F.E. Weinert (Hrsg.): Psychologie des Lernens und der Instruktion. Göttingen: Hogrefe 1996, S. 154–180.

Pelkner. E.: »Ich will auch mal dazwischenreden dürfen wie die Jungen« – Erfahrungen im Schulpraktikum. In: U. Enders-Dragässer/C. Fuchs. (Hrsg.): Frauensache Schule. Frankfurt: Fischer 1990, S. 216–229.

Petillon, H.: Soziale Beziehungen in Schulklassen. Weinheim: Beltz 1980.

Petillon, H.: Soziale Beziehungen zwischen Lehrern, Schülern und Schülergruppen. Weinheim: Beltz 1982.

Petillon, H.: Der Schüler. Rekonstruktion der Schule aus der Perspektive von Kindern und Jugendlichen. Darmstadt: Wissenschaftliche Buchgesellschaft 1987.

Petillon, H.: Soziale Erfahrungen in der Schulanfangszeit. In: R. Pekrun/H. Fend (Hrsg.): Schule und Persönlichkeitsentwicklung. Stuttgart: Enke 1991, S. 183–200.

Pickl-Arnold, G.: Konstanz und Veränderung in der Darstellung von Geschlechterrollen in Schulbüchern. Eine vergleichende Inhaltsanalyse von Mathematikbüchern in der Grundschule. München 1998 (Hausarbeit Schulpsychologie).

Preinsperger, A./Weisskircher, E.: Mathematikschulbücher – eine aktuelle Untersuchung. In: L. Lassnigg/A. Paseka (Hrsg.): Schule weiblich – Schule männlich. Innsbruck: Studien Verlag 1997, S. 132–143.

Prenzel, M.: Lernen innerhalb und außerhalb der Schule. In: P. Strittmatter (Hrsg.): Zur Lernforschung: Befunde – Analysen – Perspektiven. Weinheim: Deutscher Studien Verlag 1990, S. 169–183.

Prenzel, M.: Sechs Möglichkeiten, Lernende zu demotivieren. In: H. Gruber/A. Renkl (Hrsg.): Wege zum Können. Bern: Huber 1997, S. 32–44.

Preuss, O.: Soziale Herkunft und die Ungleichheit der Bildungschancen. Weinheim: Beltz 1970.

Preuss-Lausitz, U.: Mädchen an den Rand gedrängt? Soziale Beziehungen in Grundschulklassen. In: Zeitschrift für Sozialisationsforschung und Erziehungssoziologie 12/1992, S. 66–79.

Preuss-Lausitz, U.: Geschlechtersozialisation und Schulpädagogik in der Nachmoderne. In: Die Deutsche Schule 89/1997, S. 429–445.

Projektgruppe Belastung: Belastung in der Schule? Eine Untersuchung an Hauptschulen, Realschulen und Gymnasien Baden-Württembergs. Weinheim: Deutscher Studien Verlag 1998.

Redeker, S.: Belastungserleben im LehrerInnenberuf. Frankfurt: Lang 1993.

Reinmann-Rothmeier, G./Mandl, H.: Wissensmanagement in der Bildung. In: S. Höfling/H. Mandl (Hrsg.): Lernen für die Zukunft – Lernen in der Zukunft. München: Hanns-Seidel-Stiftung 1998, S. 56–66.

Renkl, A.: Träges Wissen: Wenn Erlerntes nicht genutzt wird. In: Psychologische Rundschau 47/1996, S. 78–92.

Rheinberg, F./Weich, K.-W.: Wie gefährlich ist Lob? In: Zeitschrift für Pädagogische Psychologie 2/1988, S. 227–233.

Rosemann, B.: Bedingungsvariablen der Lehrer-Schüler-Beziehung. In: Psychologie in Erziehung und Unterricht 25/1978, S. 39–49.

Rosenbusch, H.S. u.a.: Schulreif? Die neue bayerische Lehrerbildung im Urteil ihrer Absolventen. Frankfurt: Lang 1988.

Rosenthal, R./Jacobson, L.: Pygmalion in the Classroom. New York: Holt, Rinehart & Winston 1968.

Roth, H. (Hrsg.): Begabung und Lernen. Stuttgart: Klett 1969.

Rumpf, H.: Die übergangene Sinnlichkeit. München: Juventa 1981.

Rumpf, H.: Anfängliche Aufmerksamkeiten. In: Pädagogik 1992, H. 9, S. 26–30.

Rustemeyer, R.: Geschlechtstypische Erwartungen zukünftiger Lehrkräfte bezüglich des Unterrichtsfaches Mathematik und korrespondierende (Selbst-) Einschätzungen von Schülerinnen und Schülern. In: Psychologie in Erziehung und Unterricht 46/1999, S. 187–200.

Rutter, M. u.a.: Fünfzehntausend Stunden. Weinheim: Beltz 1980.

Saldern, M.v.: Die Lernumwelt aus der Sicht von Lehrern und Schülern. In: Psychologie in Erziehung und Unterricht 36/1991, S. 190–198.

Saldern, M.v.: Schulleistung in Deutschland – ein Beitrag zur Standortdiskussion. Münster: Waxmann 1997.

Sardei-Biermann, S.: Jugendliche zwischen Schule und Arbeitswelt. Zur Bedeutung der Schule für den Übergang in den Beruf. München: Deutsches Jugendinstitut 1984.

Sardei-Biermann, S.: Schule in der Erfahrung und Beurteilung durch Jugendliche. In: engagement 1992, H. 3&4, S. 288–291.

Schäfer, M.: Verschiedenartige Perspektiven von Bullying. In: Empirische Pädagogik 11/1997, S. 369–383.

Schiefele, H.: Interesse: Neue Antworten auf ein altes Problem. In: Zeitschrift für Pädagogik 32/1986, S. 153–162.

Schiefele, U./Schiefele, H.: Motivationale Orientierungen und Prozesse des Wissenserwerbs. In: H. Gruber/A. Renkl (Hrsg.): Wege zum Können. Bern: Huber 1997, S. 14–31.

Schlemmer, E.: Risikolagen von Familien und ihre Auswirkungen auf Schulkinder. In: J. Mansel/G. Neubauer (Hrsg.): Armut und soziale Ungleichheit bei Kindern. Opladen: Leske + Budrich 1998, S. 129–146.

Schlömerkemper, J.: Schulische Differenzierung im gesellschaftlichen Kontext. In: K. Haußer (Hrsg.): Modelle schulischer Differenzierung. München: Urban & Schwarzenberg 1981, S. 185–201.

Schlömerkemper, J.: Verbindlichkeit entwickeln. Über den Umgang mit der Widersprüchlichkeit des Lehrens und Lernens. In: J. Schlömerkemper (Hrsg.): Die Schule gestalten (2. Beiheft Die Deutsche Schule). Weinheim: Juventa 1992, S. 23–35.

Schlömerkemper, J.: Bildung bleibt wichtiger als Leistung! In: Die Deutsche Schule 90/1998, S. 262–265.

Schmid, R.: Zu einigen sozialpsychologischen Aspekten der Leistungsbeurteilung in der Schule. In: J. Kutscher (Hrsg.): Beurteilen oder Verurteilen. München: Urban & Schwarzenberg 1977, S. 13–35.

Schmied, D.: Sozialbeziehungen und Sozialverhalten in der reformierten gymnasialen Oberstufe. In: Die Deutsche Schule 74/1982, S. 213–227.

Schmitt, D.: Angst abbauen – anders prüfen. In: Schulpraxis 1986, H. 2, S. 16–19.

Schnabel, K.: Prüfungsangst und Lernen. Münster: Waxmann 1998.

Schnack, J.: Schule ist, wie sie ist – entscheidend ist die Note! In: Pädagogik 1992, H. 7&8, S. 26–29.

Schön, B.: Quantitative und qualitative Verfahren in der Schulforschung. In: B. Schön/K. Hurrelmann (Hrsg.): Schulalltag und Empirie. Weinheim: Beltz 1979, S. 17–29.

Schüler. Herausforderungen für Lehrer. Seelze: Friedrich 1984 (Jahresheft der pädagogischen Zeitschriften).

Schule & Wir 1982, H. 2. (Hrsg. Bayerisches Staatsministerium für Unterricht und Kultus).

Schulze, T.: Schule vor dem Hintergrund einer Geschichte des Lernens. In: Die Deutsche Schule 85/1993, S. 420–436.

Schuster, B.: Bullying in der Schule: Ein Überblick über die Forschung und Anregungen aus verwandten Forschungtraditionen. In: Empirische Pädagogik 11/1997, S. 315–326(a).

Schuster, B.: Außenseiter in der Schule: Prävalenz von Viktimisierung und Zusammenhang mit sozialem Status. In: Zeitschrift für Sozialpsychologie 28/1997, S. 251–264(b).

Schwarzer, R./Royl, W.: Angst und Schulunlust als Sozialisationseffekte verschiedener Schularten. In: H.J. Apel/C. Schwarzer (Hrsg.): Schulschwierigkeiten und pädagogische Interaktion. Bad Heilbrunn. Klinkhardt 1978, S. 113–124.

Seipp, B./Schwarzer, C.: Angst und Leistung – eine Meta-Analyse empirischer Befunde. In: Zeitschrift für Pädagogische Psychologie 5/1991, S. 85–97.

Simmel, G.: Schulpädagogik. Osterwieck: Zickfeldt 1922.

Singer, K.: Maßstäbe für eine humane Schule. Frankfurt: Fischer 1981.

Singer, K.: Ohne Noten lieber lernen und mehr leisten? (Hrsg. Aktion Humane Schule Bayern). München: o.V. 1982.

Speck-Hamdan, A.: Risiken und Chancen des Schulanfangs. In: Grundschule 23/1991, H. 4, S. 27–29.

Speck-Hamdan, A.: Schulanfang: Situation der Einführung und Neuorientierung. In: G. Faust-Siehl/R. Portmann (Hrsg.): Die ersten Wochen in der Schule. Frankfurt 1992, S. 10–22.

Staatsinstitut für Schulpädagogik und Bildungsforschung: Typisch Junge? Typisch Mädchen? Jungen und Mädchen in Schule und Unterricht. München 1997.

Stahl, U.: Professionalität und Zufriedenheit im Beruf. Weinheim: Deutscher Studien Verlag 1995.

Stiensmeier-Pelster, J./Schlangen, B.: Erlernte Hilflosigkeit und Leistung. In: J. Möller/O. Köller (Hrsg.): Emotionen, Kognitionen und Schulleistung. Weinheim: Beltz 1996, S. 69–90.

Stöckli, G.: Eltern, Kinder und das andere Geschlecht. Weinheim: Juventa 1997.

Strittmatter, P.: Schulangstreduktion. Neuwied: Luchterhand 1993.

Stubenrauch, H.: Von der Idee zur Planstelle – Lehrer heute. Köln: Kiepenheuer & Witsch 1984.

Terhart, E. u.a.: Berufsbiographien von Lehrern und Lehrerinnen. Frankfurt: Lang 1994.

Thiemann, F.: Die Zerstörung sozialen Lernens durch die Schulreform. In: M. Fromm/W. Keim (Hrsg.): Diskussion soziales Lernen. Baltmannsweiler: Schneider 1982, S. 86–98.

Thiemann, F.: Schulszenen. Vom Herrschen und vom Leiden. Frankfurt: Suhrkamp 1985.

Thurn, S.: Ermutigungen – Lernen ohne Noten. In: In: Prüfen und beurteilen (Jahresheft der pädagogischen Zeitschriften). Seelze: Friedrich 1996, S. 86–90.

Tiedemann, J./Faber, G.: Mädchen im Mathematikunterricht: Selbstkonzept und Kausalattributionen im Grundschulalter. In: Zeitschrift für Entwicklungspsychologie und Pädagogische Psychologie 27/1995, S. 61–71.

Tillmann, K.-J.: Schulzeit und Jugendalter – zum Wandel von Sozialisationsprozessen seit 1960. In: In: H.-G. Rolff u.a. (Hrsg.): Jahrbuch der Schulentwicklung, Bd. 4. Weinheim: Beltz 1986, S. 125–151.

Tillmann, K.-J.: Sozialisationstheorien. Reinbek: Rowohlt 1989.

Tillmann, K.-J.: Gewalt an Schulen. Öffentliche Diskussion und erziehungswissenschaftliche Forschung. In: Die Deutsche Schule 89/1997, S. 36–49.

Tillmann, K.-J. u.a.: Die Entwicklung von Schulverdrossenheit und Selbstvertrauen bei Schülern in der Sekundarstufe. In: Zeitschrift für Sozialisationsforschung und Erziehungssoziologie 4/1984, S. 231–249.

Todt, E.: Die Bedeutung der Schule für die Entwicklung der Interessen von Kindern und Jugendlichen. In: Unterrichtswissenschaft 13/1985, S. 362–376.

Ulich, D.: Pädagogische Interaktion. Weinheim: Beltz 1976.

Ulich, D.: Gruppendynamik in der Schulklasse. München: Ehrenwirth 1977.

Ulich, D.: Interaktionen im Unterricht. In: K.J. Klauer (Hrsg.): Handbuch der pädagogischen Diagnostik, Bd. 2. Düsseldorf: Schwann 1978, S. 567–586.

Ulich, D./Mertens, W.: Urteile über Schüler. Weinheim: Beltz 1973.

Ulich, D./Jerusalem, M.: Interpersonale Einflüsse auf die Lernleistung. In: F.E. Weinert (Hrsg.): Psychologie des Lernens und der Instruktion. Göttingen: Hogrefe 1996, S. 181–208.

Ulich, K.: Sozialisation in der Schule. Elemente einer sozialpsychologischen Theorie. München: Ehrenwirth 1976.

Ulich, K.: Soziale Beziehungen und Probleme in der Schulklasse. In: Die Psychologie des 20. Jahrhunderts, Bd. XI. Zürich: Kindler 1980, S. 698–713(a).

Ulich, K.: Normierung, Typisierung und Abweichung – oder: Warum die Schule abweichendes Verhalten erzeugt. In: K. Ulich (Hrsg.): Wenn Schüler stören. Analyse und Therapie abweichenden Schülerverhaltens. München: Urban & Schwarzenberg 1980, S. 69–95(b).

Ulich, K.: Schüler als Fälle? Kritische Anmerkungen zum Verfahren und zur Funktion schulpsychologischer Beratung. In: Die Deutsche Schule 76/1984, S. 416–432.

Ulich, K.: Erziehungsschwierigkeiten. In: betrifft: erziehung 1985, H. 6, S. 35–42.

Ulich, K.: Geschlechtsspezifische Sozialisation durch schulische Lerninhalte? In: Pädagogik heute 1987, H. 12, S. 16–21.

Ulich, K.: Schulische Sozialisation. In: K. Hurrelmann/D. Ulich (Hrsg.): Neues Handbuch der Sozialisationsforschung. Weinheim: Beltz 1991, S. 377–396.

Ulich, K.: Schule als Familienproblem. Konfliktfelder zwischen Schülern, Eltern und Lehrern. Frankfurt: Fischer [2]1993.

Ulich, K.: Beruf: Lehrer/in. Arbeitsbelastungen, Beziehungskonflikte, Zufriedenheit. Weinheim: Beltz 1996(a).

Ulich, K.: Lehrer/innen-Ausbildung im Urteil der Betroffenen. Ergebnisse und Folgerungen. In: Die Deutsche Schule 88/1996, S. 81–97(b).

Ulich, K.: Aller Anfang ist schwer – Wie Lehrer/innen ihren Berufsanfang erleben. In: Seminar – Lehrerbildung und Schule, 1998, H. 2, S. 137–148.

Ullrich, M./Kreppner, K.: Noten der Kinder – Noten der Eltern? In: Zeitschrift für Entwicklungspsychologie und Pädagogische Psychologie 29/1997, S. 330–349.

Ungermann, C.: Geschlechtsspezifische Sozialisation und Interaktion in der Schule. München 1993 (Diplomarbeit Psychologie).

Vauk, H.: Macht Schule Stress? In: Grundschule 1999, H. 6, S. 28f.

Veenman, S.: Perceived Problems of Beginning Teachers. In: Review of Educational Research 54/1984, S. 143–178.

Wagner, A.C. u.a.: Mann – Frau. Rollenklischees im Unterricht. München: Urban & Schwarzenberg 1978.

Wagner, A.C. u.a.: Unterrichtspsychogramme. Was in den Köpfen von Lehrern und Schülern vorgeht. Reinbek: Rowohlt 1981.

Wagner, E.: Schülerbeurteilung als soziales Handeln. Weinheim: Beltz 1980.

Wahl, D./Weinert, F.E./Huber, G.: Psychologie für die Schulpraxis. Ein handlungsorientiertes Lehrbuch für Lehrer. München: Kösel 1984.

Weber, M.: Wirtschaft und Gesellschaft. Köln/Berlin: Kiepenheuer & Witsch 1964.

Weidenmann, B.: Lehrerangst. München: Ehrenwirth 1978.

Weinert, F.E.: Neue Unterrichtskonzepte zwischen gesellschaftlichen Notwendigkeiten, pädagogischen Visionen und psychologischen Möglichkeiten. In: Wissen und Werte für die Welt von morgen (Dokumentation zum Bildungskongress des Bayerischen Kultusministeriums). München 1998, S. 101–125.

Weinert, F.E. u.a.: Erwartungsbildung bei Lehrern. In: M. Hofer (Hrsg.): Informationsverarbeitung und Entscheidungsverhalten von Lehrern. München: Urban & Schwarzenberg 1981, S. 159–191.

Weissleder, M.: Aspekte der Klassengröße. Würzburg: Ergon 1997.

Werres, W.: Schule heute: Schülers Lust und Schülers Frust. In: W. Werres (Hrsg.): Schüler in Schule und Unterricht. Frankfurt: Lang 1996, S. 11–27(a).

Werres, W.: Schülermeinungen über Schule und Unterricht in Grundschulen. In: W. Werres (Hrsg.): Schüler in Schule und Unterricht. Frankfurt: Lang 1996, S. 29–38(b).

Wiese, W.: Elternstatus, Lehrerempfehlung und Schullaufbahn. In: Zeitschrift für Soziologie 11/1982, S. 49–63.

Wild, K.-P./Krapp, A.: Elternhaus und intrinsische Lernmotivation. In: Zeitschrift für Pädagogik 41/1995, S. 579–595.

Ziegler, A./Schober, B.: Reattributionstrainings. Regensburg: Roderer 1998.

Ziegler, A. u.a.: Pygmalion im Mädchenkopf. Erwartungs- und Erfahrungseffekte koedukativen vs. geschlechtshomogenen Physikanfangsunterrichts. In: Psychologie in Erziehung und Unterricht 45/1998, S. 2–18(a).

Ziegler, A. u.a.: Die Objektivität der Zensurengebung aus der Sicht von Lehrkräften. In: Pädagogisches Handeln 1998, H. 3, S. 77–85(b).

Fortbildung

Klaus Ulich
Beruf: Lehrer/in
Arbeitsbelastungen, Beziehungskonflikte, Zufriedenheit.
1996. 248 Seiten. Broschiert.
ISBN 3-407-25167-X

Der Alltag der Lehrer/innen in der Schule und zu Hause sieht ziemlich anders aus, als das in der Öffentlichkeit verbreitete Bild dieses Berufes. Mit welchen Schwierigkeiten Lehrer/innen heute zu kämpfen haben, wo sie der Schuh drückt, und warum die meisten dennoch zufrieden sind, kristallisiert sich in der aktuellen Forschung deutlich heraus. Konkrete und spannende Ergebnisse legen die alltägliche Berufsrealität offen, tragen zur Berufsvorbereitung angehender Lehrer/innen bei und bieten den berufserfahrenen viele Vergleichsmöglichkeiten. Vom Ärger über organisatorische Mängel bis zum Ausbrennen reicht das Spektrum von Resultaten aus der Belastungsforschung, die zugleich wichtige Ansatzpunkte für Veränderungen und Entlastungen liefert. Besonders an den beruflichen Interaktionen der Lehrer/innen, also an ihrem Umgang mit Schüler/innen, Eltern, Kolleg/innen und Vorgesetzten, werden die Chancen und Risiken eines Berufes sichtbar, der wie kaum ein anderer Beziehungsarbeit verlangt; wie sie gelingen kann, zeigen praktische Beispiele und Vorschläge.

BELTZ

F0019

Beltz Verlag · Postfach 10 01 54 · 69441 Weinheim · www.beltz.de

Reihe »Beltz Handbuch«

Hans Eberwein (Hrsg.)
**Handbuch Lernen
und Lern-Behinderungen**
Aneignungsprobleme - Neues
Verständnis von Lernen -
Integrationspädagogische
Lösungsansätze.
1996. 416 Seiten. Gebunden.
ISBN 3-407-83135-8

Seit 20 Jahren liegen entwick-
lungspsychologische, lern-
und sozialisationstheoretische
Erkenntnisse vor, die es nicht
länger zulassen, den bisherigen
Lernbehinderungs-Begriff
aufrechtzuerhalten und Kinder
in Schulen für Lernbehinderte
auszusondern. Das Handbuch
setzt sich deshalb kritisch
mit der so genannten Lern-
behinderten-Pädagogik auseinander. Im ersten Teil erfolgt
eine Auseinandersetzung mit
dem System der Lernbehin-
derten-Pädagogik. Der zweite
Teil enthält Beiträge zu einem
veränderten Verständnis von
Lernen, zu alternativen Orga-
nisationsformen und Lern-
konzepten, die als Lernhilfen
Lernschwierigkeiten und Aus-
sonderung vermeiden können.
Den Schluss bildet die Forderung nach Überwindung der
Ausgrenzung von Kindern, die
bisher in Schulen für Lernbehinderte eingewiesen wurden
und künftig in Regelschulen
integrativ unterrichtet werden
sollten.

BELTZ

F0011

Beltz Verlag · Postfach 10 01 54 · 69441 Weinheim · www.beltz.de

Reihe »Beltz Handbuch«

Hans Eberwein / Sabine Knauer
(Hrsg.)
Handbuch
Lernprozesse verstehen
Wege einer neuen (sonder-)
pädagogischen Diagnostik.
1998. 288 Seiten. Gebunden.
ISBN 3-407-83144-7

Aus wissenschaftlicher und
schulpraktischer Sicht doku-
mentiert das Handbuch die
Abkehr von der sonderpäd-
agogisch-defizitorientierten
Diagnostik. Es werden Wege zu
individuellen Hilfen im Rahmen der Lernprozessanalyse
vorgestellt.
Die meisten Bundesländer
haben auf die Änderung der
pädagogischen Diagnostik
reagiert: die herkömmliche
Sonderschulüberprüfung wird
zunehmend durch Förderaus-
schussverfahren ersetzt. Diese
Änderung basiert auf einem
grundsätzlichen Umdenken
von einer zuschreibenden und
damit stigmatisierenden zu
einer ökologischen, fähigkeits-
und förderorientierten pädagogischen Diagnostik. Dem
Kind-Umfeld, der Selbst-
organisation und dem Prozess-
charakter von Lernen wird
sowohl durch die Eingangs- als
auch die Lernprozessanalyse
Rechnung getragen. Herkömmliche Testverfahren werden in
den Hintergrund gedrängt.
Eine ganzheitliche Sicht wird
Schüler/innen gerechter.

F0012

Beltz Verlag · Postfach 10 01 54 · 69441 Weinheim · www.beltz.de